公認心理師過去問詳解
2021年試験　完全解説版

はじめに〜本書の特徴

2021年9月19日試験についての詳細かつ正確な解説

　本書は，辰已法律研究所と京都コムニタス（URL：https://www.sinri-com.com/）が協力して作成した，2021年9月19日試験についての詳細かつ正確な解説書です。

問題・解説表裏一体型

　これは，辰已法律研究所が法律系資格の本試験の解説本で30年以上行ってきた方式であり，これにより問題を解くことに集注できるとして受験生に好評を得てきた方式です。

必要十分な分量の解説

　解説では，必要十分な分量の解説を掲載しています。また，文献情報を掲載しています。

全受験者数12,329人中1,736人の解答再現Dataに基づく正答率と肢別解答率データ

　解説編の各問に辰已法律研究所と京都コムニタスが協力して実施した出口調査（全受験者12,329人のうち1,736人の受験者の解答データ）に基づく正答率と肢別解答率データを掲載しています。ぜひ参考にして勉強してください。

難易度表示

　京都コムニタスの責任において難易度表示を付けました。各解説の冒頭のパネルの左側に記載されています。ランク付けは以下の通りです。

難易度1（全81問）

　基本的な出題。この問題は基本的な知識が問われていたり，選択肢において比較的迷わずに正答できるようになりましょう。

難易度2（全52問）

　選択肢の絞り込みはできるが，残りの2択，3択で正答に迷う問題。この難易度の問題は解けるようになりましょう。

難易度3（全21問）

　正答を導き出すのが難しい問題。かなり細かい知識が問われていたりするので，なかなかここまで勉強しておくのは難しいかもしれない問題。

体系目次と正答率一覧

　冒頭には，目次のほか，体系目次（問題を体系順に並べた目次）と正答率一覧を掲載しています。問題を体系的に学習したり，正答率の高い問題（いわゆる落とせない問題）を選んで学習したりすることができます。ぜひご活用ください。

令和4年2月
京都コムニタス
辰巳法律研究所

【執筆者一覧 (五十音順)】

吉山　宜秀 (よしやま　のりひで)　監著　公認心理師, 臨床心理士。京都コムニタス主任講師, スクールカウンセラー。龍谷大学大学院文学研究科教育学専攻臨床心理学領域修士課程修了。

稲葉　豊和 (いなば　とよかず)　公認心理師, 臨床心理士。京都コムニタス講師, 児童福祉関連施設心理職。龍谷大学大学院文学研究科教育学専攻臨床心理学領域修士課程修了。

岡田 (旧姓上杉)　**寿之** (おかだ (うえすぎ)　としゆき)　公認心理師, 臨床心理士。京都コムニタス講師, スクールカウンセラー。龍谷大学大学院文学研究科教育学専攻臨床心理学領域修士課程修了。

小川　亜希子 (おがわ　あきこ)　公認心理師, 臨床心理士。京都コムニタス講師, 大学学生相談室カウンセラー。佛教大学大学院教育学研究科臨床心理学専攻修士課程修了。

栗本　淳子 (くりもと　じゅんこ)　公認心理師, 臨床心理士。スクールカウンセラー。帝塚山大学心理科学研究科臨床心理学専修修士課程修了。

齋藤　慎介 (さいとう　しんすけ)　公認心理師, 臨床心理士。京都コムニタス講師, 教育相談室相談員, 大学学生相談室カウンセラー。追手門学院大学大学院心理学研究科心理学専攻臨床心理学コース修士課程修了。

二宮　遼 (にのみや　りょう)　臨床心理士, 社会福祉士。大学附属病院精神科　心理職。花園大学大学院社会福祉学研究科社会福祉学専攻臨床心理学領域修了。

藤本　健太朗 (ふじもと　けんたろう)　京都コムニタス講師兼情報分析担当, 大学非常勤講師。京都大学大学院文学研究科現代文化学専攻　博士課程修了。

武藤　有佑 (むとう　ゆうすけ)　公認心理師, 臨床心理士。京都コムニタス講師, 社会福祉法人　大五京　臨床スキル研究所　心理発達相談員。龍谷大学大学院文学研究科臨床心理学専攻修士課程修了。

室屋　賢士 (むろや　さとし)　公認心理師, 臨床心理士, キャリアコンサルタント。福祉・産業領域心理職, 大学・専門学校・予備校講師。龍谷大学大学院文学研究科臨床心理学専攻博士後期課程単位取得満期退学。

山川　祐介 (やまかわ　ゆうすけ)　公認心理師, 臨床心理士。大学心理相談室　相談員, 専門学校非常勤講師, スクールカウンセラー。関西大学大学院心理学研究科心理臨床学専攻専門職学位課程修了。

iv

【目　次】

【体系目次・正答率一覧】

	領域・職域 ／ 問題番号 ／ 科目 ／ 項目			頁	正答率
1	心理学基礎・応用領域系	30 問			
問7	知覚・認知心理学	体性感覚		25	29.0%
問84	知覚・認知心理学	明るさと色の知覚		263	39.2%
問85	知覚・認知心理学	意思決定		267	44.4%
問112	知覚・認知心理学	味 覚		349	25.9%
問124	知覚・認知心理学	人の感覚・知覚の機序及びその障害		385	92.4%
問8	学習・言語心理学	社会的学習（観察，モデリング）		29	91.4%
問22	学習・言語心理学	人の行動が変化する過程		73	80.5%
問36	学習・言語心理学	会 話		115	31.0%
問86	学習・言語心理学	認知言語学		271	37.6%
問38	感情・人格心理学	パーソナリティ		121	20.3%
問87	感情・人格心理学	感情と動機づけ		275	82.3%
問88	感情・人格心理学	感情に関する理論と感情喚起の機序		279	42.6%
問89	感情・人格心理学	情 動		283	27.3%
問11	社会・集団・家族心理学	集団過程		39	15.7%
問90	社会・集団・家族心理学	親密な対人関係		287	17.5%
問94	社会・集団・家族心理学	家族システム論		297	33.4%
問111	社会・集団・家族心理学	態 度		345	16.6%
問12	発達心理学	加齢による心身機能の変化		43	24.8%
問13	発達心理学	神経発達症群／神経発達障害群		47	67.7%
問48	発達心理学	アタッチメント		151	78.7%
問91	発達心理学	道徳性		291	78.8%
問92	発達心理学	サクセスフルエイジング		293	72.6%
問117	発達心理学	喪失と悲嘆		365	57.6%

本書の構成・使い方

問題ページ

第4回公認心理師試験（9/19実施）の問題番号と配点です。
右側には，領域・職域を掲載しています。
学習しやすいように，問題と解説の表裏一体形式にしています。
問題を解いてから，解説をご覧ください。

問1 (配点：1)	【公認心理師法系】	月　日
		月　日

公認心理師法について，正しいものを1つ選べ。

① 公認心理師登録証は，厚生労働大臣及び総務大臣が交付する。

② 公認心理師が信用失墜行為を行った場合は，登録の取消しの対象となる。

あなたが問題を解いた日，及び正解に達したかなどを残す欄です。○×△を書き込むなどして，自由にお使いください。

③ 公認心理師登録証は，公認心理師〔…〕交付される。

④ 公認心理師の名称使用の停止を命じられた者は，30万円以下の罰金に処される。

⑤ 禁錮刑に処せられた場合，執行終了後1年を経過すれば公認心理師の登録は可能となる。

解説ページ

科目・項目（本問の
テーマ）と正解欄
です。

辰巳法律研究所が京都コムニタスと協力して実施した
出口調査（全受験者 12,329 人のうち 1,736 人の受験者の解
答データ）に基づく正答率と肢別解答率データを掲載し
ています。出口調査に協力していただいた受験生全体
の正答率のデータと肢ごとの解答率です。

問1	【公認心理師の職責】公認心理師法	肢別解答率					正答率84.8%
			①	②	③	④	⑤
難易度1	正解：②	全体	2.9%	84.8%	0.3%	11.0%	0.9%

公認心理師法に関する基本的な出題であり，
ものを覚えていれば容易に解答できる問題であ
きたい。

解説の重要部分を青色・太字化し
強調しています。

①誤 り。　公認心理師法第28条（登録）において，「公認心理師となる資格を
有する者が公認心理師となるには，公認心理師登録簿に，氏名，生年月日その
他文部科学省令・厚生労働省令で定める事項の登録を受けなければならない。」
とある。つまり，厚生労働大臣は正しいが，もう1つは総務大臣ではなく，文

京都コムニタスの責任において難易度表示を付けました。
各解説の冒頭のパネルの左側に記載されています。
ランク付けは以下の通りです。

難易度1（全81問）
　基本的な出題。この問題は基本的な知識が問われていたり，選択肢に
おいて比較的迷わずに正答できるようになりましょう。
難易度2（全52問）
　選択肢の絞り込みはできるが，残りの2択，3択で正答に迷う問題。
この難易度の問題は解けるようになりましょう。
難易度3（全21問）
　正答を導き出すのが難しい問題。かなり細かい知識が問われてい
たりするので，なかなかここまで勉強しておくのは難しいかもしれ
ない問題。

いて，「文部科学大臣及
第42条第2項の規定に
めて公認心理師の名称及
を命ずることができる。」
公認心理師は，公認心理
定められている。

本書籍に掲載の 2021 年公認心理師試験問題（9/19 実施）は，一般財団法人日本心理研修センターの HP（http://shinri-kenshu.jp/）から転載しました。

第④回公認心理師試験

2021年9月19日実施

問題と解説

問1 （配点：1） 　　　　　　　　【公認心理師法系】 　月　日／月　日

公認心理師法について，正しいものを1つ選べ。

① 公認心理師登録証は，厚生労働大臣及び総務大臣が交付する。

② 公認心理師が信用失墜行為を行った場合は，登録の取消しの対象となる。

③ 公認心理師登録証は，公認心理師試験に合格することで自動的に交付される。

④ 公認心理師の名称使用の停止を命じられた者は，30万円以下の罰金に処される。

⑤ 禁錮刑に処せられた場合，執行終了後1年を経過すれば公認心理師の登録は可能となる。

問1	【公認心理師の職責】公認心理師法		肢別解答率				正答率84.8%	
			①	②	③	④	⑤	
難易度1	正解：②	全体	2.9%	84.8%	0.3%	11.0%	0.9%	

公認心理師法に関する基本的な出題であり，公認心理師法の条文で覚えるべきものを覚えていれば容易に解答できる問題である。この問題は確実に得点しておきたい。

①**誤り。** 公認心理師法第28条（登録）において，「公認心理師となる資格を有する者が公認心理師となるには，公認心理師登録簿に，氏名，生年月日その他文部科学省令・厚生労働省令で定める事項の登録を受けなければならない。」とある。つまり，厚生労働大臣は正しいが，もう1つは総務大臣ではなく，文部科学大臣である。

②**正しい。** 同法第32条（登録の取消し等）第2項において，「文部科学大臣及び厚生労働大臣は，公認心理師が第40条，第41条又は第42条第2項の規定に違反したときは，その登録を取り消し，又は期間を定めて公認心理師の名称及びその名称中における心理師という文字の使用の停止を命ずることができる。」とある。この第40条が信用失墜行為の禁止であり，「公認心理師は，公認心理師の信用を傷つけるような行為をしてはならない。」と定められている。

③**誤り。** 同法第4条（資格）において，「公認心理師試験……に合格した者は，公認心理師となる資格を有する。」とある。また，同法第30条において，「文部科学大臣及び厚生労働大臣は，公認心理師の登録をしたときは，申請者に第28条に規定する事項を記載した公認心理師登録証……を交付する。」とある。つまり，公認心理師試験を受験し合格した者には，公認心理師試験合格証書と公認心理師登録申請書が届き，申請書等を提出することで，公認心理師登録証が交付される。

④**誤り。** この選択肢の「30万円以下の罰金」が規定されているのは，公認心理法第49条である。同法同条第1号において，「第32条第2項の規定により公認心理師の名称及びその名称中における心理師という文字の使用の停止を命ぜられた者で，当該停止を命ぜられた期間中に，公認心理師の名称を使用し，又はその名称中に心理師という文字を用いたもの」とある。つまり，公認心理師の名称使用の停止を命じられた者が30万円以下の罰金の対象になるのではなく，それを命じられた者で，停止を命じられた期間中に，公認心理師の名称を使用したり，心理師という文字を用いたりした場合に，30万円以下の罰金に処される。

⑤誤　り。　同法第3条（欠格事由）第2号において，「禁錮以上の刑に処せられ，その
執行を終わり，又は執行を受けることがなくなった日から起算して2年を経過しない
者」と規定されている。つまり，1年ではなく2年である。

問2 (配点：1) 　　　【健康・医療／精神疾患】

身体損傷により病院に搬送された患者で自損行為の可能性が疑われる場合，緊急に確認するべき事項として，優先度の低いものを1つ選べ。

① 　自らの意思で行ったかどうかを確認する。

② 　致死的な手段を用いたかどうかを確認する。

③ 　明確な自殺の意図があったかどうかを確認する。

④ 　背景にストレス要因があったかどうかを確認する。

⑤ 　明確な致死性の予測があったかどうかを確認する。

8

問2	【健康・医療心理学】自殺対策		肢別解答率				正答率 81.0%	
			①	②	③	④	⑤
難易度 1	正解：④	全体	4.3%	5.2%	1.6%	81.0%	7.7%

　身体損傷によって病院に搬送された患者で自損行為が疑われる場合に，その自損行為が自殺企図であったかどうかの確認が，その後の患者への対応や支援の方向性を検討する上で重要となる。患者の自損行為が自殺企図であったかどうかの確認の手順として，以下の指標が示されている。

　　1．自らの意思で行った行為であるかどうか
　　2．明確な自殺の意図があったかどうか
　　3．致死的な手段を用いたかどうか
　　4．致死性の予測があったかどうか
　　5．その行為とは別に自殺念慮が存在しているかどうか
　　6．遺書等から客観的に確認されるかどうか

　以上の項目について本人や家族，周囲の人々から情報を得て，自損行為が自殺企図であったかどうかのアセスメント行う。
　したがって，上記の指標に含まれていない選択肢④が，優先度の低い事項であるといえる。
　よって，正答は④である。

【文献情報】
　・日本精神科救急学会監修　平田ら編（2015）精神科救急医療ガイドライン 2015 年版 p.151, 152 日本精神科救急学会

| 問3 (配点：1) | 【公認心理師法系】 | 月　日
月　日 |

　大学の学生相談室のカウンセラーである公認心理師が，学内の保健管理センターの精神科医，障害のある学生を支援するコーディネーター，ハラスメント相談員やクライエントの所属学部の指導教員などと連携して行う支援について，最も適切なものを1つ選べ。

① 相談の秘密を守るため，できるだけ連携せずにすむ支援方法を工夫する。

② 情報の取扱方法について，情報共有する関係者の間で合意形成の必要はない。

③ 支援に関わる関係者と情報共有することをクライエントに説明し，同意を得る。

④ 個人情報保護の観点から，情報共有する関係者は学校に雇用された教職員である必要がある。

⑤ 説明し同意が得られた後は，情報共有の在り方に関するクライエントの要望は受け付けない。

10

問3	【公認心理師の職責】 多職種連携		肢別解答率				正答率 99.7%	
			①	②	③	④	⑤	
難易度 1	正解：③	全体	0.2%	0.0%	99.7%	0.0%	0.1%	

①**不適切。** 大学の学生相談においても，学内外の様々な機関や職種との連携・協働が必要とされる。クライエントの個別の相談であっても，そのクライエントの心理的成長や発達を促進することを前提として，問題を解決するための支援として必要に応じて学内外の機関や部署，関係者と連携を図ることが重要である。例えば，学業上の問題を抱えるクライエントへの支援として，教員の学生に対する理解を得たり，教育的配慮を依頼するといった連携をとったり，学生の危機的状況において生命や安全を守る必要がある場合に保健管理センターの精神科医や担当教員，保護者と連携するといったことがある。

②**不適切。** クライエントの情報を関係者で共有する場合，集団守秘という考え方を持って情報を扱うが，各々の職種によって守秘に対する考え方に相違があることがある。したがって，事前にクライエントに関する情報を具体的にどのように扱うかといったことを規定し，関係者間で合意を得ておくことが重要である。

③**適　切。** 必要に応じて関係者間でクライエントの情報を共有する場合，事前にクライエントに了解を得ておく必要がある。その際，関係者にどのような情報をどのような形で伝えるのがよいか，クライエントとカウンセラーの間で話し合っておく方がよい。基本的にはクライエントの了解を得た後に関係者に連絡することが望ましいが，自傷他害等，危機的状況においてはクライエントの了解なしに関係者や保護者に連絡せざるを得ないことがある。その場合にも，そのような状況では関係者に連絡することがある旨を事前にクライエントに伝えておくことが必要である。

④**不適切。** 例えば，クライエントが学外の精神科や心療内科のクリニックに通院している，または受診する必要がある場合に，当該医療機関と連携を取る必要が出てくる。公認心理師法第42条第2項に「主治の医師……の指示を受けなければならない」とあり，公認心理師はクライエントがかかる学外の医療機関の主治医の指示を受けることが必要となる。また，発達障害や精神障害を抱える学生の支援の一環として，発達障害者支援センターや就労移行支援施設を紹介したり，連携したりすることもある。

⑤**不適切。**　選択肢③の解説参照。関係者と情報共有する場合においては，誰にどのような情報をどのように伝えるのか，クライエントとその都度話し合い，確認することが必要である。

【文献情報】
・日本学生相談学会編（2020）学生相談ハンドブック新訂版 p.133, 136, 137, 143, 144 学苑社

問4 （配点：1）　　　【心理学・臨床心理学概論】　　月　日／月　日

　心的過程の「全体」や「場」を重んじ，集団力学誕生の契機となった心理学の考え方として，最も適切なものを1つ選べ。

① 構成心理学

② 比較心理学

③ 行動主義心理学

④ 新行動主義心理学

⑤ ゲシュタルト心理学

14

問4	【心理学・臨床心理学概論】 ゲシュタルト心理学	肢別解答率				正答率 68.1%
			①	②	③	④	⑤
難易度 1	正解：⑤	全体	17.5%	2.0%	5.1%	7.1%	68.1%

①**不適切。** 構成心理学とは，E. B. Tichner が提唱した立場であり，特定の刺激に対して特定の感覚が成立しており，これらの感覚や感情といった要素が集合して意識が構成されていると考える。

②**不適切。** 比較心理学は，人間以外の動物を対象として，その行動の発生・変容・獲得・発達等の研究を行う学問のことであり，動物心理学とほぼ同義である。動物の自然観察などを中心とするエソロジーや，動物を用いた実験によって発展した条件づけ等の学習に関する研究などがある。

③**不適切。** 行動主義心理学は，J. B. Watson らを中心とし，目に見えない意識を対象とするのではなく，客観的に評価できる行動を研究の対象とする立場である。主に刺激と反応の関係を研究対象とするもので，J. B. Watson は心理学の目標を行動の予測と制御に定めている。

④**不適切。** 新行動主義心理学は，J. B. Watson の行動主義と区別するために用いられる用語で，1930 年代以降の行動主義の研究を指す。J. B. Watson は，刺激（Stimulus）と反応（Response）が直接結びついた S-R 説の連合理論を仮定したが，新行動主義心理学は，R. S. Woodworth が提唱した S-O-R 説の連合理論に合致するように，行動の主体である生活体（Organism）の変数を仮定した。代表的な研究者としては，B. F. Skinner や E. C. Tolman，C. L. Hull が挙げられる。C. L. Hull が習慣強度や動因，E. C. Tolman が期待や認知地図といった概念を導入するなど，行動の解明に生活体の認知過程を想定するといった共通点がある。

⑤**適　切。** ゲシュタルト心理学は，20 世紀前半にドイツを中心として展開された学問であり，W. Wundt の要素主義的な考えを否定し，知覚現象が個々の要素の寄せ集めではなく，全体としてのまとまりにおいて生じると考える立場である。このような考え方に基づいて，K. Lewin は，人間の行動を個人と環境のまとまりの結果であると捉え，個人と集団が相互に影響を与え合う集団力学を提唱した。

【文献情報】
・氏原寛ら編（2004）心理臨床大事典　p.55　培風館
・子安増生ら監修（2021）現代心理学辞典　p.223，229，395，569　有斐閣
・向井希広ら編（2016）心理学概論　p.9，10　ナカニシヤ出版

問5 (配点：1)	【心理学研究法系】	月　日 月　日

観測値として，9，5，7，8，4が得られたとき，値が6.6となる代表値（小数点第2位を四捨五入）として，正しいものを1つ選べ。

① 中央値

② 幾何平均

③ 算術平均

④ 相乗平均

⑤ 調和平均

問5	【心理学研究法／心理学実験】代表値	肢別解答率					正答率 52.2%
			①	②	③	④	⑤
難易度 1	正解：③	全体	24.6%	6.2%	52.2%	9.3%	7.2%

代表値には，最頻値，中央値，平均値がある。これらの値はデータの尺度水準に応じて使い分けられる。最頻値は，全て尺度で使用可能である。収集したデータのうち，最も頻度が高いデータを指す。中央値は，順序尺度以上で使用可能である。選択肢②〜⑤のように平均値にはさまざまな種類があるが，一般的には選択肢③算術平均を指すことが多い。平均値は，間隔尺度以上で使用可能である。平均値は，データの中に外れ値（極端な値）が含まれている場合には，その外れ値に引っ張られ，データを適切に代表することができない。

尺度水準	最頻値	中央値	平均値
比率尺度	○	○	○
間隔尺度	○	○	○
順序尺度	○	○	×
名義尺度	○	×	×

①誤り。　中央値は，分布に含まれる値を大きいものから小さいものへと並べたときに順位が全体がちょうど真ん中になる値を指す。この問題の場合，9，8，7，5，4と並べ替えるとちょうど真ん中にくる「7」が中央値である。中央値の出し方は偶数と奇数で異なり，総データ数が偶数の場合の中央値は N/2 番目の値と N/2＋1 番目の値の平均値となる。

②誤り。　幾何平均とは，n 個の正数の観測値の積の乗根である。相乗平均ともいう。比率を平均する場合に有用である。例えば，ある会社の売り上げが 2018 年度から 2019 年度にかけて 20％増加し，2019 年度から 2020 年度にかけて 3％増加，2020 年度から 2021 年度にかけて 12％増加した場合，2018 年度から 2021 年度にかけて 3 年間の売り上げが平均で毎年どのくらい伸びたかを計算する際に用いられる。

③正しい。　算術平均とは，n 個の各個体の観測値の合計を全観測数（サンプルサイズ）n で割った値である。相加平均ともいう。この問題の場合，観測値を合計すると「33」となり，全観測数が「5」であるため，33÷5 ＝6.6 となり，問題文の値と合致する。

④誤　り。　選択肢②の解説参照。相乗平均は幾何平均とも呼ばれる。

⑤誤　り。　調和平均とは，観測値の逆数の算術平均の逆数と定義される。往復の平均時速を求める場合などに利用される。

【文献情報】
・芝田征司（2017）数学が苦手でもわかる心理統計入門 p.13-19 サイエンス社

問6 (配点：1)	【心理学研究法系】	月 日
		月 日

　因子分析による解析を計画している調査用紙の回答形式として，最も適切なものを1つ選べ。

① 順位法

② 一対比較法

③ 自由回答法

④ 評定尺度法

⑤ 文章完成法

問6	【心理学研究法／心理学実験】 因子分析	肢別解答率					正答率 65.7%
			①	②	③	④	⑤
難易度 1	正解：④	全体	6.7%	14.2%	11.4%	65.7%	1.8%

　因子分析による解析のための回答形式の尺度水準は，間隔尺度以上が求められる。

①**不適切。**　順位法とは，いくつかの項目を並べ，強制的に順序をつけてもらう方法であり，この回答形式の尺度水準は順序尺度に当たる。

　　例）「あなたは，友人に対してどのような関係を望んでいますか。以下の事柄について望んでいるものから順番をつけてください」
　　（　）一緒に楽しめる関係
　　（　）悩みを相談できる関係
　　（　）信頼できる関係

②**不適切。**　一対比較法とは，全ての対（ペア）について提示し，選択してもらう方法である。この回答形式の尺度水準は順序尺度に当たる。

　　例）「あなたは，友人に対してどのような関係を望んでいますか。いくつかの事柄についてペアにして書いてあります。より望んでいる関係性を〇で囲んでください。

③**不適切。**　自由回答法とは，回答者に自由な回答を求める方法である。この回答形式で得られたデータは，質的なデータであり，数量的な処理が難しい。

　　例）「あなたは普段友達にどのようなことを求めていますか。思いつくことを以下の空欄に自由に書いてください」

④**適　切。**　評定尺度法とは，１つの質問に対して，意味的に連続している選択肢を設置し，１つを選択させる方法である。心理尺度で最も一般的に使われる方法の１つであり，量的変数として分析を行うことが可能である。

例）

「あなたの友人関係について１～５のうちもっとも当てはまるもの１つに○をつけてください」	全く当てはまらない	あまり当てはまらない	どちらともいえない	やや当てはまる	非常に当てはまる
１．悩みがあったら相談する	1	2	3	4	5
２．いつも楽しく遊ぶ	1	2	3	4	5

⑤**不適切。**　文章完成法とは，投影法的な方法であり，調査だけでなく，心理検査でも用いられる。自由回答法とも近いが，それより回答に制限を加えていることが特徴である。自由回答法と同様に本回答形式で得られたデータは，質的なデータであり，数量的な処理が難しい。

例）「次の文章が抜けたところに，適当な文章を入れてください。」
　　　１．私が友人に求めることは，＿＿＿＿＿＿＿＿＿＿＿＿＿
　　　２．友人は，私のことを，＿＿＿＿＿＿＿＿＿＿＿＿＿＿＿

【文献情報】
・宮本聡介・宇井美代子（2014）質問紙調査と心理測定尺度 p.88-94 サイエンス社
・谷口高士（2017）心理評価尺度における尺度構成の方法 日本音響学会誌 73 p.774-783
・山田剛史・村井潤一郎（2006）よくわかる心理統計 p.26, 27 ミネルヴァ書房
・鵜沼秀行・長谷川桐（2016）改訂版 はじめての心理統計法 p.16-21 東京図書

問7 (配点：1)　　　【心理学基礎・応用領域系】

P. Wall と R. Melzack のゲートコントロール理論が，元来，対象としていた感覚として，最も適切なものを1つ選べ。

① 温覚

② 嗅覚

③ 痛覚

④ 触圧覚

⑤ 自己受容感覚

問7	【知覚・認知心理学】 体性感覚	肢別解答率					正答率 29.0%	
			①	②	③	④	⑤	
難易度3	正解：③	全体	5.0%	5.0%	29.0%	18.8%	41.7%	

ゲートコントロール理論とは，1965 年に P. Wall & R. Melzack によって提唱され
た痛覚の抑制に関連する理論である。これは，侵害刺激と呼ばれる痛みの知覚を引き起
こす刺激と，非侵害刺激と呼ばれる触覚や圧覚などの刺激が同時に与えられると，侵害
刺激の情報が脊髄後角にあるゲートによって抑制されるとする理論である。この理論に
よれば，転んで膝を強く打ってしまった時に，膝をさすったり押さえると痛みが緩和し
ているように感じられる。

①**不適切。** 温覚とは，温度感覚に含まれる感覚の1つである。温度感覚は，熱さを感じ
る温覚と冷たさを感じる冷覚を合わせた感覚を指す。温度感覚の特徴は，皮膚には温
覚のみを引き起こす温点と冷覚のみを引き起こす冷点が存在すること，温覚より冷覚
に対する刺激の方が反応が速いことなどが挙げられている。なお，温度感覚は触覚〈皮
膚感覚〉に含まれる感覚の1つである。

②**不適切。** 嗅覚とは，嗅上皮とよばれる鼻の奥にある受容器で捉える感覚である。化
学的性質を捉えるという点で味覚と共通するが，2つの点で大きく異なる。1点目は，
嗅覚は摂食とは無関係な刺激も対象とするが，味覚は摂食のみで機能する。2点目は，
嗅覚は約 300 の受容体の組合せにより1兆種類以上のにおいを弁別できると考えられ
ているが，味覚は原則，5基本味とよばれる甘味，塩味，酸味，苦味，うま味の弁別の
みと考えられている。

③**適　切。** ゲートコントロール理論については，上記解説を参照。痛覚とは，強い圧力
や化学薬品，電流などによって実際に身体的損傷が生じた時，あるいは生じそうな時
に生じる感覚である。痛みは，身体的損傷を引き起こす侵害刺激による侵害受容性疼
痛と，神経系が直接損傷することによる神経障害性疼痛に分類される。なお，痛覚は
触覚〈皮膚感覚〉に含まれる感覚の1つである。

④**不適切。** 触圧覚は，皮膚に加えられる圧力によって捉えられる触感や圧感である。
また，皮膚上の2点を同時に刺激する時，1点ではなく2点として気づき始める距離
を触二点閾〈弁別閾〉という。なお，触圧覚は触覚〈皮膚感覚〉に含まれる感覚の1つ
である。

⑤**不適切。**　自己受容感覚は，運動感覚，深部感覚，固有感覚とも呼ばれる。これは，筋肉や関節，腱など自己受容器を通じて得られる身体部位の動きと位置についての感覚である。例えば，目をつぶったまま，自分の手を動かして足に触ることができるのはこの感覚によるものである。

【文献情報】
・子安増生ら監（2021）有斐閣　現代心理学辞典　p.79, 83, 154, 155, 197, 198, 299, 538 有斐閣
・子安増生（2019）出題基準対応　公認心理師のための基礎心理学　p.66, 72, 73 金芳堂

問8 (配点：1)　　　【心理学基礎・応用領域系】　月　日／月　日

　大人の攻撃行動を観察していた幼児が，その後，同じ攻撃行動を示した。この過程を示す用語として，最も適切なものを1つ選べ。

① 洞察学習

② モデリング

③ 嫌悪条件づけ

④ シェイピング

⑤ オペラント条件づけ

問8	【学習・言語心理学】社会的学習（観察、モデリング）		肢別解答率				正答率91.4%	
			①	②	③	④	⑤	
難易度1	正解：②	全体	7.0%	91.4%	0.5%	1.0%	0.0%	

①**不適切。** 洞察学習は，W. Köhler が「類人猿の知恵試験」という著書において，チンパンジーの問題解決の様子について観察する中で提唱した概念である。実験では，チンパンジーを檻の中に入れ，一緒に短い棒を置いておく。檻の外には，手の届かないところに長い棒とバナナを置いておき，長い棒は短い棒を使えば届くところに置いておく。チンパンジーは，檻の外にあるバナナを手に入れるために，最初は手を伸ばすが取れないために諦める。次に，短い棒でバナナを取ろうとするが取れないため，長い棒を自分のほうに引き寄せて，その長い棒でバナナを取ることが出来た。W. Köhler はこの実験から，チンパンジーは試行錯誤的に課題を解決したのではなく，棒や箱が道具として使えるという洞察に基づく洞察学習を行ったと考えた。

②**適 切。** モデリングとは，他者モデルを観察することで学習者の行動に変化が生じることを指す。この問題文の内容を実験で明らかにしたのは A. Bandura である。A. Bandura の実験では，大人が攻撃行動をすることで玩具を独占できる（強化）様子を見た幼児は，その後，同じような攻撃行動を示すことが多く，一方，攻撃行動をすると罰せられる様子を見た幼児は攻撃行動が少ないということが示された。

③**不適切。** 嫌悪条件づけとは，電気刺激などの生体にとって不快となる嫌悪刺激を用いることによって，ある特定の対象等に嫌悪感を形成する条件づけのことを指す。嫌悪条件づけの代表例として味覚嫌悪条件づけがある。これはガルシア効果とも呼ばれ，J. Garcia らによって提唱された。この条件づけの特徴は他の古典的条件づけと異なり，小数回の対呈示で形成が可能であることや条件刺激と無条件反応との間に時間的隔たりがあっても成立することである。例えば，初めて食べた生カキで食あたりを起こし，その後，生カキの匂いを嗅ぐと気持ち悪くなるようになったというような場合，生カキに含まれる菌や毒物（無条件刺激）が食あたりによる不快感を引き起こし（無条件反応），生カキの風味（条件刺激）が不快感を引き起こしている（条件反応）。

④**不適切。** シェイピングとは，形成化とも呼ばれる。B. F. Skinner によって提唱された行動療法におけるオペラント技法の一つである。これは複雑で新しい行動を獲得させるために，標的行動をスモールステップに分け，達成が容易なものから順に形成していく方法である。シェイピングを成功させるための留意点としては，標的行動を正

確に明確化する，すでに達成できている行動を確認し，シェイピングされるべき行動
を選択する，大きすぎず小さすぎないステップのサイズを設定するなどが挙げられる。

⑤**不適切。**　オペラント条件づけとは，B. F. Skinner がスキナー箱と呼ばれる装置を用
いた実験で明らかにした学習理論であり，オペラント行動に結果となる強化子が伴う
ことによって行動の生起頻度が変化することを指す。オペラント行動は生体が自発的
にする行動のことである。強化子に関して，反応に随伴して与えると直前の反応の生
起頻度を高めるような刺激を正の強化子，または報酬と呼ぶ。一方，反応に随伴して
与えると直前の反応の生起頻度を低下させるような刺激を負の強化子，または嫌悪刺
激と呼ぶ。オペラント条件づけの訓練は，強化刺激の種類（正の強化子か負の強化子
か）と提示条件（反応すると強化子を提示するか，除去するか）によって，正の強化，
負の強化，正の罰，負の罰の4種類に分類される。

問9 (配点：1)　　【心理学・臨床心理学概論】

　C. R. Rogers のパーソナリティ理論の特徴として，最も適切なものを1つ選べ。

① 自己概念を扱う。

② 精神−性発達を扱う。

③ パーソナリティ特性を5因子で捉えている。

④ リビドーの向かう方向で内向型と外向型に分類している。

⑤ パーソナリティ特性を外向−内向と神経症傾向という2軸で捉えている。

問9	【心理学・臨床心理学概論】 人間性アプローチ		肢別解答率				正答率 68.1%	
			①	②	③	④	⑤	
難易度 1	正解：①	全体	68.1%	1.4%	12.2%	4.7%	13.5%	

①**適　切。**　C. R. Rogers の自己理論では，個人のパーソナリティは自己概念と自己経験によって成り立っていると考える。自己概念とは個人の特性や関係について定型化されている知覚であり，自己経験とはあらゆる感覚様式を通して経験される全てのことをいう。C. R. Rogers は，この2つの間で不一致が生じると心理的不適応に陥ると考えた。

②**不適切。**　精神−性発達に関する理論を提唱したのは S. Freud である。S. Freud は，人間が生得的にもつ性衝動の根底にある精神エネルギーをリビドーと名付け，そのリビドーが向けられる身体部位（性感帯）によって，口唇期，肛門期，男根期，潜伏期，性器期の各段階に分類した。

③**不適切。**　パーソナリティ特性を5因子で捉えようとする考え方が，G. W. Allport らの特性論研究の流れを発展させたもので，5因子理論やビッグファイブと呼ばれる。ここでの5つの因子とは，⑴神経症傾向，⑵外向性，⑶親和性，⑷勤勉性，⑸経験への開放性もしくは知性／教養，である。

④**不適切。**　これは，C. G. Jung のタイプ論の考え方である。C. G. Jung は，リビドーが自己の内的世界に向きやすい人を内向型，他者を含めた外界に向きやすい人を外向型に分類し，どちらにもほぼ等しく向く場合を両向型とした。

⑤**不適切。**　これは，H. J. Eysenck のパーソナリティ理論の説明である。H. J. Eysenck はパーソナリティは外向−内向と神経症傾向の二次元構造で成り立っていることを因子分析によって導き出し，これを基に MPI（モーズレイ人格目録）という質問紙性格検査を開発している。

【文献情報】
・氏原寛ら編（2004）心理臨床大事典 p.310 培風館
・子安増生ら監修（2021）現代心理学辞典 p.214, 215, 222, 786, 848 有斐閣

問 10 (配点：1)　　【心理学基礎・応用領域系】

失読と失書について，最も適切なものを1つ選べ。

① 純粋失書では，写字が保たれる。

② 失読失書の主な責任病巣は，海馬である。

③ 純粋失読の主な責任病巣は，帯状回である。

④ 失読失書では，なぞり読みが意味の理解に有効である。

⑤ 純粋失読では，自分が書いた文字を読むことができる。

問10	【神経・生理心理学】 失認		肢別解答率				正答率15.4%	
			①	②	③	④	⑤	
難易度3	正解：①	全体	15.4%	14.6%	33.1%	30.5%	6.1%	

①**適　切**。純粋失書は，失語や失読がなく，書字障害のみが出現する症候である。純粋失書のおもな責任病巣は，(1)左中前頭回後部，(2)左側頭葉下部，(3)左角回，(4)左上頭頂小葉とされる。そして，純粋失書においては，自発書字や書取に障害がみられるものの写字は保たれている。例えば，「湖」という語を自ら想起しそれを文字として書いたり，あるいは「湖」という発音を聞きそれを文字に書き起こしたりすることはできないものの，あらかじめ紙面に「湖」の漢字が表記されていれば，文字の形態を損なうことなく書き写せる状態である。よって，選択肢①の内容は適切と判断できる。なお，このような複雑な症候を呈する背景には，書字に関する処理過程が関連しているとされる。

②**不適切**。　失読失書の責任病巣は読み書きの中枢といわれる左角回である。失読失書では左角回が障害されるため読み書きが著明に障害される。ただし，話す・聞くなどの口語言語の障害はみられない。海馬は記憶を司る部位であるため，不適切である。

③**不適切**。　純粋失読とは，文字の視覚的認知，すなわち，読字過程のみ障害がみられる症候である。書字を含めその他の言語機能は保たれるが，自分が書いた語や文を読むことはできない。ただし，手をもって文字をなぞらせると，その運動感覚を介して読むことができる。責任病巣は左側の紡錘状回・後頭回とされる（左後頭−頭頂葉の腹側部位が重要との説もある）。帯状回は，快不快にもとづく行動の動機づけに関連する部位であるため，不適切である。

④**不適切**。　失読失書は，読みと書字の両方に共通する文字処理過程が障害されることによる読み書き障害である。責任病巣は左角回とされている。失読失書の場合，純粋失読のように「なぞり読み」や触覚を利用した読みで改善することはないといわれている。よって，不適切である。

⑤**不適切**。　選択肢③の解説にある通り，純粋失読は自分で書いた語や文を読むことができない。よって，不適切である。ただし，文字を指でなぞる「なぞり読み」は有効であるため，この点も覚えておきたい。

【文献情報】
・梅田聡編（2021）公認心理師の基礎と実践 10 神経・生理心理学 p.108-111 遠見書房
・井堀奈美（2016）頭頂葉病変による読み書き障害 神経心理学 32(4) p.293
・医療情報科学研究所編（2017）病気がみえる 第2版 vol.7 脳・神経 p.37 メディックメディア
・緑川晶・山口加代子・三村將編（2018）公認心理師カリキュラム準拠 臨床神経心理学 p.165 医歯薬出版
・福永篤志監修（2006）図解雑学 よくわかる脳のしくみ p.38 ナツメ社
・尾崎紀夫・三村将・水野雅文・村井俊哉編（2018）標準精神医学 第7版 p.126 医学書院

問 11 (配点：1)　　【心理学基礎・応用領域系】

	月　日
	月　日

　集団や社会の多くの成員が，自分自身は集団規範を受け入れていないにもかかわらず，他の成員のほとんどがその規範を受け入れていると信じている状況を指す概念として，最も適切なものを1つ選べ。

① 集団錯誤

② 集合的無知

③ 集団凝集性

④ 少数者の影響

⑤ 内集団バイアス

問 11	【社会・集団・家族心理学】集団過程		肢別解答率			正答率 15.7%	
			①	②	③	④	⑤
難易度 1	正解：②	全体	42.1%	15.7%	12.3%	1.8%	28.0%

①**不適切。**　集団錯誤とは，集団心とも呼ばれるもので，W. McDougall によって提唱された概念である。これは，集団成員に属する各個人の心理とは異なり，集団全体を有機体とみなした際に，集団自体に備わる固有の心性のことである。しかし，後に F. H. Allport によって批判され，この考え方は衰退していった。

②**適　切。**　集合的無知とは，多数の無知，多元的無知，多元的衆愚とも呼ばれるもので，元々は F. H. Allport が造った言葉である。問題文に挙げられているように「集団や社会の多くの成員が，自分自身は集団規範を受け入れていないにもかかわらず，他の成員のほとんどがその規範を受け入れていると信じている状況」を表す。例えば，援助が必要な緊急事態などにおいて，個人的には援助が必要だと思うが，他の人達が助けていないため，今は援助が必要な状況ではないという解釈をすることである。B. Latané & J. M. Darley は，傍観者効果が生じる理由の1つとして挙げている。

③**不適切。**　集団凝集性とは，集団成員がその集団の一員でありたい，留まりたいと思うように作用する，集団が有する特性のことである。いわゆる集団としてのまとまりのよさ，集団の魅力のことであり，集団の地位，活動の魅力度，成員の魅力度などによって決定される。なお，集団凝集性の高さは，集団思考〈集団的浅慮〉が生じやすくなる要因の1つである。

④**不適切。**　少数者の影響（minority influence）に関しては，S. Moscovici らによって研究が行われている。S. E. Asch の同調のように，集団内では多数派による影響が多々みられるが，場合によっては少数者から多数者へ影響を及ぼすことがある。例えば，少数者が確信をもった態度で論理的な内容を主張し続けるような場合は，多数者の態度を変容させやすい。なお，少数者の影響による態度変容は，同調のような上辺での態度変容ではないため，私的受容を伴いやすく，長期的な態度変容となりやすい。

⑤**不適切。**　内集団バイアスとは，内集団びいきや自民族中心主義とも呼ばれ，内集団に対してひいきをする，つまり好意的な評価をしやすい傾向を指す。内集団とは，自分が所属している集団のことであり，それ以外の集団は外集団と呼ばれる。例えば，自分の出身県や出身校，働いている会社などがその人にとっての内集団である。内集団と外集団の特徴として，自分が所属している内集団に対しては肯定的な評価を行い

やすく，自分が所属していない外集団に対しては偏見や差別など否定的な評価を行い
やすい。

【文献情報】
・子安増生ら監（2021）有斐閣 現代心理学辞典 p.346，347 有斐閣
・金敷大之ら編著（2016）図説 教養心理学［増補第 2 版］p.135，136，140，144 ナカニシヤ出版
・池上知子・遠藤由美（2008）グラフィック社会心理学 第 2 版 p.238，246 サイエンス社
・中島義明ら編（1999）心理学辞典 p.411 有斐閣

42

問 12 (配点：1) 【心理学基礎・応用領域系】 月 日 / 月 日

知覚の老化の説明として，正しいものを 1 つ選べ。

① 温度感覚の閾値が下がる。

② 嗅覚の識別機能が低下する。

③ 高音域に先行して低音域の聴取が困難になる。

④ 近方視力が低下する一方，遠方視力は保たれる。

⑤ 明所から暗所への移動後における視覚の順応時間が短くなる。

問 12	【発達心理学】加齢による心身機能の変化	肢別解答率					正答率 24.8%	
難易度3	正解：②	全体	①	②	③	④	⑤	
			24.1%	24.8%	7.0%	42.0%	1.8%	

①誤 り。 温度感覚は，熱さを感じる温覚と冷たさを感じる冷覚を合わせた感覚を指す。閾値は刺激閾や弁別閾などが該当する。刺激閾は感覚が生じるために必要な最小エネルギーを指し，弁別閾は感覚が生じるために必要な最小エネルギーである刺激閾〈絶対閾〉よりも強い刺激を提示した場合，感覚レベルで刺激の違いを感じることができるための最小の刺激量である。これらの感度は加齢によって下がる。つまり，閾値は上がることが知られている。例えば，これまではぬるま湯に触れると温かいと感じ取れていた人が，加齢に伴い，それよりも熱いお湯でなければ温かいと感じられないなどである。よって，「温度感覚の閾値が下がる」という本選択肢は誤りである。

②正しい。 嗅覚および味覚は加齢による生理的老化に伴い，一般的には感度が低下することが知られている。これは，においがあるかどうか判別できるための最低濃度，いわゆる閾値が60歳代以上では上昇し，閾値以上の濃度の違いや質の違いが分かるための弁別能力が低下するなどである。例えば，ワインの種類によって微妙なにおいの違いを区別できていた人が，加齢によりどのワインも同じようなにおいに感じてしまうなどが挙げられる。よって，知覚の老化の説明として，嗅覚の識別機能が低下するという本選択肢は正しい。

③誤 り。 加齢にしたがって，高音域の聴取が困難になることが知られている。よって，「高音域に先行して低音域の聴取が困難になる」のではなく，低音域に先行して高音域の聴取が困難となるため，本選択肢は誤りである。

④誤 り。 視覚の知覚は，光が水晶体に入り，そこで適切な屈折角となり焦点が合うことによって，はっきりと物体を見ることが可能である。しかし，高齢になると，屈折角を調節している網様体筋が弱まることでの調節困難，水晶体自体の透過度が変化することによる屈折異常，または網膜の異常などにより，近方視力だけでなく，遠方視力も低下することが知られている。よって，本選択肢は誤りである。

⑤誤 り。 順応とは，一定の強度で持続する刺激を経験した結果，その刺激に対する感覚器官の感度が変化する現象を指す。視覚における順応は明順応と暗順応が挙げられる。明順応とは，暗いところから急に明るいところへ出ると，始めはまぶしいが，次第に見えるようになっていく現象である。例えば，映画館などの暗い場所から，明る

い場所に出た時，最初はまぶしいがすぐに慣れるなどである。明順応にかかる時間は
40秒〜1分程度であることが知られている。一方，暗順応は，一定時間，明るい場所
にいた後，急に暗い場所へ移動すると，最初は何も見えないが徐々に見ることができ
るようになっていく現象である。例えば，昼間，真っ暗な映画館に入ると，しばらくの
間，座席がよく見えないが，時間が経つにつれて次第に見えるようになる。暗順応に
かかる時間は約30分程である。これらの順応は，加齢になるにしたがって低下する
ことが知られている。よって，視覚の順応時間は加齢により長くなるため，本選択肢
は誤りである。

【文献情報】

・大川一郎ら編（2011）エピソードでつかむ 老年心理学 p.26-29，34-36 ミネルヴァ書房
・山村豊・高橋一公（2017）心理学［カレッジ版］p.190-192 医学書院
・箱田裕司編（2020）公認心理師の基礎と実践⑦［第7巻］知覚・認知心理学 p.21-25 遠見書房
・子安増生・丹野義彦・箱田裕司監（2021）有斐閣 現代心理学辞典 p.531 有斐閣

DSM-5の神経発達症群／神経発達障害群に分類される障害として，正しいものを1つ選べ。

① 素行症／素行障害

② 脱抑制型対人交流障害

③ 神経性やせ症／神経性無食欲症

④ 解離性同一症／解離性同一性障害

⑤ 発達性協調運動症／発達性協調運動障害

48

問 13	【発達心理学】 神経発達症群／神経発達障害群	肢別解答率					正答率 67.7%
			①	②	③	④	⑤
難易度 1	正解：⑤	全体	10.0%	5.2%	10.5%	6.5%	67.7%

　DSM-Ⅳ-TR から DSM-5に改訂されたことによって，選択性緘黙や分離不安症／分離不安障害，強迫症／強迫性障害などいくつかの障害が他のカテゴリーに移行している。そのような障害も含め，この問題はどの障害がどの障害群に属しているかといった暗記問題である。基本問題として即答できる状態になっておいていただきたい。

　神経発達症群／神経発達障害群は，知的能力障害群，コミュニケーション症群／コミュニケーション障害群，自閉スペクトラム症／自閉症スペクトラム障害，注意欠如・多動症／注意欠如・多動性障害，限局性学習症／限局性学習障害，運動症群／運動障害群，他の神経発達症群／他の神経発達障害群に分類されている。

①誤　り。　素行症／素行障害は，神経発達症群／神経発達障害群ではなく，秩序破壊的・衝動制御・素行症群に分類される。

②誤　り。　脱抑制型対人交流障害は，神経発達症群／神経発達障害群ではなく，心的外傷およびストレス因関連障害群に分類される。

③誤　り。　神経症やせ症／神経性無食欲症は，神経発達症群／神経発達障害群ではなく，食行動障害および摂食障害群に分類される。

④誤　り。　解離性同一症／解離性同一性障害は，神経発達症群／神経発達障害群ではなく，解離症群／解離性障害群に分類される。

⑤正しい。　発達性協調運動症／発達性協調運動障害は，神経発達症群／神経発達障害群の中の運動症群／運動障害群に分類される。

【文献情報】
・下山晴彦ら編（2016）公認心理師必携精神医療・臨床心理の知識と技法　p.272-281 医学書院
・高橋三郎・大野裕監訳（2014）DSM-5　精神疾患の分類と診断の手引き　p.17-41，138，139，151，163，164，209-212 医学書院

問 14 (配点：1)	【健康・医療／精神疾患】	月　日
		月　日

　DSM-5の心的外傷およびストレス因関連障害群に分類される障害として，正しいものを1つ選べ。

① 適応障害

② ためこみ症

③ 病気不安症

④ 強迫症／強迫性障害

⑤ 分離不安症／分離不安障害

	【精神疾患とその治療】 神経症性障害，ストレス関連障害及び 身体表現性障害（F4）		肢別解答率				正答率68.1%	
問14			①	②	③	④	⑤	
難易度1	正解：①	全体	68.1%	3.6%	2.0%	13.3%	12.9%	

①**正しい。** 適応障害は，DSM-5の心的外傷およびストレス因関連障害群に分類される障害であるため，正しい。なお，この群に分類される疾患は他に，反応性アタッチメント障害／反応性愛着障害，脱抑制型対人交流障害，心的外傷後ストレス障害〈PTSD〉，急性ストレス障害などが挙げられる。

②**誤　り。** ためこみ症は，DSM-5の強迫症および関連症群／強迫性障害および関連障害群に分類される障害であるため，誤りである。なお，この群に分類される疾患は他に，強迫症／強迫性障害，醜形恐怖症／身体醜形障害，抜毛症，皮膚むしり症などが挙げられる。

③**誤　り。** 病気不安症は，DSM-5の身体症状症および関連症群に分類される障害であるため，誤りである。なお，この群に分類される疾患は他に，身体症状症，変換症／転換性障害（機能性神経症状症），作為症／虚偽性障害などが挙げられる。

④**誤　り。** 強迫症／強迫性障害は，DSM-5の強迫症および関連症群／強迫性障害および関連障害群に分類される障害であるため，誤りである。選択肢②の解説参照。

⑤**誤　り。** 分離不安症／分離不安障害は，DSM-5の不安症群／不安障害群に分類される障害であるため，誤りである。なお，この群に分類される疾患は他に，選択性緘黙，限局性恐怖症，社交不安症／社交不安障害（社交恐怖），パニック症／パニック障害，広場恐怖症，全般不安症／全般性不安障害などが挙げられる。

【文献情報】
・高橋三郎・大野裕監訳（2014）DSM-5　精神疾患の分類と診断の手引き　p.24-26　医学書院

TEACCH の説明として，最も適切なものを 1 つ選べ。

① 青年期までを支援対象とする。

② 生活や学習の環境を構造化する。

③ 被虐待児を主な支援対象とする。

④ 標準化された統一的な手順を適用する。

⑤ 視覚的手がかりを使わずにコミュニケーションを支援する。

問 15	【障害者（児）心理学】 TEACCH		肢別解答率				正答率 77.2%	
			①	②	③	④	⑤
難易度 1	正解：②	全体	5.2%	77.2%	3.7%	8.9%	4.9%

TEACCH（Treatment and Education of Autistic and related Communication-handicapped CHildren）とは，アメリカのノースカロライナ大学の E. Schopler らにより開発された自閉スペクトラム症／自閉症スペクトラム障害〈ASD〉のための包括的支援プログラムである。

①**不適切**。　TEACCH は，早期幼児期への診断や療育だけでなく，学校教育，青年期，成人期への支援を行う。そのため，支援対象を青年期までに限定していない。学校教育を終えた青年期や成人期の者に対しては居住プログラムや職業プログラム，社会的余暇プログラムを設けている。

②**適　切**。　TEACCH では，自閉スペクトラム症／自閉症スペクトラム障害〈ASD〉を障害として捉えることはせず，「文化」として捉える。そのため，できないことなどのマイナス面を見るのではなく，できること，長所や興味に焦点を当てて支援を行う。治療によって改善を目指すのではなく，当事者に適した環境を構築することにより社会適応を目指す。この環境の整備の方法の 1 つに「構造化」という考えがある。構造化は，当事者一人ひとりの周りで何が起こっているのか，一人ひとりの特性に応じて何をすれば良いのかを分かりやすく提示する方法で，視覚的構造化（課題や活動のやり方について，視覚的に示すことによって明確にする），物理的構造化（空間と活動を 1 対 1 で対応させることで活動や物の置き場所を場所ごとに明確にする。つい立てなどを使って間仕切りをするなど），ワークシステム（課題の流れを明確にする。机の左のかごにある課題を終えると右のかごに入れるなど），スケジュール（いつ，どれくらいの時間，何をするのかといった時間の流れを明確にする）などがある。

③**不適切**。　TEACCH の支援対象は，被虐待児ではなく，自閉スペクトラム症／自閉症スペクトラム障害〈ASD〉児・者である。

④**不適切**。　TEACCH には基本理念や原理，哲学などが存在するが，それを統一的に複数の当事者に施すことはしない。基本理念や原理，哲学などを前提としながらも，当事者一人ひとりやその家族に対する個別化したプランを大切にする。

⑤**不適切**。　自閉スペクトラム症／自閉症スペクトラム障害〈ASD〉児・者は，右大脳半球機能が優位であると考えられている。そのため，多くの ASD 者は視覚的なパターン認知や記憶がよくできる。この強みを活用して，TEACCH では情報を「視覚化」して伝える方法が多く用いられる。

【文献情報】
・佐々木正美（2008）自閉症児のための TEACCH ハンドブック改訂新版自閉症療育ハンドブック　p.36-50　学研
・梅永雄二（2007）自閉症の人の自立をめざして～ノースカロライナにおける TEACCH プログラムに学ぶ　p.11-16　北樹出版

問 16 (配点：1)　　　【心理査定】

脳損傷者に対する神経心理学的アセスメントで使用される検査の説明として，最も適切なものを1つ選べ。

① HDS-R の成績が低下している場合，遂行機能障害が疑われる。

② RBMT は，手続記憶の障害を検討するために用いられる。

③ SLTA には，非言語性の認知検査も含まれる。

④ WAIS-Ⅳの数唱の成績は，注意障害の程度を知る助けになる。

⑤ WCST は，失認症を評価する検査である。

問 16	【心理的アセスメント】 神経心理学的検査	肢別解答率				正答率 21.5%	
			①	②	③	④	⑤
難易度 2	正解：④	全体	8.7%	33.9%	19.8%	21.5%	16.0%

①**不適切。** 改訂長谷川式簡易知能評価スケール〈HDS-R〉は，高齢者を対象とした認知機能検査である。この検査は，認知症の認知機能のアセスメントのために使用されることが多く，主に認知症のスクリーニング検査として用いられる。30 点満点中，20／21 に設定されているカットオフ得点があり，20 点以下は認知症の疑いとされる。また，この選択肢の遂行機能をアセスメントする検査としては，線引きテスト（Trail Making Test：TMT）や遂行機能障害症候群の行動評価（Behavioural Assessment of the Dysexecutive Syndrome：BADS）などが挙げられる。

②**不適切。** RBMT（The Rivermead Behavioural Memory Test）は，日本版リバーミード行動記憶検査のことであり，認知症などの日常記憶の障害をアセスメントできる検査である。そのため，場所に関する記憶や，顔や名前に関する記憶，会話に関する記憶，展望記憶，自伝的記憶などを評価対象としており，選択肢にある手続記憶の障害を検討するためのものではない。

③**不適切。** SLTA（Standard Language Test of Aphasia）は，標準失語症検査のことである。文字通り，この検査は，失語症をアセスメントできる検査であり，失語症の重症度や失語症患者の経時的な変化，リハビリテーションの指針などの情報を得ることができる。検査の内容は，Ⅰ．聴く（1．単語の理解，2．短文の理解，3．口頭命令に従う，4．仮名の理解），Ⅱ．話す（5．呼称，6．単語の復唱，7．動作説明，8．まんがの説明，9．文の復唱，10．語の列挙，11．漢字・単語の音読，12．仮名 1 文字の音読，13．仮名・単語の音読，14．短文の音読），Ⅲ．読む（15．漢字・単語の理解，16．仮名・単語の理解，17．短文の理解，18．漢字命令に従う），Ⅳ．書く（19．漢字・単語の書字，20．仮名・単語の書字，21．まんがの説明，22．仮名 1 文字の書取，23．漢字・単語の書取，24．仮名・単語の書取，25．短文の書取），Ⅴ．計算（26．計算）の 26 項目の言語性課題から構成されている。よって，失語症を対象とした検査であるため，非言語性の認知検査は含まれていない。

④**適　切。**　WAIS-Ⅳは，ウェクスラー式成人用知能検査第4版のことである。WAIS-Ⅳの数唱課題は，「言語理解指標（Verbal Comprehension Index：VCI），知覚推理指標（Perceptual Reasoning Index：PRI），ワーキングメモリー指標（Working Memory index：WMI），処理速度指標（Processing Speed Index：PSI）」の4つの指標のうちのワーキングメモリー指標に分類される下位検査である。数唱課題は，認知的柔軟性や心的俊敏性が求められ，暗記学習や注意，注意力，符号化および聴覚的処理に関連する能力を要求される。そのため，選択肢にあるように注意障害の程度を知る助けになる。

⑤**不適切。**　WCST（Wisconsin Card Sorting）は，ウィスコンシンカード分類検査のことである。失認症とは，高次脳機能障害の症状の1つで，視力や聴力や触覚といった感覚機能，記憶には問題がないにも関わらず，見た物や聞いた物や触った物が何か分からない状態である。例えば，「みかん」を見ても，目で見ている物の形は分かるが，それが何という名前かが分からないといった状態である。WCST は，失認症の評価のための検査ではなく，前頭葉機能における注意や概念の転換などの機能を評価するための検査である。

【文献情報】
・D. Wechsler 著（2018）日本版 WAIS-Ⅳ知能検査理論・解釈マニュアル p.12-17 日本文化科学社
・小海宏之（2019）神経心理学的アセスメント・ハンドブック［第2版］p.125-127, 185-188, 208-212 金剛出版
・大塚俊男ら編（1991）高齢者のための知的機能検査の手引き p.27-34, 65-69 株式会社ワールドプランニング
・山内俊雄ら編（2015）精神・心理機能評価ハンドブック p.70-72, 80-83, 124-126 中山書店

問 17 (配点：1) 　　　【心理査定】　　　月　日／月　日

　H. S. Sullivan の「関与しながらの観察」を深めていくために必要なことについて，最も適切なものを 1 つ選べ。

① 自分の中立的な立ち位置が揺れ動かないよう努めること

② 自分のその場での言動と関係付けてクライエントの反応を捉えること

③ 自分の主観に現れてくるイメージをもとにしてクライエント理解を進めること

④ 観察の精度を高める道具として，標準化された検査の導入を積極的に進めること

⑤ これまでのやりとりの流れから切り離して，今ここのクライエントの感情を理解すること

問 17	【心理的アセスメント】 関与しながらの観察	肢別解答率					正答率 75.0%	
			①	②	③	④	⑤	
難易度 1	正解：②	全体	12.9%	75.0%	4.0%	2.5%	5.2%	

　関与しながらの観察は頻出キーワードの１つであるため，しっかり覚えておいていただきたい。H. S. Sullivan の関与しながらの観察とは，自然科学の観察において，観察者は対象に影響を与えない測定機器であることが原則であるが，その対象が人間である場合，観察者はその場に存在することで対象に何らかの作用を及ぼしているため，その事実を認識した上で観察することが求められる。心理支援の場面において，観察者（支援者）とクライエントがひとつの対人的な場を形成する際には，観察者（支援者）も場の一部であって，その影響を無視した観察はあり得ない，とする考え方である。

①**不適切。**　H. S. Sullivan は，面接において，観察者（支援者）はクライエントとの間において生じる出来事に巻き込まれており，中立的態度のように距離を保って相手に巻き込まれないという概念を退けている。

②**適　切。**　上記で説明したように，面接場面においては，観察者の言動などの影響を受けたクライエントを観察することが重要であるという概念である。

③**不適切。**　関与しながらの観察は，自分の主観に現れてくるイメージをもとにするのではなく，観察者の影響を受けている目の前のクライエントを観察することをもとにしてクライエントの理解を進めていくことが必要である。

④**不適切。**　H. S. Sullivan は，観察者は精神医学のデータを収集する一つの道具という性質を持っていると考えていたが，標準化された検査の導入を積極的に進めることはしていない。

⑤**不適切。**　これまでのやりとりの流れから切り離していては，観察者の影響を受けたクライエントを観察すること，つまり関与しながらの観察を深めていくことはできない。

【文献情報】
・A.チャップマン＆M.チャップマン著　山中康裕監修（1994）サリヴァン入門　その人格発達理論と疾病論 p.61 岩崎学術出版社
・H. S. Sullivan 著　中井久夫ら共訳（1990）精神医学は対人関係論である p.412 みすず書房

問 18 (配点：1)　　　　【心理学的支援法】

　心理療法における「負の相補性」の説明として，最も適切なものを1つ選べ。

① セラピストとクライエントが，お互いに過去の誰かに関する感情を相手に向けること

② セラピストの働きかけに対して，クライエントがその方針に無意識的に逆らおうとすること

③ セラピストが言葉で肯定的なことを言いながら態度が否定的なとき，クライエントが混乱を示すこと

④ セラピストが問題の言語化を試み続ける中で，クライエントが行動によって問題を表現しようとすること

⑤ クライエントが敵意を含んだ攻撃的な発言をしてくるのに対して，セラピストが同じ敵意を含んだ発言で応じること

問 18	【心理学的支援法】 負の相補性	肢別解答率				正答率 55.2%
			①	②	③	④	⑤
難易度1	正解：⑤	全体	7.2%	12.7%	17.0%	7.7%	55.2%

負の相補性とは，心理療法やカウンセリングが中断したり失敗したりする原因の１つ
として挙げられるコミュニケーションパターンである。これは，クライエントの対人関
係パターンの反復として，心理療法においてセラピストに対して陰性の反応を起こすも
ので，クライエントの怒りや攻撃性に対してセラピストもまた怒りで対応することで，
互いの敵意が増幅してしまうネガティブなコミュニケーションをいう。この内容に当て
はまる選択肢は⑤である。

また，選択肢①は転移と逆転移の説明，選択肢②は抵抗の説明，選択肢③はセラピス
トの自己不一致状態の説明，選択肢④は行動化の説明である。

よって，**正答は⑤である。**

【文献情報】
・杉原保史ら編（2019）公認心理師標準テキスト 心理学支援法 p.102，103 北大路書房

問 19 (配点：1) 　　【健康・医療／精神疾患】　月　日　月　日

産後うつ病の説明として，最も適切なものを1つ選べ。

① 双極性障害との関連は少ない。

② 有病率は約10%から15%である。

③ マタニティー・ブルーズと同義である。

④ M-CHAT がスクリーニングに用いられる。

⑤ 比較的軽症がほとんどで，重篤化することはない。

問 19	【精神疾患とその治療】 気分（感情）障害（F3）	肢別解答率					正答率 53.6%	
			①	②	③	④	⑤	
難易度 2	正解：②	全体	14.7%	53.6%	16.6%	13.4%	1.6%	

　産後うつ病は，周産期のうつの1つとして挙げられる。これは，(1)妊娠期のうつ病，(2)マタニティー・ブルーズ（うつ病ではない），(3)産後うつ病である。(2)マタニティー・ブルーズは，主に産後 10 日以内に起こる一過性の軽度の抑うつ状態のことを指し，うつ病の診断基準は満たさない。頻度は 7 〜30％，症状は抑うつ気分，涙もろさ，不安，集中力低下などの軽度うつ状態，経過は 1 〜14 日間，治療は特に必要としないが，一部は産後うつ病へと移行する。(3)産後うつ病は，多くは産後2〜5週に発症するうつ病である。頻度は 4 〜20％，症状は軽度〜重度のうつ状態，経過は数か月，治療は一般的なうつ病と同様，休養，環境調整，薬物療法，心理療法が基本となる。

①不適切。　産後うつ病を発症した後に躁病相を呈する，つまり双極性障害を発症する頻度が高いという研究報告が挙げられている。よって，「双極性障害との関連は少ない」という本選択肢は不適切である。

②適　切。　産後うつ病の有病率は，約 4 〜20％であるため，最も適切である。本選択肢では「約 10％から 15％」となっているが，研究によって若干数値が異なる可能性があること，上記の範囲内に数値が入っていること，他の選択肢が明らかに誤りであることから，本選択肢が正答であると判断できる。

③不適切。　上記解説参照。産後うつ病はうつ病であるが，マタニティー・ブルーズは軽度抑うつ状態である。つまり，産後うつ病とマタニティー・ブルーズは別の概念であるため，本選択肢は不適切である。なお，マタニティー・ブルーズの後，一部は産後うつ病へと移行することは留意しておきたい。

④不適切。　産後うつ病のスクリーニングに用いられるのは，Cox らによって開発されたエジンバラ産後うつ病質問票〈EPDS：Edinburgh Postnatal Depression Scale〉である。これは，過去一週間のうつ症状を 10 項目 4 件法で評価するもので，9 点以上の場合，産後うつ病の疑いありとみなされる。この質問票では，点数の高さとうつ症状の重症度に関連はなく，加えて 8 点以下はうつ病ではないと判断できるものではないことに注意が必要である。なお，M-CHAT は，自閉スペクトラム症／自閉症スペクトラム障害〈ASD〉を対象とした検査であり，対象となる児童の保護者に回答してもら

う質問紙検査である。よって，M-CHAT が産後うつ病のスクリーニングに用いられるという本選択肢は不適切である。

⑤**不適切。**　産後うつ病は，通常のうつ病と同様，軽度から重度のうつ状態を呈するため，選択肢の「比較的軽症がほとんどで，重篤化することはない」という記述は誤りである。特に重度の場合には，自殺原因の一端となるため，希死念慮や自殺企図を確認しながら，リスクアセスメントを行っていく必要がある。

【文献情報】
・三村將ら編（2019）公認心理師カリキュラム準拠 精神疾患とその治療 p.193-196 医歯薬出版株式会社
・日本周産期メンタルヘルス学会（2017）周産期メンタルヘルス コンセンサスガイド 2017 p.2-13, 54-64 日本周産期メンタルヘルス学会
・尾崎紀夫ら編（2021）標準精神医学 第8版 p.329 医学書院

問20 (配点：1) 　　　【福祉／司法／産業】 　月　日／月　日

職場復帰支援について，最も適切なものを1つ選べ。

① 産業医と主治医は，同一人物が望ましい。

② 模擬出勤や通勤訓練は，正式な職場復帰決定前に開始する。

③ 傷病手当金については，職場復帰の見通しが立つまで説明しない。

④ 職場復帰は，以前とは異なる部署に配置転換させることが原則である。

⑤ 産業保健スタッフと主治医の連携においては，当該労働者の同意は不要である。

問 20	【産業・組織心理学】 職場復帰支援		肢別解答率				正答率 90.1%	
			①	②	③	④	⑤	
難易度 2	正解：②	全体	3.3%	90.1%	1.4%	2.4%	2.7%	

　厚生労働省 独立行政法人労働者健康安全機構 2020 改定 心の健康問題により休業した労働者の職場復帰支援の手引き ～メンタルヘルス対策における職場復帰支援～ 参照。

①**不適切。**　上記資料において，「産業医が選任されていない 50 人未満の小規模事業場においては，人事労務管理スタッフ及び管理監督者等，又は衛生推進者若しくは安全衛生推進者が，主治医との連携を図りながら，また地域産業保健センター，労災病院勤労者メンタルヘルスセンター等の事業場外資源を活用しながら検討を進めていくことが必要である。」(p.13) とある。産業医が選任されていない事業所もあり，同一人物が望ましいという記述もない。

②**適　切。**　模擬出勤や通勤訓練は，試し出勤の具体的な方法である。上記資料の 6 その他職場復帰支援に関して検討・留意すべき事項 の ●試し出勤制度● において，「正式な職場復帰決定の前に，社内制度として試し出勤制度等を設けると，より早い段階で職場復帰の試みを開始することができます。休業していた労働者の不安を和らげ，労働者自身が職場の状況を確認しながら，復帰の準備を行うことができます。 ＜試し出勤制度等の例＞ ①模擬出勤：勤務時間と同様の時間帯にデイケアなどで模擬的な軽作業を行ったり，図書館などで時間を過ごす。②通勤訓練：自宅から勤務職場の近くまで通勤経路で移動し，職場付近で一定時間過ごした後に帰宅する。③試し出勤：職場復帰の判断等を目的として，本来の職場などに試験的に一定期間継続して出勤する。」（p.6）とある。

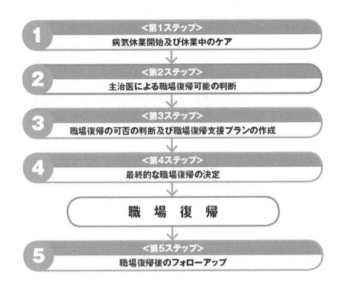

図. 職場復帰支援の流れ

③**不適切。** 上記資料の 3 職場復帰支援の各ステップ ＜第1ステップ＞ 病気休業開始及び休業中のケア において，「労働者が病気休業期間中に安心して療養に専念できるよう，次のような項目については情報提供等の支援を行いましょう。
・傷病手当金などの経済的な保障
・不安，悩みの相談先の紹介
・公的または民間の職場復帰支援サービス
・休業の最長（保障）期間等 など」（p.2）とある。

④**不適切。** 上記資料の 6 その他職場復帰支援に関して検討・留意すべき事項 ●職場復帰後における就業上の配慮等● において，「職場復帰は元の慣れた職場へ復帰させることが原則です。ただし，異動等を誘因として発症したケース等においては，配置転換や異動をした方が良い場合もあるので，留意すべきです。」（p.7）とある。

⑤**不適切。** 上記資料の 6 その他職場復帰支援に関して検討・留意すべき事項 ●主治医との連携の仕方● において，「主治医との連携にあたっては，事前に当該労働者への説明と同意を得ておきます。主治医に対して，職場復帰支援に関する事業場の制度，労働者本人に求められる業務の状況等について十分な説明を行うことも必要です。主治医と情報交換を行う場合，労働者本人の職場復帰を支援する立場を基本とし，その

情報は職場で配慮すべき事項を中心に必要最小限とします。主治医に情報提供を依頼する場合等の費用負担については，あらかじめ主治医との間で取り決めておきましょう。」（p.6）とある。

2018 年（平成 30 年）時点において，児童養護施設における入所児童の特徴や傾向として，正しいものを 1 つ選べ。

① 入所児童は，年々増加している。

② 家族との交流がある入所児童は，半数を超える。

③ 被虐待体験を有する入所児童は，半数に満たない。

④ 幼児期に入所し，18 歳まで在所する児童が年々増加している。

⑤ 入所児童の大学・短期大学などへの進学率は，おおむね 60%以上である。

問21	【福祉心理学】要保護児童	肢別解答率					正答率 14.7%	
			①	②	③	④	⑤	
難易度3	正解：②	全体	44.2%	14.7%	4.0%	35.1%	1.8%	

①**誤 り。** 資料1）の p.2 において，平成30年調査の児童養護施設入所児童数が 27,026 人，前回平成25年調査の児童数が 29,979 人と記載されており，むしろ5年間で減少している。

②**正しい。** 資料1）の p.16 において，入所児童 27,026 人中，「電話・メール・手紙」での交流のある児童が 2,438 人（9.0%），「面会」が 7,772 人（28.8%），「一時帰宅」が 9,126 人（33.8%）となり，計 71.6% の児童は家族と何らかの交流があることになる。

③**誤 り。** 資料1）の p.13 において，入所児童 27,026 人中，65.6% に当たる 17,716 人が「虐待経験あり」となっている。この割合は平成25年調査の 59.5% から増加している。

④**誤 り。** 資料1）の p.3 において，6歳未満で児童養護施設に入所した児童の割合が，平成25年調査で 52.9%，平成30年調査で 50.2% となっており，幼児期に入所する児童はむしろ減少している。

⑤**誤 り。** 資料2）の p.10 において，平成30年度における児童養護施設入所児童の高校卒業時の措置の現況として，1,752 人中 496 人が進学したとあり，これを割合にすると 28.3% である。

【文献情報】
- 資料1）厚生労働省子ども家庭局 厚生労働省社会援護局障害保健福祉部（令和2年1月）「児童養護施設入所児童等調査の概要（平成30年2月1日現在)」
- 資料2）総務省行政評価局（令和2年12月）「要保護児童の社会的養護に関する実態調査 結果報告書」

問 22 (配点：1)　　　【心理学基礎・応用領域系】　月　日／月　日

　感覚運動学習について，最も適切なものを1つ選べ。

① 　運動技能学習の効果は，短期的である。

② 　感覚運動段階は，児童期の特徴である。

③ 　感覚運動学習は，感覚系と運動系による連合学習である。

④ 　一定の休憩を入れて運動技能を学習する方法は，分習法である。

⑤ 　感覚運動学習においては，課題にかかわらず全習法が効果的である。

74

問22	【学習・言語心理学】人の行動が変化する過程		肢別解答率					正答率80.5%
			①	②	③	④	⑤	
難易度2	正解：③	全体	0.6%	6.5%	80.5%	10.9%	1.3%	

①**不適切。** 運動技能学習とは，技能学習，知覚運動学習，運動学習とも呼ばれる。また，「運動学習は感覚運動学習あるいは知覚運動学習とも呼ばれる」（中村，1994）ともある。この問題文や選択肢においては，感覚運動学習や運動技能学習という表現が使われているものの，違いがあることを含有して使用しているか不明である。そのため，感覚運動学習も運動技能学習もほぼ同義であると捉えて差し支えないであろう。運動技能学習とは，機械やゲームの操作，運動競技，自動車の運転操作など複雑な動作の獲得を指す。このような動作の学習の効果は，日常の経験からも分かるが，短期的ではなく，長期的なものである。

②**不適切。** これは，J. Piaget の発達理論における感覚運動期を指している。感覚運動期は，生後2歳までの時期を指しており，乳児が見たり，聞いたり，触ったり，つかんだり，落としたり，噛んだりといった運動，すなわち「外的活動」によって外界を知る段階である。それ以降の段階は，前操作期（2〜6歳），具体的操作期（6〜11，12歳），形式的操作期（11，12〜14，15歳まで）である。

③**適　切。** 感覚運動学習は，感覚系（知覚系とも呼ばれ，環境情報を認知すること）と運動系（骨格筋のコントロール）が連合することによる学習である。例えば，野球の場合，ピッチャーが投げたボールを目で見て（知覚して），ボールが来るタイミングでバットを適切な角度で振る（運動）ことで打ち返すことができる。この感覚系と運動系が連合するためには，繰り返しの練習が必要である。また，連合学習とは，出来事と出来事の結びつきによる学習のことであり，「刺激と刺激の連合」は古典的条件づけ，「反応と結果の連合」はオペラント条件づけである。感覚運動学習は，オペラント条件づけに含まれているため，連合学習に該当する。

④**不適切。** これは，運動技能を学習する際の練習の分類に関する内容である。選択肢にある「一定の休憩」を入れる方法は，分散練習に該当する。一方，練習の間に休憩を入れず反復して行う方法を集中練習と呼ぶ。また，学習内容の分類として，すべてを一度にそのまま学習する方法を全習法，全体をいくつかに分割して1つずつ練習する方法を分習法と呼ぶ。

⑤**不適切。**　全習法は，一度にすべてそのまま学習する方法であり，記憶の負荷が大き
い。そのため，量が少なく全体としてのつながりが強い課題には適している。一方，分
習法は，量が多く，独立している要素が強い課題に適している。よって，「課題にかか
わらず」という内容は不適切である。

【文献情報】
・楠見孝編（2019）公認心理師の基礎と実践⑧［第8巻］学習・言語心理学　p.48-52 遠見書房
・中島定彦（2020）学習と言語の心理学　p.22，86 昭和堂
・中村隆一（1994）運動学習について　運動生理　9：149-156
・眞邉一近（2019）テキストライブラリ 心理学のポテンシャル＝5　ポテンシャル学習心理学
　p.10 サイエンス社

問 23 (配点：1)　　　　【教育／障害者】

　ユニバーサルデザインの考え方に基づいて，授業を実施する場合に重要な視点として，最も適切なものを1つ選べ。

① 同化

② 熟達化

③ 焦点化

④ 体制化

⑤ 符号化

問 23	【障害者（児）心理学】 障害者（児）の基本的権利		肢別解答率			正答率 23.5%	
			①	②	③	④	⑤
難易度 2	正解：③	全体	15.7%	1.5%	23.5%	28.2%	30.9%

　教育におけるユニバーサルデザインとは，障害があるか否かに関わらず，すべての児童生徒にとって学びやすい授業や過ごしやすい学校生活を実現するための配慮や工夫を指す。

　授業におけるユニバーサルデザインに関しては，授業での学びの階層モデルとして 4 つの階層を前提として考えると理解しやすい。最下層では「参加（活動する）」ことに関する次元，その次の上層では「理解（わかる）」ことに関する次元，さらにその次の上層では「習得（身につける）」ことに関する次元，そして最上層では「活用（使う）」ことに関する次元とし，最下層ほど基礎的な土台の役割があり，最上層ほどより実践的な意味が出てくる。

　その中で，授業を実施する上での工夫に関しては，参加（活動する）の次元においては「時間の構造化」「場の構造化」「刺激量の調整」「ルールの明確化」「クラス内の理解促進」，理解（わかる）の次元においては「共有化」「感覚の活用」「視覚化」「スモールステップ化」「展開の構造化」「焦点化」が挙げられる。

　つまり，ユニバーサルデザインの考え方に基づいて，授業を実施する場合に重要な視点として，選択肢の中から適切なものは選択肢③焦点化である。

　この焦点化とは，授業のねらいを絞り込むことを指す。また，焦点化されたねらいに基づいた，的確でシンプルな活動も指す。発達障害を抱える子どもだけでなく，障害を持たない子どもにとっても，焦点化によって授業が分かりやすくなる。

　よって，**正答は③である。**

【文献情報】
・阿部利彦ら編（2016）児童心理 2016 年 1 月号別冊第 70 巻第 2 号通常学級のユニバーサルデザインと合理的配慮 p.34-39 金子書房
・川端直人ら監修（2019）公認心理師の基本を学ぶテキスト⑱教育・学校心理学－子どもの学びを支え，学校の課題に向き合う－ p.32-35 ミネルヴァ書房

問 24 (配点：1)　　　【公認心理師法系】

保護観察所において生活環境の調整が開始される時期として，正しいものを1つ選べ。

① 家庭裁判所の審判が開始される時点

② 医療及び観察等の審判が開始される時点

③ 矯正施設から身上調査書を受理した時点

④ 矯正施設において，仮釈放（仮退院）の審査を始めた時点

⑤ 矯正施設から仮釈放（仮退院）を許すべき旨の申出が行われた時点

問24	【関係行政論】 保護観察所	肢別解答率						正答率27.1%	
				①	②	③	④	⑤	
難易度2	正解：③	全体	4.0%	5.9%	27.1%	31.3%	31.6%		

　法務省　令和2年版犯罪白書　生活環境の調整　において，「受刑者の帰住予定地を管轄する保護観察所では，刑事施設から受刑者の身上調査書の送付を受けるなどした後，保護観察官又は保護司が引受人等と面接するなどして，帰住予定地の状況を確かめ，住居，就労先等の生活環境を整えて改善更生に適した環境作りを働き掛ける生活環境の調整を実施している。この結果は，仮釈放審理における資料となるほか，受刑者の社会復帰の基礎となる。」（p.66）とある。ここから，選択肢③が正しい。

　また，上記より，時系列からみると，生活環境の調整は，矯正施設に収容後，仮釈放（仮退院）の審査を始める前に行われるものである。

　したがって，収容前の審判に当たる選択肢①，②や，仮釈放の審査プロセスである選択肢④，⑤は誤りである。

　よって，**正答は③である。**

問 25 (配点：1)　　【心理学基礎・応用領域系】　月　日／月　日

　ホルモンの作用の説明として，正しいものを1つ選べ。

① メラトニンは睡眠を促す。

② インスリンは血糖値を上げる。

③ 副腎皮質ホルモンは血圧を下げる。

④ プロラクチンは乳汁分泌を抑制する。

⑤ 抗利尿ホルモンは血中のナトリウム濃度を上げる。

82

問25	【人体の構造と機能及び疾病】生理学	肢別解答率					正答率69.8%
			①	②	③	④	⑤
難易度2	正解：①	全体	69.8%	5.2%	9.4%	4.1%	11.2%

①正しい。　メラトニンがメラトニン受容体に作用すると，視交叉上核の活動が抑えられて生理的な眠気が生じる。このためメラトニンは睡眠ホルモンとも呼ばれる。反対に，日が昇り網膜に光が当たるとメラトニンの分泌が抑えられ，目覚めに転じることになる。このようにメラトニンには眠気を誘発し，睡眠へと促す作用があるため，正しい。

②誤　り。インスリンは，(1)筋，肝臓，脂肪組織への糖の取り込みを促進し血糖値を下げる，(2)取り込んだ糖からグリコーゲンや脂肪を合成して貯蔵する，(3)蛋白質を合成して成長を促進する，などの働きをもつ。インスリンは血糖値を下げるホルモンであるため，誤りである。

③誤　り。副腎皮質でつくられるホルモンであるコルチゾールには，代謝に対する作用（肝臓での糖新生亢進，グリコーゲン合成促進，蛋白質分解促進，脂質代謝作用），免疫機能調整作用（抗炎症作用），水・電解質・血圧調整作用（水利尿作用，ミネラルコルチコイド様作用），骨代謝に対する作用（骨形成抑制作用），精神・神経系に対する作用（中枢神経の興奮性促進），ストレス応答ホルモンとしての作用（ストレス時の循環動態やエネルギー代謝向上性の維持）がある。また，コルチゾールが分泌過剰になると高血圧になり，分泌が低下すると低血圧になる。副腎皮質ホルモンの1つであるコルチゾールが有する働きは血圧を下げる作用だけではないため，誤りである。

④誤　り。プロラクチンは，乳腺の発育促進，乳汁産生・分泌促進，性腺機能の抑制に関わるホルモンである。プロラクチンは乳汁分泌を促進するため，誤りである。

⑤誤　り。抗利尿ホルモン（ADH）はバソプレシン（AVP）とも呼ばれ，下垂体後葉から分泌される水分調節ホルモンである。水の再吸収を促進し，尿濃縮作用をもつ。大量に投与すると血管を収縮させ，血圧を上昇させる。つまり，抗利尿ホルモンは血圧・循環血液量の維持・調節に関わるホルモンである。他方，血中のナトリウム濃度を調節するのは，副腎皮質から分泌されるアルドステロンである。よって，誤りである。

【文献情報】
・鈴木郁子編著（2015）やさしい自律神経生理学—命を支える仕組み p.201, 205, 280, 281 中外医学社
・医療情報科学研究所編（2014）病気が見える 第5版 vol.3 糖尿病・代謝・内分泌 p.9 メディックメディア
・井上泰（2001）学生のための疾病論 人間が病気になるということ p.140 医学書院
・大橋優美子・永野志朗・吉野肇一・大竹政子監修（2002）看護学学習辞典 第2版 p.456 学研メディカル秀潤社

問 26 (配点：1) 【心理学基礎・応用領域系】 月 日 / 月 日

くも膜下出血の説明として，最も適切なものを1つ選べ。

① 脳梗塞に比べて頻度が高い。

② 症状は24時間以内に消失する。

③ 緩徐に進行する頭痛で発症する。

④ 高次脳機能障害の原因ではない。

⑤ 脳動脈瘤の破裂によって起こる。

問 26	【人体の構造と機能及び疾病】 脳血管疾患	肢別解答率					正答率 71.5%
			①	②	③	④	⑤
難易度2	正解：⑤	全体	14.3%	1.4%	10.4%	2.2%	71.5%

　くも膜下出血とは脳血管障害の一種であり，主に脳表面の血管病変の破綻によって，くも膜下腔へ出血が生じた病態を指す。くも膜とは，脳と脊髄を覆う3層の髄膜のうちの2層目を指す。くも膜下出血の原因として最も多いのは脳動脈瘤の破裂によるもので，40〜60代の中高年女性に好発する。脳動脈瘤が原因の場合は非常に急速かつ重篤な経過をたどることが多く，死亡や重度後遺症を残す割合が多い。

①**不適切。**　くも膜下出血は，脳梗塞など他の脳血管障害に比べて頻度が低い疾患である。日本脳卒中データバンク（2020）の報告では，脳梗塞が脳血管障害全体のうち7割以上を占めており，くも膜下出血の頻度は全体の1割未満である。

②**不適切。**　くも膜下出血の症状として，突然の頭痛，強い悪心・嘔吐，意識障害，けいれんなどがあげられるが，これらの症状が24時間以内に消失することはない。

③**不適切。**　くも膜下出血は「バットやハンマーで殴られたような」としばしば形容される，突然の頭痛を特徴とする。

④**不適切。**　高次脳機能障害とは，脳血管障害や変性疾患，頭部外傷などにより，失語，失行，失認，記憶障害，注意障害をきたしている状態をいう。くも膜下出血は高次脳機能障害の原因の1つである。

⑤**適　切。**　くも膜下出血の原因の80%以上は脳動脈瘤の破裂によって起こる。次に多い原因が脳動静脈奇形である。

【文献情報】
・医療情報科学研究所編（2019）病気がみえる vol. 3 脳・神経 第2版 p.130-141 メディックメディア
・坂井建雄・久光正監（2011）ぜんぶわかる 脳の事典 p.164-167 成美堂出版
・日本脳卒中データバンク（2020）脳卒中レジストリを用いた我が国の脳卒中診療実態の把握 報告書

アルコール健康障害について，正しいものを1つ選べ。

① コルサコフ症候群は，飲酒後に急性発症する。

② アルコール幻覚症は，意識混濁を主症状とする。

③ アルコール性認知症は，脳に器質的変化はない。

④ 離脱せん妄は，飲酒の中断後数日以内に起こる。

⑤ アルコール中毒において，フラッシュバックがみられる。

問27	【精神疾患とその治療】精神作用物質使用による精神及び行動の障害（F1）		肢別解答率				正答率55.7%	
			①	②	③	④	⑤	
難易度2	正解：④	全体	4.5%	23.2%	3.5%	55.7%	13.0%	

①**誤 り。** コルサコフ症候群とは，慢性のアルコール依存による精神症候群である。特徴的な症状として見当識障害，記名障害，作話がある。一過性であることがほとんどで，慢性アルコール中毒によるビタミン欠乏によって生じるウェルニッケ脳症が原因となることが多い。

②**誤 り。** アルコール幻覚症とは，アルコール精神病の一型であり，アルコール依存症者が大量飲酒をして急激に発症するものである。主症状としては要素幻覚や言語性幻聴がみられ，激しい不安と迫害妄想を伴うが，意識混濁はないか，あっても軽度である。

③**誤 り。** アルコール性認知症は，アルコールの大量摂取が原因と考えられる認知症を指し，Wernicke-Korsakoff 症候群と同様であるという考えもある。アルコール依存症を原因として生じる Wernicke 脳症は，脳幹部の微小な出血という器質的変化がみられ，眼球運動障害や意識障害，ふらつき等の症状が生じる。この Wernicke 脳症とその後遺症を合わせて Wernicke-Korsakoff 症候群という。

④**正しい。** 離脱せん妄とは，アルコールの離脱状況の1つであり，振戦せん妄ともいう。長期間の飲酒歴のある重度のアルコール依存症の人が，飲酒を中断・減量した際に生じる症状である。飲酒を中断・減量してから2〜4日目ごろに出現し，通常3〜4日で回復するとされる。主な症状としては，頻脈，発熱，自律神経機能亢進，全身性の粗大な振戦，意識変容，精神運動興奮，失見当識，幻視，などが生じる。

⑤**誤 り。** アルコール中毒に見られる症状として，DSM-5によると，ろれつの回らない会話，協調運動障害，不安定歩行，眼振，注意または記憶の低下，混迷または昏睡が挙げられている。またアルコールの離脱症状としては，同じくDSM-5によれば，自律神経系過活動，手指振戦の増加，不眠，嘔気または嘔吐，一過性の視覚性，触覚性，または聴覚性の幻覚または錯覚，精神運動興奮，不安，全般性強直間代発作が挙げられている。以上のように，アルコールの中毒症状や離脱症状として，フラッシュバックは含まれていない。フラッシュバックは幻覚剤を使用した場合に生じることがあり，幻覚剤の使用を中断した後に使用中に体験した知覚変容が生じるものである。

【文献情報】
・加藤敏ら編（2016）現代精神医学事典 p.31，347 弘文堂
・厚生労働省 e-ヘルスネット 振戦せん妄
・厚生労働省 e-ヘルスネット アルコール性認知症
・高橋三郎他監修（2014）DSM-5 精神疾患の診断・統計マニュアル p.489-490，492 医学書院
・尾崎紀夫他編（2021）標準精神医学第8版 p.428 医学書院

　1型糖尿病の高校生の治療における留意点として，最も適切なものを1つ選べ。

① 　運動は禁止である。

② 　食事療法により治癒できる。

③ 　2型糖尿病に将来移行するリスクが高い。

④ 　治療を受けていることを担任教師に伝える必要はない。

⑤ 　やせる目的でインスリン量を減らすことは，危険である。

問 28	【人体の構造と機能及び疾病】内分泌代謝疾患	肢別解答率				正答率 87.4%
			①	②	③	④	⑤
難易度 1	正解：⑤	全体	3.7%	1.3%	7.1%	0.3%	87.4%

1型糖尿病とは，膵ランゲルハンス島β細胞の破壊・消失によるインスリン作用不足を原因として発症する糖尿病である。

①**不適切。** 運動療法は，急性効果としての血糖値低下や，慢性効果としてのインスリン抵抗性の低下，また QOL の上昇といった点において，糖尿病では基本的な治療の1つである。1型糖尿病においても運動療法は推奨されているが，代謝コントロールが極端に悪い場合や，心肺機能に障害がある場合には，運動が禁止・制限される。

②**不適切。** 1型糖尿病は進行性の疾患であり，食事療法で治癒することはない。インスリン療法によって一時的に寛解状態になることはあるが，その後再びインスリン分泌機能が低下し，インスリン依存状態（インスリンが完全に枯渇した状態）に陥る。

③**不適切。** 1型糖尿病は，その進行の様式によって急性発症1型，劇症1型，緩徐進行1型に分類されている。2型糖尿病に移行することはない。

④**不適切。** 1型糖尿病患者が感染症や消化器疾患，外傷，急性ストレスのために，体調を崩したり食事をきちんと取れなかったりした場合，血糖コントロールが乱れ，高血糖と脱水によって，糖尿病ケトアシドーシスが生じる。糖尿病ケトアシドーシスは口渇，多尿，多飲，血圧低下，頻脈，嘔吐，腹痛などが見られ，重症になると昏睡などの意識障害が生じる。このような危険をさけるために，周囲の関係者（担任教師等）にも知っておいてもらう必要がある。

⑤**適　切。** 1型糖尿病の場合は，インスリン療法が中心的治療となり，やせる目的など治療以外の目的でインスリン量をコントロールすることは，糖尿病ケトアシドーシス等を引き起こす危険がある。

【文献情報】
・医療情報科学研究所編（2019）病気がみえる vol.3 糖尿病・代謝・内分泌 第5版 p.18, 19, 45, 69 メディックメディア

問 29 (配点：1)	【健康・医療／精神疾患】	月　日
		月　日

せん妄について，適切なものを1つ選べ。

① 小児では発症しない。

② 注意の障害を呈する。

③ 早朝に症状が悪化することが多い。

④ 予防には，補聴器の使用を控えた方がよい。

⑤ 予防には，室内の照度を一定にし，昼夜の差をできるだけ小さくすることが有効である。

問 29	【精神疾患とその治療】 症状性を含む器質性精神障害（FO）	肢別解答率				正答率62.4%	
		①	②	③	④	⑤	
難易度2	正解：②	全体	5.5%	62.4%	16.4%	1.4%	14.2%

　せん妄とは，注意の障害と意識の障害，認知の障害が存在し，その障害が通常数時間〜数日間で生じ，その障害の程度が1日の中でも変動するものである。せん妄の発症要因には，(1)直接因子，(2)誘発因子，(3)準備因子の3つが考えられている。(1)直接因子は，単一でせん妄を起こしうる要因であり，ベンゾジアゼピン系薬剤，アルコール，覚せい剤等の中枢神経系への活性をもつ物質摂取，依存性薬物からの離脱，脳腫瘍や感染症，頭部外傷等の中枢神経疾患，代謝性疾患，内分泌疾患，循環器疾患等の全身性疾患が挙げられる。(2)誘発因子は，単独ではせん妄を起こさないが，他の要因と重なることでせん妄を惹起しうる要因であり，疼痛，身体拘束，便秘等の身体的要因，不安や抑うつ等の精神的要因，騒音や入院等の環境変化，睡眠障害が挙げられる。(3)準備因子〈背景因子〉は，せん妄の準備状態となる要因であり，高齢，認知症，せん妄の既往等が挙げられる。

①**不適切。**　せん妄は高齢期に発症リスクが高まることが知られているが，小児期においても発症する。むしろ，成人期より幼児期から小児期における発症リスクの方が高いため，直接因子となる感染症などに注意する必要がある。

②**適　切。**　DSM-5における診断基準に，「A．注意の障害（すなわち，注意の方向づけ，集中，維持，転換する能力の低下）および意識の障害（環境に対する見当識の低下）」と挙げられているため，「注意の障害を呈する」という本選択肢は適切である。

③**不適切。**　せん妄は1日の内に重症度が変動する日内変動が見られやすく，特に夜間に症状が悪化する夜間せん妄が生じやすい。よって，「早朝に症状が悪化することが多い」という本選択肢は不適切である。

④**不適切。**　せん妄の予防的アプローチの1つとして，認知機能や見当識を強化する働きかけが挙げられる。例えば，眼鏡や補聴器の使用，カレンダーや時計の設置，見当識を促す問いかけなどである。よって，「予防には，補聴器の使用を控えた方がよい」という本選択肢は不適切である。

⑤**不適切。** せん妄の予防的アプローチの1つとして，睡眠覚醒リズムを整えるための環境調整が挙げられる。例えば，日中の照明や採光の配慮，日光浴，室温調整，日中の離床を促すなどである。本選択肢の「室内の照度を一定にし，昼夜の差をできるだけ小さくする」という記述は，一見本人が過ごしやすくなるような配慮にみえるが，昼も夜も明るさが一定では睡眠のリズムが乱れやすくなってしまうため，かえってせん妄のリスクを強めてしまう。よって，本選択肢は不適切である。

【文献情報】
・高橋三郎・大野裕監訳（2014）DSM-5 精神疾患の分類と診断の手引き p.276 医学書院
・松崎朝樹（2020）精神診療プラチナマニュアル第2版 p.133-136 メディカル・サイエンス・インターナショナル
・下山晴彦ら編（2016）公認心理師必携 精神医療・臨床心理の知識と技法 p.38-40 医学書院
・三村將ら編（2019）公認心理師カリキュラム準拠 精神疾患とその治療 p.79-80 医歯薬出版株式会社
・高橋三郎・大野裕監訳（2014）DSM-5 精神疾患の診断・統計マニュアル p.588-593 医学書院

問 30 (配点：1)	【公認心理師法系】	月　日
		月　日

特定健康診査と特定保健指導について，正しいものを1つ選べ。

① 公認心理師は，特定保健指導を行うことができる。

② 特定健康診査は，介護保険法に基づく制度である。

③ 76歳以上の者は，特定保健指導の対象とならない。

④ 一定の有害な業務に従事する者は，特定保健指導を受けなければならない。

⑤ 特定健康診査は，要支援状態にある40歳以上の者を対象として実施される。

98

問 30	【関係行政論】 医療保険制度	肢別解答率					正答率 11.6%	
			①	②	③	④	⑤
難易度3	正解：③	全体	9.5%	20.0%	11.6%	47.1%	11.6%

　まず，特定健康診査と特定保健指導について解説する。厚生労働省 e-ヘルスネット 特定健康診査の検査項目 によると，**特定健康診査とは，いわゆる健診のことで，問診，身体測定，血圧測定，血液検査，尿検査などを行う健康診査である**。メタボリックシンドロームや高血圧，糖尿病，脂質異常症などの生活習慣病を早期発見し，早期対策に結びつけることが目的である。一方，厚生労働省 特定健診・特定保健指導について において，**特定保健指導とは，特定健康診査の結果から，生活習慣病の発症リスクが高く，生活習慣の改善による生活習慣病の予防効果が多く期待できる方に対して，専門スタッフ（保健師，管理栄養士など）が生活習慣を見直すサポートをすることである**。

①**不適切**。　2018年3月厚生労働省保険局医療介護連携政策課データヘルス・医療費適正化対策推進室の「特定健康診査等実施計画作成の手引き（第3版）」によれば，特定保健指導は「医師・保健師・管理栄養士・看護師等」が「スキルやノウハウを活かし，対象者の特性に合わせて自由な指導」を行うことができると記されている（p.12）。ここに公認心理師は含まれていないため，不適切である。

②**不適切**。　特定健康診査および特定保健指導は，高齢者の医療の確保に関する法律第18条に基づく制度である（厚生労働省「特定健診・保健指導にかかる法令・通知」p.1）。介護保険法に基づく制度ではない。よって，不適切である。

③**適　切**。特定保健指導は，特定健康診査の結果，「生活習慣病の発症リスクが高く，生活習慣の改善による生活習慣病の予防効果が多く期待できる方」（厚生労働省「特定健診・特定保健指導について」）に対して行われる指導であるため，対象者の年齢幅は特定健康診査に基づくことになる。そして，特定健康診査は「40歳から74歳まで」の人を対象としており，特定保健指導の対象年齢も同様，これに基づく。以上をふまえると，「76歳以上の者」は特定健康診査および特定保健指導の対象とならないため，適切である。なお，75歳以上の対象者は，高齢者医療法に基づき，後期高齢者広域連合において健康診査が実施される（努力義務）。75歳未満の健診項目のうち，必須項目のみの実施で可とされる（厚生労働省「特定健診・保健指導の現行制度（標準的な健診・保健指導プログラム（確定版））」p.1，7）。

④**不適切。** 特定保健指導の目的は，生活習慣病に移行しないようにすることである。そのため，「保健指導では，対象者自身が健診結果を理解して体の変化に気付き，自らの生活習慣を振り返り，生活習慣を改善するための行動目標を設定・実践でき，そのことにより対象者が自分の健康に関するセルフケア（自己管理）ができるようになることを目的とする。なお，生活習慣病有病者に対し，重症化や合併症の発症を予防するための保健指導を行うことも重要である」とされている（平成30年4月厚生労働省健康局「標準的な健診・保健指導プログラム【平成30年度版】」第3編保健指導　第3章健診・保健指導事業に関わる者に求められる能力　3-1）。しかし，選択肢にあるような業務に従事する者が特定保健指導を受けなければならないという記述はないため，不適切である。なお，有害な業務に従事する者に関する法律は，労働安全衛生法である。

⑤**不適切。** 要支援状態にある40歳以上の者が受けられるサービスは，介護保険制度である。介護保険制度では，65歳以上の者（第1号被保険者）だけでなく，40歳から64歳の者（第2号被保険者）で，特定疾病（例：末期がん，関節リウマチ，筋萎縮性側索硬化症など）により要支援・要介護状態になった者がサービスを受けられる（厚生労働省「介護保険制度について（40歳になられた方へ）」p.1，2）。この選択肢の記述は介護保険制度に関するものであるため，不適切である。

問31 (配点：1)　　　　【公認心理師法系】　　月　日／月　日

　医療法で規定されている医療提供施設として，正しいものを1つ選べ。

① 保健所

② 介護老人保健施設

③ 市町村保健センター

④ 地域包括支援センター

⑤ 産業保健総合支援センター

102

問31	【関係行政論】医療法		肢別解答率				正答率 39.5%	
			①	②	③	④	⑤	
難易度3	正解：②	全体	30.2%	39.5%	10.6%	3.3%	16.2%	

　医療法第1条の2第2項において，「医療は，国民自らの健康の保持増進のための努力を基礎として，医療を受ける者の意向を十分に尊重し，病院，診療所，**介護老人保健施設**，介護医療院，調剤を実施する薬局その他の医療を提供する施設（以下「医療提供施設」という。），医療を受ける者の居宅等（居宅その他厚生労働省令で定める場所をいう。以下同じ。）において，医療提供施設の機能に応じ効率的に，かつ，福祉サービスその他の関連するサービスとの有機的な連携を図りつつ提供されなければならない。」とある。

　よって，**正答は②である。**

　ちなみに，この問題は「医療法で規定されている医療提供施設」について問われているが，各施設の根拠法についても記載しておく。選択肢①保健所は地域保健法第5条，選択肢②介護老人保健施設は介護保険法第8条第28項，選択肢③市町村保健センターは地域保健法第18条，選択肢④地域包括支援センターは介護保険法第115条39第1項を根拠としている。また，選択肢⑤産業保健総合支援センターは，厚生労働省の「産業保健活動総合支援事業」の一環として，企業内での産業保健活動への総合的な支援を目的に，2014年から都道府県ごとに設置されたもので，独立行政法人労働者健康福祉機構が実施主体である。

問 32 (配点：1) 　　　　【公認心理師法系】　　月　日 / 月　日

　精神障害などにより，財産管理などの重要な判断を行う能力が十分ではない人々の権利を守り，支援する制度を何というか，正しいものを1つ選べ。

① 医療観察制度

② 介護保険制度

③ 成年後見制度

④ 障害者扶養共済制度

⑤ 生活福祉資金貸付制度

問 32	【関係行政論】成年後見制度の利用の促進に関する法律	肢別解答率					正答率 98.0%	
			①	②	③	④	⑤	
難易度 1	正解：③	全体	0.4%	0.2%	98.0%	1.1%	0.2%	

①**誤　り。**　法務省 HP 医療観察制度 において，「『医療観察制度』は，心神喪失又は心神耗弱の状態で（精神の障害のために善悪の区別がつかないなど，通常の刑事責任を問えない状態のことをいいます。），殺人，放火等の重大な他害行為を行った人の社会復帰を促進することを目的とした処遇制度です。平成 15 年に成立した『心神喪失等の状態で重大な他害行為を行った者の医療及び観察等に関する法律』に基づき，適切な処遇を決定するための審判手続が設けられたほか，入院決定（医療を受けさせるために入院をさせる旨の決定）を受けた人については，厚生労働省所管の指定入院医療機関による専門的な医療が提供され，その間，保護観察所は，その人について，退院後の生活環境の調整を行います。また，通院決定（入院によらない医療を受けさせる旨の決定）を受けた人及び退院を許可された人については，原則として 3 年間，厚生労働省所管の指定通院医療機関による医療が提供されるほか，保護観察所による精神保健観察に付され，必要な医療と援助の確保が図られます。」とある。

②**誤　り。**　厚生労働省老健局 令和 3 年 5 月 介護保険制度の概要 において，介護保険制度は介護保険法を根拠とする制度であり，基本的な考え方として「自立支援」「利用者本位」「社会保険方式」が挙げられている。「自立支援」は，「単に介護を要する高齢者の身の回りの世話をするということを超えて，高齢者の自立を支援することを理念とする。」，「利用者本位」は，利用者の選択により多様な主体から保健医療サービス，福祉サービスを総合的に受けられる制度」，「社会保険方式」は「給付と負担の関係が明確な社会保険方式を採用」とある (p.2)。また，介護保険法第 1 条では「この法律は，加齢に伴って生ずる心身の変化に起因する疾病等により要介護状態となり，入浴，排せつ，食事等の介護，機能訓練並びに看護及び療養上の管理その他の医療を要する者等について，これらの者が尊厳を保持し，その有する能力に応じ自立した日常生活を営むことができるよう，必要な保健医療サービス及び福祉サービスに係る給付を行うため，国民の共同連帯の理念に基づき介護保険制度を設け，その行う保険給付等に関して必要な事項を定め，もって国民の保健医療の向上及び福祉の増進を図ることを目的とする。」と規定されている。同法第 2 条第 1 項では「介護保険は，被保険者の要介護状態又は要支援状態（以下『要介護状態等』という。）に関し，必要な保険給付を行うものとする。」，同法同条第 2 項に「前項の保険給付は，要介護状態等の軽減又は悪化の防止に資するよう行われるとともに，医療との連携に十分配慮して行われなければならない。」，同法同条第 3 項に「第 1 項の保険給付は，被保険者の心身の状況，その

置かれている環境等に応じて，被保険者の選択に基づき，適切な保健医療サービス及び福祉サービスが，多様な事業者又は施設から，総合的かつ効率的に提供されるよう配慮して行われなければならない。」，同法同条第4項に「第1項の保険給付の内容及び水準は，被保険者が要介護状態となった場合においても，可能な限り，その居宅において，その有する能力に応じ自立した日常生活を営むことができるように配慮されなければならない。」と規定されている。

③**正しい。** 家庭裁判所 成年後見制度－利用をお考えのあなたへ－ において，成年後見制度とは「認知症，知的障害，精神障害，発達障害などによって物事を判断する能力が十分ではない方（ここでは「ご本人」といいます。）について，ご本人の権利を守る援助者（「成年後見人」等）を選ぶことで，ご本人を法律的に支援する制度です。」とある。また，厚生労働省HP 成年後見制度 成年後見制度とは において，「認知症，知的障害，精神障害などの理由で判断能力の不十分な方々は，財産管理（不動産や預貯金などの管理，遺産分割協議などの相続手続など）や身上保護（介護・福祉サービスの利用契約や施設入所・入院の契約締結，履行状況の確認など）などの法律行為をひとりで行うのが難しい場合があります。また，自分に不利益な契約であることがよくわからないままに契約を結んでしまい，悪質商法の被害にあうおそれもあります。このような判断能力の不十分な方々を法的に保護し，支援するのが成年後見制度です。」とある。

④**誤り。** 厚生労働省HP 障害者扶養共済制度（しょうがい共済） において，障害者扶養共済制度とは「障害のある方を育てている保護者が毎月掛金を納めることで，保護者が亡くなった時などに，障害のある方に対し，一定額の年金を一生涯支給するというものです。」とある。制度の主な特色としては，「都道府県・指定都市が実施している任意加入の制度」であること，「保護者（＝加入者）が死亡したとき，または重度障害になったときに，保護者が扶養する障害のある方に毎月2万円の年金が生涯にわたって支給」されること（2口加入の場合は4万円），「制度の運営に関する事務経費などの『付加保険料』が必要ないため，掛金が安く」なっていること，「加入者が支払う掛金は所得控除の対象」なることが挙げられる。

⑤**誤り。** 厚生労働省HP 政策レポート 生活福祉資金貸付制度について において，生活福祉資金貸付制度とは「低所得者世帯などに対して，低利または無利子での資金の貸し付けと必要な援助指導を行うことにより，経済的自立や生活意欲の助長促進，在宅福祉や社会参加を図り，その世帯の安定した生活を確保することを目的としています。」とある。

問 33 (配点：1) 　　　【公認心理師法系】　　月　日／月　日

　労働基準法が定める時間外労働の上限規制として，正しいものを1つ選べ。

① 原則として，月60時間とする。

② 原則として，年360時間とする。

③ 臨時的な特別な事情がある場合には，年960時間とする。

④ 臨時的な特別な事情がある場合には，月150時間（休日労働含む）とする。

⑤ 臨時的な特別な事情がある場合には，複数月平均120時間（休日労働含む）とする。

108

問 33	【関係行政論】労働基準法		肢別解答率				正答率 47.6%	
			①	②	③	④	⑤
難易度 1	正解：②	全体	22.9%	47.6%	9.2%	5.6%	14.5%

この第4回公認心理師試験のブループリントに新しく加わったキーワードの「働き方改革」に関連する問題である。

働き方改革を推進するための関係法律の整備に関する法律〈働き方改革関連法〉が平成30年7月に公布され，それに伴い，労働基準法が改正された。この問題の時間外労働の上限規制については，労働基準法第36条(時間外及び休日の労働)に定められている。

この改正によって，法律上，時間外労働の上限は原則として「月45時間」「年360時間」となった。また，臨時的な特別の事情がなければこれを超えることができない。この臨時的な特別な事情とは，機械トラブルへの対応や大規模なクレーム対応など，通常業務では対応ができないような特別な事情のことを指す。

そして，この臨時的な特別な事情があって労働者と使用者が合意する場合であっても，「月100時間未満（休日労働を含む）」「年間720時間」「複数月（2～6か月）平均80時間以内（休日労働を含む）」を超えることはできない。また，時間外労働が月45時間を超えることができるのは，年間6か月までである。

以上より，選択肢②の「年360時間」が正しい。よって，**正答は②である。**

【文献情報】
・厚生労働省・都道府県労働局・労働基準監督署 時間外労働の上限規制 わかりやすい解説

問 34 (配点：1) | 【公認心理師法系】

心理支援におけるスーパービジョンについて，誤っているものを1つ選べ。

①　スーパーバイジーの職業的発達に適合させることが望ましい。

②　スーパービジョンの目的の1つに，特定のスキルの熟達がある。

③　後進の指導に当たる立場では，スーパービジョンの技能を学ぶことが望ましい。

④　スーパービジョンの目的の1つに，心理療法理論の臨床場面への応用と概念化がある。

⑤　スーパービジョンとは，スーパーバイジー自身の心理的問題を扱うカウンセリングのことである。

問34	【公認心理師の職責】 スーパービジョン		肢別解答率					正答率 94.5%
				①	②	③	④	⑤
難易度1	正解：⑤		全体	0.8%	1.7%	1.6%	1.3%	94.5%

①**正しい。** スーパービジョンの基本モデルには弁別モデル，発達モデル，システム・モデルの3つがあり，この発達モデルにおいては，明確な発達段階が示されているわけではないものの，セラピストそれぞれの経験年数や成長志向性によって発達の段階は異なり，それぞれの専門性の発達に合わせてスーパービジョンが行われる必要があると考えられている。そのため，職業的発達に適合させることが望ましい。

②**正しい。** スーパービジョンでは，「面接技法等の臨床スキル修得」や「クライエント言動の意味を理論的に識別する認知スキル修得」が目的に挙げられており，特定のスキルの習得や熟達は目的の1つに含まれる。また，他にも「自身の体験や世界観を見直す自己への気づきと内省力の向上」や「倫理的であり臨床家としてふさわしい専門家としての行動と職業的アイデンティティの発達」を含めて4つの領域の学習の促進が目的となる。

③**正しい。** 「後進の指導に当たる立場」とは，スーパーバイザーのことを指している。スーパーバイザーもスーパービジョンを行うに当たり，スーパーバイジーへの指導方法など技能について学んだり，より適切な指導ができるスーパーバイザーになるために訓練を受けることが望ましいとされている。

④**正しい。** 選択肢②の解説参照。「面接技法等の臨床スキル修得」の面接技法等には心理療法理論が含まれており，スーパービジョンにおいて学習した心理療法理論を臨床場面のクライエントに応用すること，その心理療法理論がどのような事例に効果があったかといった共通項を見出し，概念化することも目的に含まれる。

⑤**誤　り。** 過去に何度も出題されている内容である。この選択肢は，2018年9月9日第1回公認心理師試験の問46の選択肢②「スーパーバイジーが抱える個人的な問題に対して心理療法を用いて援助を行う」，2018年12月16日第1回公認心理師試験の問3の選択肢④「スーパーバイザーはスーパーバイジーへの心理療法を行う責任を有する」ともほぼ同じ内容である。スーパービジョンにおいては，スーパーバイジーの専門的能力の研鑽・資質向上が目的であり，スーパービジョンの関係を結びながら，カウンセリングの関係を結ぶことは多重関係にもなり得る。そのため，スーパービジョンはカウンセリングを行うことではない。

【文献情報】
・下山晴彦編（2014）誠信 心理学辞典［新版］p.364 誠信書房

問 35 (配点：1)　　　【福祉／司法／産業】　月　日／月　日

医療におけるアドバンス・ケア・プランニング〈ACP〉について，<u>誤っ</u><u>ているもの</u>を1つ選べ。

① 話し合いの内容を文章にまとめ，診療録に記載しておく。

② 話し合いの構成員の中に，親しい友人が含まれることがある。

③ 患者の意思は変化する可能性があるため，話し合いは繰り返し行われる。

④ 患者の意思が確認できない場合は，担当医療従事者が本人にとって最善の方針を決定する。

⑤ 患者と多職種の医療・介護従事者，家族等の信頼できる者と今後の医療・ケアについて十分な話し合いを行うプロセスである。

問35	【福祉心理学】 アドバンス・ケア・プランニング 〈ACP〉	肢別解答率					正答率 82.8%	
			①	②	③	④	⑤	
難易度2	正解：④	全体	2.7%	12.6%	0.9%	82.8%	1.0%	

アドバンス・ケア・プランニング〈ACP〉は第4回公認心理師試験のブループリントに初めて加えられたキーワードであった。このような初出のキーワードについては, 出題されやすい傾向があるため, 要確認である。

アドバンス・ケア・プランニング〈ACP〉については, 厚生労働省の「人生の最終段階における医療・ケアの決定プロセスに関するガイドライン」(文献1), 「人生の最終段階における医療・ケアの決定プロセスに関するガイドライン」解説編（文献2）を参照。

①**正しい。** 文献1の2 人生の最終段階における医療・ケアの方針の決定手続 ⑴本人の意思の確認ができる場合 において「③ このプロセスにおいて話し合った内容は, その都度, 文書にまとめておくものとする」とある。

②**正しい。** 文献2の2 人生の最終段階における医療・ケアの方針の決定手続 ⑵本人の意思の確認ができない場合 において「本人の意思確認ができない場合には, 次のような手順により, 医療・ケアチームの中で慎重な判断を行う必要がある。① 家族等が本人の意思を推定できる場合には, その推定意思を尊重し, 本人にとっての最善の方針をとることを基本とする。② 家族等が本人の意思を推定できない場合には, 本人にとって何が最善であるかについて, 本人に代わる者として家族等と十分に話し合い, 本人にとっての最善の方針をとることを基本とする。時間の経過, 心身の状態の変化, 医学的評価の変更等に応じて, このプロセスを繰り返し行う。③ 家族等がいない場合及び家族等が判断を医療・ケアチームに委ねる場合には, 本人にとっての最善の方針をとることを基本とする。④ このプロセスにおいて話し合った内容は, その都度, 文書にまとめておくものとする。」とされている。そして, 「＊注12 家族等とは, 今後, 単身世帯が増えることも想定し, 本人が信頼を寄せ, 人生の最終段階の本人を支える存在であるという趣旨ですから, 法的な意味での親族関係のみを意味せず, より広い範囲の人（親しい友人等）を含みますし, 複数人存在することも考えられます（このガイドラインの他の箇所で使われている意味も同様です）。」とされている。

③**正しい。** 文献1の1 人生の最終段階における医療・ケアの在り方 において「① 医師等の医療従事者から適切な情報の提供と説明がなされ, それに基づいて医療・ケアを受ける本人が多専門職種の医療・介護従事者から構成される医療・ケアチームと十分な話し合いを行い, 本人による意思決定を基本としたうえで, 人生の最終段階にお

ける医療・ケアを進めることが最も重要な原則である。また，本人の意思は変化しうるものであることを踏まえ，本人が自らの意思をその都度示し，伝えられるような支援が医療・ケアチームにより行われ，本人との話し合いが繰り返し行われることが重要である。さらに，本人が自らの意思を伝えられない状態になる可能性があることから，家族等の信頼できる者も含めて，本人との話し合いが繰り返し行われることが重要である。この話し合いに先立ち，本人は特定の家族等を自らの意思を推定する者として前もって定めておくことも重要である。」とある。

④ **誤　り。**　文献１の２　人生の最終段階における医療・ケアの方針の決定手続　⑵本人の意思の確認ができない場合　において「本人の意思確認ができない場合には，次のような手順により，医療・ケアチームの中で慎重な判断を行う必要がある。①　家族等が本人の意思を推定できる場合には，その推定意思を尊重し，本人にとっての最善の方針をとることを基本とする。②　家族等が本人の意思を推定できない場合には，本人にとって何が最善であるかについて，本人に代わる者として家族等と十分に話し合い，本人にとっての最善の方針をとることを基本とする。時間の経過，心身の状態の変化，医学的評価の変更等に応じて，このプロセスを繰り返し行う。③　家族等がいない場合及び家族等が判断を医療・ケアチームに委ねる場合には，本人にとっての最善の方針をとることを基本とする。④　このプロセスにおいて話し合った内容は，その都度，文書にまとめておくものとする。」とある。以上より，本人の意思が確認できないいかなる場合においても担当医療従事者が，本人にとって最善の方針を決定することはない。

⑤ **正しい。**　選択肢③の解説参照。文献２の【基本的な考え方】において「１）このガイドラインは，人生の最終段階を迎えた本人・家族等と医師をはじめとする医療・介護従事者が，最善の医療・ケアを作り上げるプロセスを示すガイドラインです。」「２）そのためには担当の医師ばかりでなく，看護師やソーシャルワーカー，介護支援専門員等の介護従事者などの，医療・ケアチームで本人・家族等を支える体制を作ることが必要です。このことはいうまでもありませんが，特に人生の最終段階における医療・ケアにおいて重要なことです。」「３）人生の最終段階における医療・ケアにおいては，できる限り早期から肉体的な苦痛等を緩和するためのケアが行われることが重要です。緩和が十分に行われた上で，医療・ケア行為の開始・不開始，医療・ケアの内容の変更，医療・ケア行為の中止等については，最も重要な本人の意思を確認する必要があります。確認にあたっては，適切な情報に基づく本人による意思決定（インフォームド・コンセント）が大切です。」「４）人生の最終段階における医療・ケアの提供にあたって，医療・ケアチームは，本人の意思を尊重するため，本人のこれまでの人生観や価値観，どのような生き方を望むかを含め，できる限り把握することが必要です。ま

114

た，本人の意思は変化しうるものであることや，本人が自らの意思を伝えられない状態になる可能性があることから，本人が家族等の信頼できる者を含めて話し合いが繰り返し行われることが重要です。」とある。

問 36 (配点：1)　　　【心理学基礎・応用領域系】

H. P. Grice の会話の公理〈maxims of conversation〉に該当しないものを1つ選べ。

① 根拠があることを話す。

② 場の雰囲気に配慮する。

③ 過不足なく情報を伝える。

④ その時の話題に関連したことを言う。

⑤ 曖昧な表現を避け，分かりやすく情報を伝える。

問 36	【学習・言語心理学】 会　話		肢別解答率				正答率 31.0%	
			①	②	③	④	⑤	
難易度 1	正解：②	全体	15.8%	31.0%	32.9%	16.5%	3.6%	

　H. P. Grice の会話の公理とは，協調の原理とも呼ばれる。これは，人と人の会話において，コミュニケーションが成立することを目的とした公理である。この会話の公理は，質の公準，量の公準，関連・適切性の公準，様態の公準の４つが挙げられる。

①該当する。　この内容は「質の公準」と呼ばれる。話し手が真実であると信じていることを話す，虚構であることや根拠が十分ではないことを話したりしないことである。

②該当しない。

③該当する。　この内容は「量の公準」と呼ばれる。話し手が話すことが，不十分であったり，必要以上であったりせず，必要十分な情報を会話において提供することである。

④該当する。　この内容は「関連・適切性の公準」と呼ばれる。話し手が自分と相手にとって関係のある内容を話すことである。

⑤該当する。　この内容は「様態の公準」と呼ばれる。話し手が話すことが明瞭・簡潔であって，あいまいではないことである。

問 37 (配点：1)　　　【心理査定】

　成人のクライエントに対して行う心理検査の目的として，<u>不適切なも</u>のを1つ選べ。

① クライエントによる自己理解や洞察を深める。

② セラピストのセラピー継続への動機づけを高める。

③ クライエントに関わるスタッフの支援の手がかりとする。

④ セラピストがクライエントの理解を深め，支援の方針を決定する指標にする。

⑤ セラピストとクライエントの間で，コミュニケーションやセラピーを深める道具とする。

問37	【心理的アセスメント】実施上の留意点	肢別解答率					正答率83.1%
			①	②	③	④	⑤
難易度1	正解：②	全体	2.3%	83.1%	2.0%	2.2%	10.3%

①**適　切。**　心理検査の目的として，クライエントによる自己理解や自己洞察を深めることが挙げられる。心理検査には，投影法や質問紙法などがあるが，投影法では主に潜在的な側面，無意識的な領域における心理的なアセスメントができる。また，質問紙法では，クライエントが自覚しているような，意識的な領域における心理的なアセスメントが可能である。いずれにしろ，検査結果を通して，クライエントは心理検査の対象となる心理的な側面に関して，それまで知らなかったことや，それまでに知っていたことをさらに理解を深めるといったことが可能になる。

②**不適切。**　心理検査を実施する目的は，大前提としてクライエントの利益のため，クライエントの役に立つためである。クライエントの利益に貢献できないような検査の実施は，クライエントに対して不必要な負担を強いることになるため控える必要がある。つまり，「セラピスト」のセラピー継続への動機づけを高めるといった目的で心理検査をクライエントに実施することは，クライエントにとっての利益に対する貢献に直結する内容ではないため，不適切である。

③**適　切。**　心理検査の中でも質問紙法や知能検査法など，実施することによってしか得られない客観的な情報がある。このような検査結果から得られる客観的な情報は，クライエントの自己理解や洞察のための情報でもあるが，それだけではなく，クライエントの支援に関わるスタッフにとっても支援方針を検討するための有用な情報になり得る。

④**適　切。**　選択肢③の解説参照。心理検査の実施によって得られた結果は，セラピストがクライエントの理解を深め，支援の方針を決定する指標にすることがある。つまり，心理検査を実施し得られた情報から，クライエントの問題を明確化し，支援の方法を選択し，介入に活かしていくことが可能になる。これは，心理検査の実施がクライエントの利益に対する貢献につながることにもなるため，心理検査の実施の目的として適切である。

⑤**適　切。**　心理検査を実施することを通して，セラピストとクライエントのコミュニケーションが深まったり，ラポールの深化につながったりすることもあり，セラピーが深まるための道具として作用することもある。そのため，この選択肢の内容を心理検査の実施の目的の1つとして捉えることも可能である。

【文献情報】
・澤田丞司（2004）改訂版心理検査の実際　p.18-25　新興医学出版社
・S. C. Whiston 著　石川信一ら監訳（2018）カウンセリングにおけるアセスメントの原理と適用［第4版］p.7-12　金子書房

問 38 (配点：1)　　【心理学基礎・応用領域系】

M. E. P. Seligman が提唱する PERMA のそれぞれの頭文字の意味として，誤っているものを1つ選べ。

① 　Pはポジティブな感情を表す。

② 　Eは力を獲得することを表す。

③ 　Rは他者との良い関係を表す。

④ 　Mは生きる意味を表す。

⑤ 　Aは達成を表す。

問38	【感情・人格心理学】パーソナリティ	肢別解答率					正答率20.3%	
			①	②	③	④	⑤	
難易度3	正解：②	全体	8.0%	20.3%	15.1%	41.8%	14.5%	

　M. E. P. Seligman が提唱する PERMA（パーマ）とは，ウェルビーイング理論の5つの要素の頭文字を取ったものであり，P（Positive Emotion；ポジティブ感情），E（Engagement；エンゲージメント），R（Relationships；関係性），M（Meaning；意味・意義），A（Achievement；達成）である。

　選択肢②のEのエンゲージメントは，「自分は仕事に没頭していたか」「自分は没頭状態にあったか」という主観によって測定されるものであり，「力を獲得すること」ではない。よって，**正答は②である。**

【文献情報】
・マーティン・セリグマン著 宇野カオリ監訳（2014）ポジティブ心理学の挑戦 "幸福"から"持続的幸福"へ p.33-41 ディスカヴァー

問 39 (配点：1)　　【健康・医療／精神疾患】

T. L. Beauchamp と J. F. Childress が提唱した医療倫理の4原則に<u>該当しないもの</u>を1つ選べ。

① 正義

② 説明

③ 善行

④ 無危害

⑤ 自律尊重

問 39	【健康・医療心理学】医療倫理	肢別解答率					正答率 44.4%	
			①	②	③	④	⑤	
難易度 1	正解：②	全体	14.3%	44.4%	14.7%	16.8%	9.7%	

　T. L. Beauchamp と J. F. Childress が「生命医学倫理の諸原則」の中で「医療倫理の4原則」を提唱している。医療倫理については，第4回公認心理師試験でブループリントに追加されたキーワードの1つである。やはり，新しく追加されたキーワードは出題されやすく，さらに，この問題のように「4原則」となると，5肢択1の問題として作りやすい。出されるべくして出されたという印象である。

①該当する。　正義（justice）は，公正とも表現される。これは，患者を平等かつ公平に扱うことである。具体的には，限られた医療資源（医療施設・医療機器・医薬品・医療従事者など）を，いかに適正に配分するかといったことが挙げられる。

②該当しない。

③該当する。　善行（beneficence）とは，患者のために最善を尽くすことである。この「最善」とは，医療従事者が考えるものではなく，患者が考える最善の善行を行うということである。

④該当する。　無危害（non-maleficence）とは，患者に危害を及ぼさないことであり，今ある危険を取り除き，予防することも含まれる。

⑤該当する。　自律尊重（respect for autonomy）とは，患者自身の意思や決定を大切にすること，患者の行動を制限したり，干渉したりしないという原則である。これは，インフォームド・コンセントにも通じる。医療従事者は患者に情報を開示し，患者がその内容を十分に理解し，納得した上で決定できるよう支援することが，自律尊重の原則に基づいた責務であると考えられている。

【文献情報】
　・一般財団法人 日本医療教育財団「医療通訳育成カリキュラム基準」（平成29年9月版）準拠 医療通訳 p.96，97

問 40 (配点：1)	【福祉／司法／産業】	月　日
		月　日

　児童の権利に関する条約〈子どもの権利条約〉に<u>含まれないもの</u>を1つ選べ。

①　生命に対する固有の権利

②　残余財産の分配を受ける権利

③　出生の時から氏名を有する権利

④　自由に自己の意見を表明する権利

⑤　できる限りその父母を知りかつその父母によって養育される権利

問40	【福祉心理学】福祉の基本理念	肢別解答率					正答率51.4%
			①	②	③	④	⑤
難易度2	正解：②	全体	1.4%	51.4%	14.4%	1.8%	30.9%

①**含まれる。** 児童の権利に関する条約〈子どもの権利条約〉第6条において，「1．締約国は，すべての児童が生命に対する固有の権利を有することを認める。」とある。

②**含まれない。** 残余財産の分配は，会社法の第五款「残余財産の分配」に係るものであり，企業の解散時に負債清算後にも財産が余る場合，株主が財産の分配を受けることができるという，株主としての権利についてのものである。

③・⑤**含まれる。** 同条約第7条において，「1．児童は，出生の後直ちに登録される。児童は，出生の時から氏名を有する権利及び国籍を取得する権利を有するものとし，また，できる限りその父母を知りかつその父母によって養育される権利を有する。」とある。

④**含まれる。** 同条約第12条において，「1．締約国は，自己の意見を形成する能力のある児童がその児童に影響を及ぼすすべての事項について自由に自己の意見を表明する権利を確保する。この場合において，児童の意見は，その児童の年齢及び成熟度に従って相応に考慮されるものとする。」とある。

問41 (配点：1)　　　【福祉／司法／産業】　　月　日／月　日

　医師から依頼を受け，MMSE を実施・解釈し報告する際の公認心理師の行動として，不適切なものを１つ選べ。

① 被検査者の実際の回答内容を解釈に含める。

② 検査時の被検査者の緊張や意欲についても解釈に含める。

③ カットオフ値を上回った場合は，認知症ではないと所見を書く。

④ 総得点だけでなく，被検査者が失点した項目についても報告する。

⑤ 被検査者が難聴で口頭による実施ができない場合は，筆談による実施を試みる。

問 41	【福祉心理学】精神状態短時間検査-改訂日本版〈MMSE-J〉		肢別解答率					正答率 94.2%	
				①	②	③	④	⑤	
難易度 1	正解：③		全体	0.9%	1.7%	94.2%	0.9%	2.2%	

　MMSE（Mini Mental State Examination）は，1975 年に M. F. Folstein らによって作成された簡便な認知症のスクリーニング・テストである。言語性検査（時間・場所の見当識，復唱など）と動作性検査（図形の模写，指示に従って動作を行うなど）の11 項目からなる。検査時間が 10 分程度であり，実施，採点が簡便であるため，世界中で認知症の診断補助に有用なスクリーニング検査として多く利用されている。

①適　切。　MMSE など神経心理学的検査は，定量的アプローチと定性的アプローチの2 つの解釈方法がある。定量的アプローチは結果が点数化された形で，それに対して客観的な解釈が行われる，いわゆる量的な分析法である。一方，定性的アプローチとは，被検者の意欲や態度，課題への取り組み方や，回答の仕方などを質的に検討できるものである。量的な分析法である定量的アプローチと比較すると，定性的アプローチは質的な分析法といえる。選択肢の「回答内容を解釈に含める」ことはこの定性的アプローチに該当し，解釈に含めるため適切である。

②適　切。　選択肢①の解説参照。「被検査者の緊張や意欲」への解釈は，定性的アプローチに含まれる。

③不適切。　MMSE のカットオフ値は 30 点満点中，23／24 に設定されており，23点以下であれば認知症が疑われる。ただし，スクリーニング検査とされつつも，診断用用具として使用されることを意図されていないため，カットオフ値を上回った場合は「認知症ではない」と断定することはできず，「『認知症ではない』ということを示唆する」と判断することになる。よって，「認知症ではないと所見を書く」ことはできないため，不適切である。

④適　切。　検査報告においては，被検査者の認知機能に関して障害されている部分と保持されている部分とを両方記載し，その後の具体的なケアや治療方針を提案できることが望ましい。よって，失点した項目についても報告することは適切である。

⑤**適　切**。　神経心理学的アセスメントを行う上で一般的留意点は,「事前に医師から必要な情報を得る」「ラポールの形成」「適切なテストバッテリー」「検査目的,検査の構成・特性を説明」「感覚機能の低下に対する配慮」「無理のない励ましをする」「注意の払われ方に留意する」「個人に合った教示方法を行う」が挙げられる。この中で,「感覚機能の低下に対する配慮」に関しては,高齢者の場合,様々な機能が低下している場合が想定されるため,そういった状態に配慮して検査ができるようにしておく必要がある。よって,難聴の方の場合にも筆談による実施を試みるといった配慮は適切である。ただし,検査本来の構成や特性を侵す程の実施方法の工夫を施してはいけない。

【文献情報】
・小海宏之（2019）神経心理学的アセスメント・ハンドブック［第2版］p.12-14, 247-258 金剛出版
・黒川由紀子ら編（2018）認知症の心理アセスメントはじめの一歩 p.21, 22 医学書院
・M. F. Folstein ら（2019）精神状態短時間検査-改訂日本版（MMSE-J）使用者の手引 p.21 日本文化科学社

問 42 (配点：1)　　　　　【教育／障害者】　　月　日／月　日

　適性処遇交互作用について，誤っているものを1つ選べ。

① 指導方法や学習環境のことを処遇という。

② 統計学的には交互作用効果によって検証される。

③ 学びの成立に影響を与える個人差要因を適性という。

④ 学習者の特徴によって教授法の効果が異なることを指す。

⑤ 他者の援助と学習者の問題解決との中間領域にみられる。

問 42	【教育・学校心理学】 適性処遇交互作用	肢別解答率					正答率 59.1%
			①	②	③	④	⑤
難易度 1	正解：⑤	全体	4.6%	17.1%	9.2%	9.8%	59.1%

　適性処遇交互作用とは，教育心理学者の L. J. Cronback によって提唱された，教授の仕方よって得られる学習効果は一様ではないこと，それは学習者の適性によって異なることを示した概念である。

①**正しい。**　処遇は，教師の指導方法や学習環境に限らず，学習内容や教材，評価の仕方，カリキュラムなどが含まれる。

②**正しい。**　下図の教授法AとBの学習者の学習成果の全平均を比較すると，教授法Aの方が高くなっている。適性がX※以上の学習者とX※以下の学習者の学習成果の平均を比較すると適性X※以上の学習者の方が高くなっている。しかし，適性X※以下の学習者は教授法Aに割り当てられた方が学習成果が高く，適性X※以上の学習者は教授法Bに割り当てられた方が学習成果が高かった。このように交互作用効果によって検証されるのが，適性処遇交互作用である。

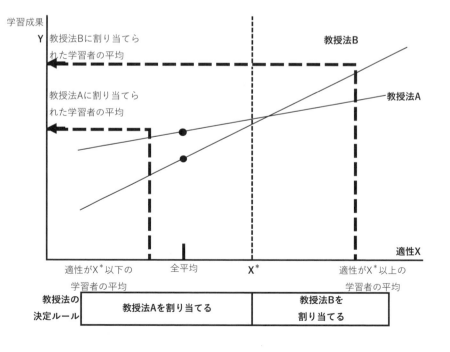

③**正しい。** 適性は，学習者の個人差要因のことであり，学習者の知能や性格に限らず，認知スタイルや興味・関心，意欲や価値観，年齢などが含まれる。

④**正しい。** 適性処遇交互作用の説明そのものである。例えば，英語の勉強をするとき，ある人は文法書やテキストをもとに解説をしていく授業方法が合っているが，ある人にとっては問題集を解きながらその問題の解説をするという授業方法が合っていることもある。このようにある学習者には効果的な教授法も別の学習者にとっては効果的でないという現象のことである。

⑤**誤 り。** この説明は，L. S. Vygotsky が提唱した「発達の最近接領域」である。発達の最近接領域は，まだ1人の力では解くことはできないが，他者の助けによって解答・解決することが可能になり，しかもそれを1人の力で解決まで発展させていく可能性をもった発達の範囲である。

【文献情報】
・鹿毛雅治編（2006）朝倉心理学講座8 教育心理学 p.55，56 朝倉書店

| 問 43 (配点：1) | 【教育／障害者】 | 月 日
月 日 |

学校にピアサポート・プログラムを導入する目的として，<u>不適切なもの</u>を１つ選べ。

① 思いやりのある関係を確立する機会を提供する。

② 公共性と無償性という基本を学ぶ機会を提供する。

③ 学校のカウンセリング・サービスの幅を広げる機会を提供する。

④ リーダーシップ，自尊感情及び対人スキルを向上させる機会を提供する。

⑤ 傾聴や問題解決スキルなど他者を援助するスキルを習得する機会を提供する。

問43	【教育・学校心理学】スクールカウンセリング		肢別解答率				正答率48.4%	
			①	②	③	④	⑤	
難易度2	正解：②	全体	1.3%	48.4%	31.8%	15.9%	2.4%	

　ピアサポートとは，近しい問題を抱える人たちが体験を共有し支え合うことを通じて，それぞれが持つ問題の改善を図る活動をいう。専門家や教師などが先導するのではなく，当事者同士の意思や価値観を重視したセルフヘルプとしての場として位置づけられる。

①適　切。　「ピア」とは仲間を意味し，多くの場合，ピアサポートは何らかの共通点や類似点を有しているメンバーで構成される。似た立場にある人たちとの交流は，思いやりのある関わりが生じやすく，そうした関係が各々の課題に向き合う力を高めることにも繋がると考えられる。

②不適切。　既述の通り，ピアサポート・プログラムの主眼は，互いの支え合いや問題の解決を目指すことにあり，公共性や無償性などの学習を目的とするものではない。

③適　切。　学校における援助サービスは，3段階の重層的なサービスとして捉えることができる。全ての子どもを対象とした1次的援助サービス，一部の子どもを対象とした2次的援助サービス，特定の子どもを対象とした3次的援助サービスである。学校において，個別のカウンセリングなどの3次的援助サービスだけでなく，ピアサポート・プログラムなどにより，1次的あるいは2次的援助サービスを展開することで，より多くの層にカウンセリングサービスを届けることが可能となる。

④適　切。　ピアサポートにおいては，具体的な問題の解決を図るだけでなく，メンバーとの関わりを通して対人関係の経験を重ねる場でもある。集団での対人交流を通して，リーダーシップや対人スキルの向上に繋がることも期待される。また，ヘルパーセラピー原則によると，誰かの役に立てているという感覚は，自尊感情の回復に寄与することが指摘されている。

⑤適　切。　ヘルパーセラピー原則によると，メンバー同士の援助的な関わりを通して，被援助者だけでなく援助者においても，問題への理解が促進されたり認知の再構成が促されたりすることが知られている。

【文献情報】
・子安増生・丹野義彦・箱田裕二（2021）有斐閣　現代心理学辞典　p.452，641　有斐閣
・下山晴彦ら編（2014）誠信　心理学辞典［新版］p.240　誠信書房
・石隈利紀編（2019）公認心理師の基礎と実践［第18巻］教育・学校心理学　p.79-88　遠見書房

問 44 (配点：1)　　【心理学基礎・応用領域系】

免疫担当細胞に<u>含まれないもの</u>を1つ選べ。

① 単球

② 好中球

③ 赤血球

④ B細胞

⑤ T細胞

問44	【人体の構造と機能及び疾病】生理学	肢別解答率					正答率63.4%
			①	②	③	④	⑤
難易度2	正解：③	全体	16.1%	5.8%	63.4%	12.1%	2.5%

①**含まれる。** 細菌やウイルスなどの病原体や異物侵入に備え，体には防衛機構が備わっている。これを免疫といい，免疫に関する細胞を免疫細胞という。免疫細胞である白血球にはリンパ球，好中球，単球，好酸球，好塩基球などがある。単球は異物を食べたり，サイトカインと呼ばれる物質を分泌して異物を攻撃したりする働きを持つ。よって，単球は免疫担当細胞に含まれる。

②**含まれる。** 好中球は，アメーバー運動をしながら異物に近づき，自分の体内に異物を取り込んで活性酵素によって異物を殺す免疫細胞である。よって，好中球も免疫担当細胞に含まれる。

③**含まれない。** 赤血球は白血球とともに血液中に存在する細胞である。そして，血液の重要な役割の1つである酸素を体中に運ぶ役割を果たしている。赤血球に免疫を司る機能はなく，免疫担当細胞には含まれないため，これが正答である。

④**含まれる。** B細胞は，Bリンパ球とも呼ばれ，T細胞（Tリンパ球）とともに白血球の中に含まれる。B細胞はT細胞情報に基づき，病原菌などの異物に対して抗体を合成・分泌する機能を持つ。よって，B細胞も免疫担当細胞に含まれる。

⑤**含まれる。** T細胞は，Tリンパ球とも呼ばれ，マクロファージ（単球が血管外に出て変化したもの）の情報に基づき，異物を退治する情報を作る細胞である。T細胞は抗体を産生しないが，抗原の刺激によって機能の異なる何種類かの細胞に分化する。例えばキラーT細胞は，移植された細胞，ウイルスに感染した細胞，がん化した細胞などを破壊する。エフェクターT細胞は，抗原に接するとリンホカインなどを分泌し，遅延性アレルギー反応を起こす。ヘルパーT細胞は，B細胞の分化を助け，キラーT細胞の作用を高める。サプレッサーT細胞は，ヘルパーT細胞と逆の効果を示す細胞である。よって，T細胞も免疫担当細胞に含まれる。

【文献情報】

・伊藤善也（2006）図解からだのしくみ大全—健康・病気予防に役立つ人体の構造とはたらき p.78, 104, 169, 170, 171 永岡書店
・大橋優美子・永野志朗・吉野肇一・大竹政子監修（2002）看護学学習辞典 第2版 p.867 学研メディカル秀潤社

問 45 (配点：1)　　　　【公認心理師法系】

犯罪被害者等基本法に関する記述として，誤っているものを1つ選べ。

① 犯罪被害者等のための施策は，犯罪被害者等が被害を受けたときから3年間までの間に講ぜられる。

② 犯罪被害者等が心理的外傷から回復できるよう，適切な保健医療サービスや福祉サービスを提供する。

③ 犯罪被害者等のための施策は，国，地方公共団体，その他の関係機関，民間の団体等との連携の下，実施する。

④ 刑事事件の捜査や公判等の過程における犯罪被害者等の負担が軽減されるよう，専門的知識や技能を有する職員を配置する。

⑤ 教育・広報活動を通じて，犯罪被害者等が置かれている状況や，犯罪被害者等の名誉や生活の平穏への配慮について国民の理解を深める。

問45	【関係行政論】犯罪被害者等基本法		肢別解答率				正答率91.2%	
			①	②	③	④	⑤
難易度2	正解：①	全体	91.2%	3.2%	1.2%	2.4%	1.8%

①誤　り。　犯罪被害者等基本法第3条第3項において，「犯罪被害者等のための施策は，犯罪被害者等が，被害を受けたときから再び平穏な生活を営むことができるようになるまでの間，必要な支援等を途切れることなく受けることができるよう，講ぜられるものとする。」とあり，3年間との規定はない。

②正しい。　同法第14条において，「国及び地方公共団体は，犯罪被害者等が心理的外傷その他犯罪等により心身に受けた影響から回復できるようにするため，その心身の状況等に応じた適切な保健医療サービス及び福祉サービスが提供されるよう必要な施策を講ずるものとする。」とある。

③正しい。　同法第7条において，「国，地方公共団体，日本司法支援センター（総合法律支援法（平成16年法律第74号）第13条に規定する日本司法支援センターをいう。）その他の関係機関，犯罪被害者等の援助を行う民間の団体その他の関係する者は，犯罪被害者等のための施策が円滑に実施されるよう，相互に連携を図りながら協力しなければならない。」とある。

④正しい。　同法第19条において，「国及び地方公共団体は，犯罪被害者等の保護，その被害に係る刑事事件の捜査又は公判等の過程において，名誉又は生活の平穏その他犯罪被害者等の人権に十分な配慮がなされ，犯罪被害者等の負担が軽減されるよう，犯罪被害者等の心身の状況，その置かれている環境等に関する理解を深めるための訓練及び啓発，専門的知識又は技能を有する職員の配置，必要な施設の整備等必要な施策を講ずるものとする。」とある。

⑤正しい。　同法第20条において，「国及び地方公共団体は，教育活動，広報活動等を通じて，犯罪被害者等が置かれている状況，犯罪被害者等の名誉又は生活の平穏への配慮の重要性等について国民の理解を深めるよう必要な施策を講ずるものとする。」とある。

問 46 (配点：1)　　　　　【公認心理師法系】

公認心理師が，クライエントに心理療法を行う場合，インフォームド・コンセントを取得する上で，最も適切なものを1つ選べ。

① 公認心理師が考える最善の方針に同意するように導く。

② 深刻なリスクについては頻度が低くても情報を開示する。

③ 心理療法についての説明はクライエントにとって難解なため，最小限に留める。

④ クライエントに対して不利益にならないように，心理療法を拒否したときの負の結果については強調して伝える。

問 46	【公認心理師の職責】 インフォームド・コンセント	肢別解答率				正答率 96.1%	
			①	②	③	④
難易度 1	正解：②	全体	1.3%	96.1%	1.2%	1.2%

　インフォームド・コンセントは，クライエントの(1)「接近権（知る権利）の保障」，(2)「自己決定権（決める権利）の保障」と，公認心理師の(3)「還元義務（伝える義務）の遂行」からなる。

(1)　接近権（知る権利）の保障

　　クライエントは，心理支援の場面において，時間，場所，料金などの外的治療構造，守秘義務などの内的治療構造，どのような心理検査を行うのか，どのような心理療法やカウンセリングが行えるのか，どのような仮説・目標を立てているかなど，心理支援の内容に関して，公認心理師に説明を求めることが保障されている。

(2)　自己決定権（決定する権利）の保障

　　クライエントが，心理支援の場面において，公認心理師から支援の内容に関する説明を受けた後で，その支援を受けるか否かを決定する権利の保障である。この自己決定権には，支援を拒否する権利も含まれる。ただし，クライエント本人がこの自己決定権を行使することが難しい場合もある。例えば，クライエントに言語障害がある，重度の知的障害がある，幼児で言語発達が未熟である場合などである。このようにクライエントが自己決定権の行使をできないときは，その家族等により決定の代行が行われる。これを代行権の行使と呼ぶ。

(3)　還元義務（伝える義務）の遂行

　　心理支援の場面において，公認心理師が支援の内容について，クライエントに適切な説明を行うことである。「適切な説明」の基準は，クライエントの年齢や職種，知的理解などレベルに沿ったものであることが求められる。つまり，公認心理師がどれだけ時間をかけて専門的な説明をしても「理解できなかった」「そんな話は聞いていない」となってしまっては，最終的に説明不足ということにつながってしまう。そのようにならないためにも，公認心理師としてクライエントが理解可能な言葉で説明ができるトレーニングも必要である。

①**不適切。** このような誘導するような形での同意は，真にクライエントの決定する権利を保障しているとは言えない。クライエントにとって最善の方針であること，クライエントの利益を優先することが重要である。

②**適　切。** 心理療法を受けることによるメリットだけではなく，デメリットについてもクライエントに伝えておくことが必要である。それは頻度の問題ではなく，起こりうる可能性があるのであれば，それをクライエントに伝えたうえで，クライエントが心理療法を受けるか否かなどの決定する権利を尊重する。

③**不適切。** **クライエントに行う心理療法がどのようなものであるか，クライエントに説明する際には，専門用語を使用せず，クライエントが理解できるように説明することが公認心理師には求められる。** そのため，説明を最小限に留めていてはクライエントが理解できないということも起こりうるため，そうなるとクライエントの知る権利を保障することが困難になる。

④**不適切。** この選択肢は「強調して伝える」が不適切である。心理療法を拒否したときの負の結果についても説明することは，公認心理師の伝える義務に含まれるが，「負の結果」を「強調」して伝えれば，「心理療法を受けなかったらどうなるのだろう」という不安をクライエントに生じさせることになり，クライエントの決定する権利を保障することにならない。

公認心理師の基本的なコンピテンシーについて，最も適切なものを 1 つ選べ。

① 科学的な知見を参考にしつつも，直観を優先して判断する。

② 要支援者への関わり方や対応の在り方を自ら振り返って検討する。

③ 普遍的な視点に立ち，文化的背景を考慮せず，要支援者を同様に扱う。

④ 専門職としての知識と技術をもとに，最低限の実践ができるようになってから職業倫理を学ぶ。

問 47	【公認心理師の職責】心理職のコンピテンシー	肢別解答率				正答率 98.1%	
			①	②	③	④	
難易度 1	正解：②	全体	0.2%	98.1%	0.7%	0.7%	

　公認心理師のコンピテンシーとは，心理職の専門家である公認心理師が，その資格を有し，心理職という専門的な業務を適切に行うための倫理観や価値観を持ち，それに伴った適切な判断をしたり，時には批判的な思考も持ち，それらも含めて包括的に意思決定ができることを意味する。心理業務に共通する基礎コンピテンシー・モデルでは，基盤コンピテンシー，機能コンピテンシー，職業的発達の3つの次元が設定された立方体モデルが知られている。基盤コンピテンシーは，専門家としての姿勢，反省的実践，科学的知識と方法，治療関係，倫理・法的基準と政策，文化的ダイバーシティ，多職種協働である。機能コンピテンシーは，心理的アセスメント，介入，コンサルテーション，研究と評価，スーパービジョン・教育，管理・運営，アドボカシーである。職業的発達は，博士課程の教育，博士課程中のインターンシップ／研修，博士課程修了後のスーパービジョン，就職後の研修期間，継続的なコンピテンシーである。この問題文の「公認心理師の基本的なコンピテンシー」とは，上記の基盤コンピテンシーを指している。

①不適切。　この内容は，「科学的知識と方法」に関連するものである。公認心理師は，科学的な知見を「参考にしつつ」というよりも，科学的な知見を「基盤」にしつつ，客観的な態度で，時には批判的な思考で現象を眺める視点を持ちつつ活動することが求められる。この選択肢のように「直観を優先して判断する」ことは，科学的な態度とは言えない。

②適　切。　この内容は，「反省的実践」であり，これはコンピテンシーの中核となる。反省的実践とは，自分自身の能力と技術の現在地を見定め，限界についてもわきまえた上で，必要に応じて公認心理師としての支援行為を修正していくことである。つまり，自分は何ができて，何ができていないのか，何を学び，どのような方向へ進むべきなのかといった自己アセスメントが重要である。この反省的実践は，一人で行う自己内省だけではなく，他者との関係の中でフィードバックを得る活動を通して起こる自己内省が自身の姿勢や行動の変容につながる気づきをもたらしてくれる。

③**不適切。**　この内容は,「文化的ダイバーシティ」に関連するものである。要支援者の年齢やジェンダー,宗教,経済状況,その国や地域の民族性や価値観,障害に対する捉え方など,様々な社会文化的な要因によって,要支援者の問題は形成されると考える。つまり,要支援者への支援においても文化的背景を考慮して,要支援者一人ひとりに応じた支援を行うことが求められる。よって,「文化的背景を考慮せず,要支援者を同様に扱う」が不適切である。

④**不適切。**　この内容は,「倫理・法的基準と政策」に関連するものである。職業倫理を含む基盤コンピテンシーや機能コンピテンシーは,専門職として成長していく過程においてコンピテンシーを身につけていくことが求められており,選択肢のように「最低限の実践ができるようになってから」学ぶものではない。

【文献情報】
・下山晴彦ら監修（2020）公認心理師スタンダードテキストシリーズ① 公認心理師の職責 p.14-24 ミネルヴァ書房

問 48 (配点：1)　　　　【心理学基礎・応用領域系】

　ストレンジ・シチュエーション法におけるアタッチメントの類型の説明として，最も適切なものを1つ選べ。

① 回避型は，養育者との分離場面で激しく泣きやすい。

② 安定型は，養育者との分離場面で泣きの表出が少ない。

③ 無秩序・無方向型は，養育者との再会場面で激しく泣きやすい。

④ アンビバレント型は，養育者との再会場面でしばしば激しい怒りを表出することがある。

152

問 48	【発達心理学】 アタッチメント		肢別解答率			正答率 78.7%	
			①	②	③	④	
難易度 1	正解：④	全体	7.7%	4.8%	7.7%	78.7%	

　ストレンジ・シチュエーション法は M. D. S. Ainsworth らによって考案された，乳児のアタッチメントに関わる個人差を測る実験観察法である。養育者との分離場面や再会場面を設定し，養育者に対する乳児の反応を観察する。乳児の反応から，回避型（A型），安定型（B型），アンビバレント型（C型），無秩序・無方向型（D型）に分類される。

①不適切。　回避型では，養育者との分離場面で泣いて混乱を示すことがなく，再会場面においても養育者を避けるなどの回避的態度が見られる。全般に養育者への反応に乏しく距離を置きがちである。

②不適切。　安定型では，養育者との分離場面で泣くなどして混乱を示すが，再会場面においては養育者に身体接触を求め，それによって落ち着きを取り戻すことができる。これは，養育者がアタッチメント対象として乳児にとっての安全基地として機能しているためと考えられている。

③不適切。　無秩序・無方向型は，他のいずれの類型にも当てはまらず，養育者に対して近接と回避が同時に表出されたり不自然な行動停止が見られたりするなど，ぎこちなく不自然な反応が観察される。虐待を含む不適切な養育が背景にある可能性が指摘されている。

④適　切。　アンビバレント型では，養育者との分離場面において不安や混乱を示し，再会場面においては養育者を求めつつも激しい怒りをぶつけるなど，養育者に対する両価的な態度を示す。全般的に情動が落ち着きにくく不安定さが目立つ。

【文献情報】
・子安増生・丹野義彦・箱田裕二（2021）有斐閣 現代心理学辞典 p.425 有斐閣
・下山晴彦ら編（2014）誠信 心理学辞典［新版］p.199，201 誠信書房
・本郷一夫編（2018）公認心理師の基礎と実践［第12巻］発達心理学 p.123，124 遠見書房

問49 (配点：1)　　　【公認心理師法系】　月　日／月　日

いじめ防止対策推進法について，正しいものを1つ選べ。

① 学校は，いじめ問題対策連絡協議会を置くことができる。

② 学校は，いじめの防止に資するものとして，体験活動等の充実を図る。

③ 学校は，地方公共団体が作成した，いじめ防止基本方針を自校の基本方針とする。

④ 学校は，いじめ防止等の対策を推進するために，財政的な措置を講ずるよう努める。

154

問49	【関係行政論】いじめ防止対策推進法	肢別解答率			正答率31.0%	
		全体	①	②	③	④
難易度2	正解：②		55.6%	31.0%	7.1%	5.8%

①**不適切**。　いじめ防止対策推進法第14条第1項において，「地方公共団体は，いじめの防止等に関係する機関及び団体の連携を図るため，条例の定めるところにより，学校，教育委員会，児童相談所，法務局又は地方法務局，都道府県警察その他の関係者により構成されるいじめ問題対策連絡協議会を置くことができる」とある。よって，不適切である。

②**適　切**。同法第15条第1項において，「学校の設置者及びその設置する学校は，児童等の豊かな情操と道徳心を培い，心の通う対人交流の能力の素地を養うことがいじめの防止に資することを踏まえ，全ての教育活動を通じた道徳教育及び体験活動等の充実を図らなければならない」とある。ここに，学校は体験活動等の充実を図らなければならないことが明記されている。

③**不適切**。　同法第11条第1項において，「文部科学大臣は，関係行政機関の長と連携協力して，いじめの防止等のための対策を総合的かつ効果的に推進するための基本的な方針（以下「いじめ防止基本方針」という。）を定めるものとする」とある。よって，いじめ防止基本方針は，地方公共団体が作成するものではなく，文部科学大臣が作成するものである。そして，同法第13条において，「学校は，いじめ防止基本方針又は地方いじめ防止基本方針を参酌し，その学校の実情に応じ，当該学校におけるいじめの防止等のための対策に関する基本的な方針を定めるものとする」と記されている。したがって，学校が自校の基本方針とするのは，文部科学大臣が作成した，いじめ防止基本方針ということになる。よって，不適切である。

④**不適切**。　同法第10条において，「国及び地方公共団体は，いじめの防止等のための対策を推進するために必要な財政上の措置その他の必要な措置を講ずるよう努めるものとする」とある。財政的な措置を講ずるよう努めるのは，学校ではなく，国及び地方公共団体である。よって，不適切である。

問 50 (配点：1)　　　【心理学研究法系】　　月　日／月　日

心理的支援活動の理論化について，最も適切なものを1つ選べ。

① 参加的理論構成者は，理論化を専門に行う。

② 地域援助においては，参加的理論構成者としての役割が必要になる。

③ 臨床心理面接の事例論文においては，一般化に統計的手法が必須である。

④ 量的データを扱う際には，研究者のリフレクシヴィティ〈reflexivity〉が重要である。

156

問50	【心理学研究法／心理学実験】実践的研究法	肢別解答率				正答率61.0%	
			①	②	③	④	
難易度2	正解：②	全体	4.0%	61.0%	13.0%	21.6%	

①**不適切。** 参加的理論構成者とは，コミュニティ心理学（地域援助）で使用される概念である。これは，支援者は現実の様々な解決すべき課題に対して介入を行いながら，新しい理論や解決に向けての方略等を構築することが必要となることを表す。よって，参加的理論構成者は介入も行うため「理論化を専門に行う」という内容が不適切である。

②**適　切。** 選択肢①の解説参照。

③**不適切。** 統計的手法とは，質問紙法などによって収集したデータを分析し，そのデータの傾向などを数量的に把握する手法である。臨床心理面接の事例論文においては，一事例について実施した介入を，時系列に沿ってその事例がどのように変化したかを分析する場合もあり，その分析手法の場合には，必ずしも統計的手法が必須とはされない。

④**不適切。** 量的データとは，質問紙法などによって大人数の調査対象者から収集したデータであり，量的データを基に分析を行うのが量的研究である。量的研究では研究者は自身の影響を最小限になるようにするなど手続を厳密に行うことで，客観的な結果を得ることができる。一方，インタビューや自由記述等から得られたデータが質的データである。質的データを採取する際には研究者の存在が調査対象者に影響を及ぼすことがあり，また，質的データの解釈には研究者自身のバイアスや考えが反映される部分がある。例えば，初対面の研究者とある程度関係性が構築された研究者とでは，同じ質問をされても対象者は同じようには回答しない可能性がある。そのため，質的データはどうしても研究者の主観や価値体系が影響を及ぼしてしまう。したがって，質的データを扱う際には，研究者のリフレクシヴィティ（質的データの限界を踏まえたうえで，自身の研究の中で，プロセスや結果の解釈等について批判的に省察・検証する姿勢）が重要である。よって，この選択肢は「量的データ」を「質的データ」に置き換えることで適切な内容になる。よって，不適切である。

問51 (配点：1)	【心理学的支援法】	月　日 月　日

個人情報保護について，誤っているものを1つ選べ。

① 本人の同意があれば，当該本人に関する個人データを第三者に提供できる。

② クライエントが公認心理師に対する信頼に基づいて打ち明けた事柄は，個人情報に該当しない。

③ 個人情報には，指紋やDNAの塩基配列など身体に固有の特徴を符号化したデータも含まれる。

④ 個人情報取扱事業者は，その取扱う個人データについて，安全管理のために必要な措置を講じなければならない。

問51	【心理学的支援法】 個人情報保護法	肢別解答率		正答率97.2%	
			①	②	③	④
難易度1	正解：②	全体	1.1%	97.2%	0.9%	0.5%

①**正しい。** 　個人情報保護法第23条第1項において，「個人情報取扱事業者は，次に掲げる場合を除くほか，あらかじめ本人の同意を得ないで，個人データを第三者に提供してはならない。」とある。例外的に，法令に基づく場合など，本人の同意がなくても個人データを第三者に提供できるという規定は存在するが，本人の同意があるにもかかわらずデータを第三者に提供できないという規定はない。また，心理支援の場面においても，クライエントの同意があれば，クライエントの関係者に情報を提供し，連携することがよく行われている。

②**誤　り。** 　同法第2条第1項において，「この法律において『個人情報』とは，生存する個人に関する情報であって，次の各号のいずれかに該当するものをいう。一　当該情報に含まれる氏名，生年月日その他の記述等（文書，図画若しくは電磁的記録（電磁的方式（電子的方式，磁気的方式その他人の知覚によっては認識することができない方式をいう。次項第2号において同じ。）で作られる記録をいう。第18条第2項において同じ。）に記載され，若しくは記録され，又は音声，動作その他の方法を用いて表された一切の事項（個人識別符号を除く。）をいう。以下同じ。）により特定の個人を識別することができるもの（他の情報と容易に照合することができ，それにより特定の個人を識別することができることとなるものを含む。）　二　個人識別符号が含まれるもの」とある。つまり，個人に関する情報で，個人と紐づけられて表現されたもの全てが「個人情報」と定義される。その際，表現の方法は問われないので，仮にその事柄について何らかの記録がなくても，クライエントによって口頭という手段で表現された時点で，それは「個人情報」である。そのため，クライエントが信頼する公認心理師に打ち明けた情報であっても，このような特定の個人を識別することができる情報は，もちろん個人情報に該当する。

③**正しい。** 　選択肢②の解説参照。同法第2条第1項第2号にある「個人識別符号」について，同法施行令の第1条において，「個人情報の保護に関する法律（以下「法」という。）第2条第2項の政令で定める文字，番号，記号その他の符号は，次に掲げるものとする。一　次に掲げる身体の特徴のいずれかを電子計算機の用に供するために変換した文字，番号，記号その他の符号であって，特定の個人を識別するに足りるものとして個人情報保護委員会規則で定める基準に適合するもの　イ　細胞から採取されたデオキシリボ核酸（別名 DNA）を構成する塩基の配列……ト　指紋又は掌紋」と規定

されている。よって，個人の指紋や DNA などの塩基配列を符号化したデータも個人情報となる。

④**正しい。**　同法第 20 条において，「個人情報取扱事業者は，その取り扱う個人データの漏えい，滅失又はき損の防止その他の個人データの安全管理のために必要かつ適切な措置を講じなければならない。」とある。

問 52 (配点：1)　　　　　【公認心理師法系】　　月　日／月　日

　雇用の分野における男女の均等な機会及び待遇の確保等に関する法律が示す，職場におけるセクシュアルハラスメントの防止対策について，誤っているものを1つ選べ。

① 労働者がセクシュアルハラスメントに関して事業主に相談したこと等を理由とした不利益な取扱いを禁止する。

② 紛争調整委員会は，セクシュアルハラスメントの調停において，関係当事者の同意を得れば，職場の同僚の意見を聴取できる。

③ 労働者の責務の1つとして，セクシュアルハラスメント問題に対する関心と理解を深め，他の労働者に対する言動に必要な注意を払うことを定めている。

④ 事業主は，他社から職場におけるセクシュアルハラスメントを防止するための雇用管理上の措置の実施に関して必要な協力を求められた場合に，応じるよう努めなければならない。

問52	【関係行政論】職場におけるハラスメント防止対策	肢別解答率			正答率27.9%	
			①	②	③	④
難易度2	正解：②	全体	1.2%	27.9%	19.8%	49.9%

　女性の職業生活における活躍の推進に関する法律（女性活躍推進法）等の一部を改正する法律により，雇用の分野における男女の均等な機会及び待遇の確保等に関する法律（男女雇用機会均等法）及び，育児休業，介護休業等育児又は家族介護を行う労働者の福祉に関する法律（育児・介護休業法），労働施策総合推進法も改正され，**職場におけるセクシュアルハラスメント及び妊娠，出産，育児休業等に関するハラスメント防止対策の強化**がされることになった。
　以下の(1)，(2)の内容は職場におけるパワーハラスメントと同様。

(1) 　職場におけるセクシュアルハラスメント，妊娠，出産，育児休業等に関するハラスメント及びパワーハラスメント（以下「セクシュアルハラスメント等」という。）の防止のための国，事業主及び労働者の責務が明確化されること。
　◆事業主の責務
　　・職場におけるハラスメント問題に対する労働者の関心と理解を深めること
　　・その雇用する労働者が他の労働者（注1）に対する言動に必要な注意を払うよう研修を実施する等，必要な配慮を行うこと
　　・事業主自身（法人の場合はその役員）がハラスメント問題に関する関心と理解を深め，労働者（注1）に対する言動に必要な注意を払うこと
　◆労働者の責務
　　・ハラスメント問題に関する関心と理解を深め，他の労働者（注1）に対する言動に注意を払うこと**（選択肢③の内容）**
　　・事業主の講ずる雇用管理上の措置に協力すること
　（注1）取引先等の他の事業主が雇用する労働者や，求職者も含まれる。

(2) 　労働者がセクシュアルハラスメント等に関して事業主に相談したこと等を理由とした不利益取扱いが禁止されること。**（選択肢①の内容）**

(3) 　事業主は，その雇用する労働者等による他の事業主の雇用する労働者に対する職場におけるセクシュアルハラスメントに関し，他の事業主から事実関係の確認等の雇用管理上の措置の実施に関し必要な協力を求められた場合には，これに応ずるように努めなければならないこととされること。**（選択肢④の内容）**

②**誤　り。**　男女雇用機会均等法第 20 条において,「紛争調整委員会は,調停のため必要があると認めるときは,関係当事者又は関係当事者と同一の事業場に雇用される労働者その他の参考人の出頭を求め,その意見を聴くことができる。」とあり,選択肢の「関係当事者の同意を得れば」という文言はない。

よって,**正答は②である。**

【文献情報】
・厚生労働省雇用環境・均等局雇用機会均等課 出入国在留管理庁在留管理支援部在留管理課 令和 2 年 2 月 14 日 改正労働施策総合推進法等の施行によるハラスメント防止対策の強化について

問 53（配点：1）　【福祉／司法／産業】

月　日
月　日

要保護児童対策地域協議会について，正しいものを2つ選べ。

① 対象は，被虐待児童に限られる。

② 構成する関係機関は，市町村と児童相談所に限られる。

③ 関係機関相互の連携や，責任体制の明確化が図られている。

④ 要保護児童対策地域協議会における情報の共有には，保護者本人の承諾が必要である。

⑤ 被虐待児童に対する情報を共有することにより，児童相談所によって迅速に支援を開始できる。

問53	【福祉心理学】 要保護児童	肢別解答率					正答率74.8%	
		[No.1]	①	②	③	④	⑤	
		全体	2.7%	0.9%	87.3%	8.2%	0.7%	
難易度2	正解： [No.1] ③， [No.2] ⑤	[No.2]	①	②	③	④	⑤	
		全体	0.1%	0.1%	2.2%	13.1%	84.2%	

厚生労働省 市町村児童家庭相談援助指針 第4章 要保護児童対策地域協議会 参照。

①誤 り。 対象は，児童福祉法第6条の3第8項に規定される「要保護児童（保護者の
ない児童又は保護者に監護させることが不適当であると認められる児童）」であり，被
虐待に限ってはおらず，非行児童なども含まれる。

②誤 り。 構成する関係機関や構成員については，児童福祉法第25条の2第1項に，
「関係機関，関係団体及び児童の福祉に関連する職務に従事する者その他の関係者…
…により構成される」とあり，福祉の関係機関のみではなく，医療，教育，司法といっ
た各領域の関係機関（者）により構成される。また，上記指針において，「地域の実情
に応じて幅広い者を参加させることが可能である」とあり，運営上，子どもや保護者
への支援を検討するに当たり，必要となる関係機関の協力を得て構成される。

③正しい。 要保護児童対策地域協議会の意義として，「各関係機関等が連携を取り合う
ことで情報の共有化が図られる」，「関係機関等の役割分担を通じて，それぞれの機関
が責任をもって関わることのできる体制づくりができる」とあり，これを基に関係機
関・者が相互的に協力してケースの支援に当たっている。

④誤 り。 関係機関に関する協力要請として，児童福祉法第25条の3第1項に，「協
議会は，前条第2項に規定する情報の交換及び協議を行うため必要があると認めると
きは，関係機関等に対し，資料又は情報の提供，意見の開陳その他必要な協力を求め
ることができる。」とある。知り得た情報については守秘義務が当然課せられるも，こ
の協力要請に基づく応対においての共有は，法令に基づく応対によるものであり，守
秘義務違反には該当しないため，保護者本人の承諾を必要としない。

⑤正しい。 要保護児童等の早期発見や，迅速な支援の開始を可能とすることが要保護
児童対策地域協議会の意義であり，選択肢④にもあるように関係機関間における情報
共有が迅速な支援を可能にする。

問 54 (配点：1)　　　【心理学的支援法】

　マインドフルネスに基づく認知行動療法として，適切なものを<u>2つ</u>選べ。

① 　内観療法

② 　応用行動分析

③ 　弁証法的行動療法

④ 　アサーション・トレーニング

⑤ 　アクセプタンス＆コミットメント・セラピー〈ACT〉

問 54	【心理学的支援法】認知行動理論	肢別解答率						正答率 19.6%	
		〔No.1〕	①	②	③	④	⑤		
		全体	40.4%	14.2%	23.1%	21.5%	0.5%		
難易度 1	正解： 〔No.1〕③， 〔No.2〕⑤	〔No.2〕	①	②	③	④	⑤		
		全体	0.5%	2.9%	5.4%	19.8%	71.0%		

　マインドフルネスとは，「意図的に，今この瞬間に，価値判断をすることなく注意を向けること」と定義される心理的プロセスであり，認知行動療法のなかでも 1990 年代以降に展開してきている第 3 世代認知行動療法において導入されている技法である。

①**不適切。**　内観療法とは吉本伊信によって考案された心理療法である。自分が過去に家族等身近な人に「してもらったこと」「して返したこと」「迷惑をかけたこと」の3点について具体的に想起し，セラピストに報告させるといった過程で，自己内省を促し，人格的成長を促そうとする方法である。集中内観と日常内観の2つの方法で成り立つ。

②**不適切。**　応用行動分析とは，B. F. Skinner によって開発された行動療法の介入技法であり，オペラント条件づけを基本理論としている。具体的にはトークン・エコノミー法やシェイピング法，タイムアウト法などが挙げられる。また，応用行動分析については，問 137 の解説も参照。

③**適　切。**　弁証法的行動療法は第 3 世代認知行動療法の1つであり，境界性パーソナリティ障害の治療法として M. Linehan によって開発された認知行動療法である。グループスキルトレーニングの1つとして，コア・マインドフルネス・スキルが設定されている。

④**不適切。**　アサーション・トレーニングとは，自分の権利も相手の権利も尊重し，適切で建設的な自己主張を行うための訓練をいう。元々は，不安反応を低減させるための行動療法として開発されたが，その後，自分の感情や考えを適切に主張するためのコミュニケーショントレーニングとして発展した。

⑤**適　切。**　アクセプタンス＆コミットメント・セラピー〈ACT〉は，S. Hayes らによって開発された技法で，今ここの現実をありのままに受け入れ，自らの価値に基づいた行動を活性化することを目標とする。その際のアクセプタンスや脱フュージョンといったプロセスを達成するためにマインドフルネスを用いる。

【文献情報】

・下山晴彦ら編（2016）公認心理師必携 精神医療・臨床心理の知識と技法 p.210，211 医学書院
・下山晴彦編（2017）臨床心理フロンティアシリーズ 認知行動療法入門 p.223 講談社
・子安増生ら監修（2021）現代心理学辞典 p.7，578 有斐閣

問 55 (配点：1) 　　　【福祉／司法／産業】

月　日
月　日

　我が国における子どもの貧困問題について，適切なものを2つ選べ。

① 　学力達成や教育機会に対する影響は小さい。

② 　貧困と児童虐待の発生には，関連がみられる。

③ 　子どもの貧困と関連する問題は，顕在化しやすい。

④ 　貧困状態にある母子世帯の8割以上が，生活保護を受給している。

⑤ 　生活保護を受給する家庭で育った子どもは，出身世帯から独立した後も生活保護を受給する割合が高い。

問 55	【福祉心理学】貧 困	肢別解答率					正答率 67.5%	
		[No.1]	①	②	③	④	⑤	
		全体	0.7%	96.5%	1.3%	0.9%	0.3%	
難易度2	正解: [No.1] ②, [No.2] ⑤	[No.2]	①	②	③	④	⑤	
		全体	0.1%	0.8%	13.1%	16.5%	69.2%	

子どもの貧困問題に関しては, 内閣府 子どもの貧困対策担当 令和元年 11 月 14 日 子供の貧困対策 ～子供を取り巻く現状と国の取り組みについて～ 参照。

①**不適切**。 上記資料において, 子供の貧困の特徴として,「低所得世帯やひとり親世帯の子供は, 学習の理解度, 進学意欲, 自己肯定感, 生活習慣の定着などの面で他の世帯より低い傾向。」(p.6) とある。よって, 選択肢の内容のように, 貧困問題が学力達成や教育機会に対する影響が小さいということはない。

②**適 切**。 厚生労働省雇用均等・児童家庭局総務課 子ども虐待対応の手引き (平成 25 年 8 月 改正版) 2. 虐待に至るおそれのある要因とアセスメント (1)リスク要因とは ③養育環境のリスク要因 において,「養育環境のリスク要因としては, 家庭の経済的困窮と社会的な孤立が大きく影響している。」(p.27) とある。つまり, 貧困は児童虐待のリスク要因の 1 つといえるため, 適切である。

③**不適切**。 上記資料において,「低所得世帯やひとり親世帯では, 困ったときに頼れる相手がいない割合が, 他の世帯より高い傾向。→困難を抱えていても支援を求められず, 社会的孤立に陥りやすい。」(p.6) とある。選択肢②の児童虐待も家庭の中で起こっていることなので, 顕在化しにくいという特徴があり, この選択肢の内容は不適切である。

④**不適切**。 厚生労働省「被保護者調査 (令和 3 年 9 月分概数)」では, 被保護世帯 (保護停止中を含まない) 数は 1,633,524 世帯であり, その中で母子世帯の数は 71,326 世帯となっている。この母子世帯の定義は, 死別, 離別, 生死不明及び未婚等により, 現に配偶者がいない 65 歳未満の女子と 18 歳未満のその子 (養子を含む。) のみで構成されている世帯である。厚生労働省 子ども家庭局家庭福祉課 ひとり親家庭等の支援について では, 母子家庭の世帯数は 1,232,000 世帯となっており, 生活保護を受給している母子家庭の数は総数の 8 割を占めることはないと考えられる。また, 内閣府政策統括官 (政策調整担当) 令和 3 年 12 月 令和 3 年 子供の生活状況調査の分析 報告書 において,「支援制度の利用状況について, 収入の水準がもっとも低い世帯でも,『就学

援助』や『児童扶養手当』の利用割合は5割前後であり，『生活保護』，『生活困窮者の自立支援相談窓口』，『母子家庭等就業・自立支援センター』の利用割合は1割未満と低い。」（p.6）とあり，生活保護を申請すること自体にハードルが高いこともうかがえる。

⑤**適　切。**　　生活保護を受給する家庭で育った子どもは，経済的な困窮状況から教育的な機会を失いやすく，そのため子どもの貧困対策に関する法律などが存在する。教育的な機会を得にくいという状況は，進学や就職において不利な状況になりやすく，結果として安定した収入を得られる可能性が低くなる。その結果，出身世帯から独立した後も生活保護を受給するという割合が高くなる。厚生労働省　貧困の連鎖の防止（安心・安全な社会の実現）において，今後取り組むべき課題として，「生活保護世帯の子どもが大人になって再び生活保護を受給するという『貧困の連鎖』の解消」が挙げられており，この選択肢の内容は適切である。

問 56 (配点：1)　　　【教育／障害者】

月　日
月　日

　特別支援教育の推進について（平成19年4月，文部科学省）が示す特別支援教育コーディネーターの役割として，適切なものを<u>2つ</u>選べ。

①　保護者に対する学校の窓口となる。

②　特別支援教育の対象となる児童生徒を決定する。

③　特別支援教育の対象となる児童生徒に対して，直接指導を行う。

④　特別支援教育の対象となる児童生徒について，学校と関係機関との連絡や調整を担う。

⑤　外部の専門機関が作成した「個別の教育支援計画」に従い，校内の支援体制を整備する。

問56	【教育・学校心理学】 特別支援教育	肢別解答率					正答率61.3%	
		[No.1]	①	②	③	④	⑤	
		全体	61.8%	4.0%	6.9%	26.7%	0.3%	
難易度2	正解： [No.1] ①， [No.2] ④	[No.2]	①	②	③	④	⑤	
		全体	0.3%	0.1%	0.4%	71.8%	27.2%	

文部科学省 平成19年4月 特別支援教育の推進について（通知） 3．特別支援教育を行うための体制の整備及び必要な取組 (3)特別支援教育コーディネーターの指名 において，「特別支援教育コーディネーターは，各学校における特別支援教育の推進のため，主に，校内委員会・校内研修の企画・運営，関係諸機関・学校との連絡・調整，保護者からの相談窓口などの役割を担うこと。」とある。以上から，**選択肢①・④が適切**である。

①**適 切**。 文部科学省 特別支援教育について 第3部 学校用（小・中学校） ○特別支援教育コーディネーター用 2．保護者に対する相談窓口 において，特別支援教育コーディネーターの役割として，(1)保護者の気持ちの受け止め，(2)保護者とともに考える対応策，(3)保護者への支援体制が挙げられている。

②**不適切**。 特別支援教育の対象となる児童生徒を特別支援教育コーディネーターが一人で決定することはない。

③**不適切**。 上記資料の文部科学省 平成19年4月 特別支援教育の推進について（通知）においては，児童生徒に対する直接指導は含まれていない。

④**適 切**。 文部科学省 特別支援教育について 第3部 学校用（小・中学校） ○特別支援教育コーディネーター用 1．校内の関係者や関係機関との連絡調整 において，(1)校内の関係者との連絡調整，(2)関係機関との連絡調整が挙げられている。

⑤**不適切**。 文部科学省 特別支援教育について 第3部 学校用（小・中学校） ○特別支援教育コーディネーター用 5．校内委員会での推進役 (4)個別の教育支援計画の作成に向けて において，「個別の教育支援計画とは，該当の児童生徒に対して，乳幼児期から就労までの長期的な視点で部局横断的に関係機関（教育，福祉，医療等）が連携して作成するものです。作成に当たっては，例えば『個別の教育支援計画』策定検討委員会を設置して検討を行うことも考えられます。また，作成作業においては保護者の積極的な参画を促し，計画の内容や実施について保護者の意見を十分に聞いて，計画を作成・実施し改善していくことが重要です。」とある。

問 57 (配点：1)　　　　　【福祉／司法／産業】

　司法場面における認知面接で，面接者が被面接者に対して求めること
として，適切なものを<u>2つ</u>選べ。

① 文脈の心的再現

② 視点を変えての想起

③ 毎回同じ順序での想起

④ 確信が持てる内容を選んで話すこと

⑤ 話す内容に矛盾があればその都度説明すること

178

問 57	【司法・犯罪心理学】非行・犯罪のアセスメント	肢別解答率					正答率 22.2%	
		[No.1]	①	②	③	④	⑤	
		全体	44.1%	31.1%	11.6%	12.3%	0.5%	
難易度3	正解：[No.1] ①，[No.2] ②	[No.2]	①	②	③	④	⑤	
		全体	0.2%	22.5%	7.5%	16.9%	52.6%	

　司法場面における認知面接とは，認知心理学者の R. Fisher と R. E. Geiselman によって開発された面接法であり，事件の解決のために協力的な目撃者や被害者から正確な情報をより多く聴取することを目的としている。
　認知面接では，認知心理学の実験から記憶の実験から導かれた想起に有効とされている4つの技法が提唱されている。

(1)　**文脈の心的再現**
　　目撃者に事件当時の環境や出来事の状況をイメージさせながら，事件について語ってもらう方法である。

(2)　**悉皆報告の要求**
　　目撃者に「思い浮かんだことは，重要でないと思われることであっても，間違っているかもしれないことであっても，間違っていようがいまいが気にせずにすべて報告するように」と教示する方法である。目撃者の報告に対して，面接者は批判したり，矛盾を指摘したりせず，勇気づけながら報告を行わせる。

(3)　**異なる順序での想起**
　　目撃者に出来事が起こった順番だけでなく，最後の場面から報告してもらうなど，時系列とは逆の順番で報告してもらう方法である。

(4)　**視点を変えた想起**
　　目撃者本人の視点ではなく，犯人の目からその事件や出来事がどのように見えたか，あるいは，別の位置や視点からはどのように見えたか，といった形で異なった視点から想起し，報告してもらう方法である。

　　よって，**正答は，①・②である。**

【文献情報】
・日本犯罪心理学会編（2016）犯罪心理学事典 p.244-247 丸善出版

問 58 (配点：1)　　　【福祉／司法／産業】

治療と仕事の両立支援について，適切なものを<u>2つ</u>選べ。

① 仕事の繁忙などが理由となる場合には，就業上の措置や配慮は不要である。

② 労働者の個別の特性よりも，疾病の特性に応じた配慮を行う体制を整える。

③ 事業場における基本方針や具体的な対応方法などは，全ての労働者に周知する。

④ 労働者本人からの支援を求める申出がなされたことを端緒に取り組むことを基本とする。

⑤ 労働者が通常勤務に復帰した後に同じ疾病が再発した場合には，両立支援の対象から除外する。

問58	【産業・組織心理学】 両立支援（治療と仕事）	肢別解答率					正答率77.5%	
		[No.1]	①	②	③	④	⑤	
		全体	0.8%	16.1%	80.4%	2.5%	0.1%	
難易度2	正解： [No.1] ③， [No.2] ④	[No.2]	①	②	③	④	⑤	
		全体	0.1%	0.2%	10.9%	83.1%	5.6%	

厚生労働省 令和3年3月改訂版 事業場における治療と仕事の両立支援のためのガイドライン 参照。

①**不適切**。 上記資料 3 治療と仕事の両立支援を行うに当たっての留意事項 (1)安全と健康の確保 において，「治療と仕事の両立支援に際しては，就労によって，疾病の増悪，再発や労働災害が生じないよう，就業場所の変更，作業の転換，労働時間の短縮，深夜業の回数の減少等の適切な就業上の措置や治療に対する配慮を行うことが就業の前提となる。従って，**仕事の繁忙等を理由に必要な就業上の措置や配慮を行わないことがあってはならないこと**。」（p.3）とある。

②**不適切**。 上記資料 3 治療と仕事の両立支援を行うに当たっての留意事項 (5)個別事例の特性に応じた配慮 において，「症状や治療方法などは個人ごとに大きく異なるため，個人ごとに取るべき対応やその時期等は異なるものであり，**個別事例の特性に応じた配慮が必要であること**。」（p.3）とある。

③**適 切**。 上記資料 4 両立支援を行うための環境整備（実施前の準備事項） (1)事業者による基本方針等の表明と労働者への周知 において，「衛生委員会等で調査審議を行った上で，**事業者として，治療と仕事の両立支援に取り組むに当たっての基本方針や具体的な対応方法等の事業場内ルールを作成し，全ての労働者に周知することで，**両立支援の必要性や意義を共有し，治療と仕事の両立を実現しやすい職場風土を醸成すること。」（p.4）とある。

④**適 切**。 上記資料 3 治療と仕事の両立支援を行うに当たっての留意事項 (3)労働者本人の申出 において，「治療と仕事の両立支援は，私傷病である疾病に関わるものであることから，**労働者本人から支援を求める申出がなされたことを端緒に取り組むことが基本となること**。なお，本人からの申出が円滑に行われるよう，事業場内ルールの作成と周知，労働者や管理職等に対する研修による意識啓発，相談窓口や情報の取扱方法の明確化など，申出が行いやすい環境を整備することも重要であること。」（p.3）とある。

⑤**不適切。**　上記資料　6　特殊な場合の対応　(3)疾病が再発した場合の対応　において，「労働者が通常勤務に復帰した後に，同じ疾病が再発した場合の両立支援も重要である。事業者は，治療と仕事の両立支援を行うに当たっては，あらかじめ疾病が再発することも念頭に置き，再発した際には状況に合わせて改めて検討することが重要である。」とある。

問 59 (配点：3)

【事例―その他】

　ストレッサー，ネガティブな自動思考（以下「自動思考」という。）及び抑うつ反応の３つの変数を測定した。ストレッサーは，調査前の出来事を測定した。変数間の相関係数を算出したところ，ストレッサーと抑うつ反応の相関係数は 0.30，ストレッサーと自動思考の相関係数は 0.33，自動思考と抑うつ反応の相関係数は 0.70 で，いずれの相関係数も有意であった。パス解析を行ったところ，ストレッサーから自動思考への標準化パス係数は 0.31 で有意であり，自動思考から抑うつ反応への標準化パス係数は 0.64 で有意であり，ストレッサーから抑うつ反応への標準化パス係数は 0.07 で有意ではなかった。

　以上の結果から解釈可能なものとして，最も適切なものを１つ選べ。

① 　自動思考は，抑うつ反応に対して影響を与える説明変数ではない。

② 　抑うつ反応は，ストレッサーに対して影響を与える説明変数である。

③ 　ストレッサーは，抑うつ反応に対して自動思考を介して影響を与えている。

④ 　自動思考が根本的な原因として，ストレッサーと抑うつ反応の両方を説明している。

⑤ 　抑うつ反応に対して，ストレッサーと自動思考は対等に説明する変数となっている。

問59	【心理学研究法／心理学実験】考察	肢別解答率			正答率60.4%	
			①	②	③	④	⑤
難易度1	正解：③	全体	3.2%	6.3%	60.4%	24.2%	5.3%

この事例問題は，一見すると難しそうに見えるが，よく事例を読めば，正答に辿り着ける問題である。ぱっと見て，統計関連の問題だからと捨ててしまおうとせず，まずは事例を読んで解けるかどうか取り組んでいただきたい。

因果関係の影響を想定する場合は，相関分析における相関係数ではなく，パス解析における標準化パス係数や重回帰分析における標準化偏回帰係数の値を確認する。パス解析は，共分散構造分析（構造方程式モデリング：SEM）の分析手法の1つである。共分散構造分析には，確認的因子分析，パス解析，因子間のパス解析がある。パス解析とは，各変数の因果関係や関係の強さを記述した方程式であり，変数Aから変数Bへのパス係数が有意であれば「変数Aは変数Bに対して影響を与えている（変数Aと変数Bとの間に因果関係が成立している）」といえる。X→Y→ZのようにXとZを媒介するYの存在も含めて分析することが可能である。

事例中の記述には，「パス解析を行ったところ，ストレッサーから自動思考への標準化パス係数は0.31で有意であり，自動思考から抑うつ反応への標準化パス係数は0.64で有意であり，ストレッサーから抑うつ反応への標準化パス係数は0.07で有意ではなかった。」とあるため，因果関係として，「ストレッサー → 自動思考」と「自動思考 → 抑うつ反応」が成立する一方で，「ストレッサー → 抑うつ反応」は成立していない。

①**不適切。**　まずは，説明変数について解説する。複数の変数間の因果関係を明らかにする場合に原因となる変数が独立変数，結果となる変数が従属変数と呼ばれる。また，相関研究においては，**独立変数は，結果となる変数（従属変数）を説明・予測するという意味で説明変数，予測変数とも呼ばれる。この場合，従属変数は，基準変数，目的変数と呼ばれることがある。**つまり，ここでの説明変数とは，独立変数（従属変数に影響を及ぼす変数）を指している。事例中には「自動思考から抑うつ反応への標準化パス係数は0.64で有意」とあることから，自動思考（説明変数）は抑うつ反応（目的変数）に影響を与える変数であるといえる。よって不適切である。

②**不適切。**　ストレッサーは調査前の出来事を測定していることから，時系列として，抑うつ反応はストレッサーより後に生じた心理的反応である。そのため，抑うつ反応はストレッサーに影響を与える変数であるとはいえない。よって，不適切である。

③**適　切。**　上記の解説にもあるように,因果関係として,「ストレッサー → 自動思考」と「自動思考 → 抑うつ反応」が成立しており,この選択肢の内容は適切である。図に示すと下記のようになる。

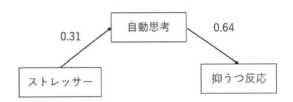

④**不適切。**　選択肢②の解説にもあるように,ストレッサーは調査前の出来事を測定しているため,自動思考がストレッサーの説明変数になることは不可能である。よって,不適切である。

⑤**不適切。**　自動思考(説明変数)が抑うつ反応(目的変数)を説明する変数である一方で,ストレッサーから抑うつ反応への標準化パス係数は 0.07 で有意ではないため,ストレッサーは抑うつ反応に対して説明しているとはいえない。つまり,上記の解説にもあるように「ストレッサー → 抑うつ反応」は成立していないため,「対等に説明する変数」という内容は不適切である。

【文献情報】
・下山晴彦編(2014)誠信 心理学辞典[新版] p.532,533 誠信書房
・山田剛士・川端一光・加藤健太郎(2021)Progress & Application 心理統計法 p.196-207 サイエンス社

186

問 60 (配点：3) 【事例－福祉領域】 月 日 / 月 日

　32歳の女性A，2歳の子どもの母親。Aは，市の子育て支援センターで，公認心理師Bに育児不安について相談した。3年前に結婚により仕事を辞め，2年半前から夫の転勤でC市に住んでいる。夫は優しいが，仕事が忙しいため，Aは一人で家事や育児を行うことが多い。知り合いや友人も少なく，育児について気軽に相談できる相手がおらず，孤独感に陥るという。BはAに対し，地域の育児サロンなどに参加し，育児や自分の気持ちについて話すなど，子育て中の母親との交流を提案した。

　BのAへの提案のねらいとして，最も適切なものを1つ選べ。

① 感情制御
② グリーフケア
③ 情緒的サポート
④ セルフ・モニタリング
⑤ ソーシャル・スキルズ・トレーニング〈SST〉

188

問60	【社会・集団・家族心理学】 ソーシャル・サポート		肢別解答率				正答率89.3%
			①	②	③	④	⑤
難易度1	正解：③	全体	0.5%	4.4%	89.3%	3.7%	1.8%

①**不適切。**　感情制御は，自己志向的感情制御と他者志向的感情制御に分けられる。自己志向的感情制御は，自分の感情に正確に気づき，状況に応じてそれを調整していく力である。一方，他者志向的感情制御は，他者の感情を正確に読み取り，それと同時に自分の感情にも正確に気づき，状況や他者との関係，他者の様子に応じて自分の感情の表出を調整する力である。事例中にはAの感情に関する記述はなく，感情の気づきが弱いことや感情表出に課題があるなどの，感情制御の必要性が考えられる状態は確認できない。

②**不適切。**　グリーフケアとは，他者と死別したことによって生じた悲嘆や喪失を対象として，受容や新たな生活に適応していくことに向かって支援していくことである。事例中からは，Aが死別を経験した旨の記述は確認できない。

③**適　切。**　Aは「公認心理師Bに育児不安について相談した」とあり，育児不安が主訴である。また，事例には，夫は仕事が忙しく，「知り合いや友人も少なく，育児について気軽に相談できる相手がおらず，孤独感に陥る」とある。これらのAの状態を考慮すると，育児サロンなどの活用は，似たような状況や同じ状況の母親同士が自分の育児や思いを話し合い，助け合うことは不安な気持ちを和らげるという情緒的なサポートを期待することができる。よって，公認心理師BがAに対して「子育て中の母親との交流」を提案した狙いは，情緒的サポートと考えるのが妥当である。

④**不適切。**　セルフ・モニタリングとは，自分の行動や思考，感情などを観察し報告していくことである。それによってセルフ・コントロールの力が高まるといった効果がある。事例中からは，Aのセルフ・コントロールに困難さがあるといった旨の記述は確認できない。

⑤**不適切。**　ソーシャル・スキルズ・トレーニング〈SST〉とは，日常生活における対人場面での不適応行動に対して，特定のソーシャル・スキルの獲得ができていないと見立て，そのスキルの獲得のためにトレーニングを行う方法である。事例には，Aの対人関係の少なさに言及する旨は確認できるが，そこから特定のソーシャル・スキルが十分に獲得できていないといった内容は確認できない。また，提案内容である「子

育て中の母親」との交流のみからはソーシャル・スキルの獲得を期待することが十分にできない。

【文献情報】

・下山晴彦編（2014）誠信 心理学辞典［新版］p.325，326，382，640，641，684 誠信書房

問61 (配点：3)	【事例－教育領域】	月　日
		月　日

　5歳の男児A，幼稚園児。Aが4歳のときに，おやつが準備されるのを待てずに手が出てしまう，1歳下の弟とのきょうだいげんかが激しいといったことを母親が心配し，教育センターの公認心理師に相談するために来所した。Aには，母子関係の問題や発達的なつまずきはみられなかったため，月に1度の相談で経過をみていたところ，5歳の誕生日を過ぎた頃から，弟とのけんかが減った。おやつもすぐに食べずに待てるようになったとのことである。

　Aの状態の背景に考えられる心理的発達として，最も適切なものを1つ選べ。

① 共同注意

② 自己抑制

③ 脱中心化

④ メタ認知

⑤ アタッチメント

問61	【発達心理学】 自己制御	肢別解答率					正答率 59.3%	
			①	②	③	④	⑤	
難易度 1	正解：②	全体	0.9%	59.3%	37.2%	1.2%	1.2%	

①**不適切。** 共同注意は他者が注意を向ける対象に同時に注意を向ける現象で，自己-他者-対象という三項関係を成立させる基盤となる。生後9か月頃には視線追従という形で見られるようになり，18か月頃には共同注意が成立すると考えられているが，自閉スペクトラム症／自閉症スペクトラム障害〈ASD〉の子どもの場合，共同注意や三項関係の成立に困難さがあることが指摘されている。本事例においては，発達的なつまづきは見られないとのことで，共同注意の問題がある可能性は除外できる。

②**適　切。** 自己抑制は自己制御の機能の1つで，状況に応じて欲求や行動を抑える働きを指す。後から出現するより大きな報酬のために，直近の報酬を待てることを満足の遅延と呼ぶが，その発達には中枢神経系の発達が関わっていることが知られている。つまり，Aは中枢神経系の発達に伴って自己制御機能が高まり，行動の変化が見られたと考えられる。なお，自己制御には，自己主張と自己抑制の2つの側面がある。これらの発達は，相対的に自己主張の方が早い。自己主張は，3～4歳頃に急激に発達し，自己抑制は3～6歳までの間に徐々に発達していく。つまり，自己主張が発達してからその後に自己抑制が発達する。

③**不適切。** 脱中心化はピアジェの発達理論における具体的操作期（7，8歳頃～11歳頃）にみられる特徴のひとつである。前操作期（2歳頃～7歳頃）における自己の視点からしか事物を捉えることができないという特徴，すなわち，自己中心性を脱することを意味する。なお，ここでの自己中心性とは利己的という意味合いはもたず，三つ山課題で見られるように，自らの見えている視点を第三者の視点に移動させることが困難であることを指している。5歳の誕生日を迎えたAは，まだ前操作期にあり，脱中心化の段階には至っていないと考えられる。

④**不適切。** メタ認知能力とは，自らの認知を対象として捉えることのできる高次の認知能力である。メタ認知能力は，人間の認知に関する知識であるメタ認知的知識と，認知活動を観察し調整するメタ認知的活動に区分される。メタ認知は，J. Piaget の理論における脱中心化とも深く関わっており，具体的操作期以降に飛躍的に発達すると考えられている。

⑤**不適切。**　アタッチメントは，広義には養育者など特定の対象との情緒的な絆を意味する。狭義には，個体が特定の他者に近接する傾向や，それによって不安や恐怖などを解消し安定を図る行動を示すこともある。事例中の記述には，母子関係の問題は見られないとあることから，アタッチメントに関わる問題である可能性は除外できる。

【文献情報】
・子安増生・丹野義彦・箱田裕二（2021）有斐閣　現代心理学辞典　p.167，168，178，301，302，713，726，740，741　有斐閣

問 62 (配点：3)

【事例－教育領域】

月　日
月　日

　22歳の男性A，大学4年生。公認心理師Bが所属する大学の学生相談室に来室した。Aは，6つの企業の就職面接に応募したが，全て不採用となり，就職活動を中断した。その後，就職の内定を得た友人が受講している授業に出席できなくなり，一人暮らしのアパートにひきこもり気味の生活になっている。Aは，「うまく寝付けなくなって，何事にもやる気が出ず，自分でも将来何がしたいのか分からなくなって絶望している」と訴えている。

　BのAへの初期対応として，最も適切なものを1つ選べ。

① 　就職活動を再開するよう励ます。

② 　抑うつ状態のアセスメントを行う。

③ 　保護者に連絡して，Aへの支援を求める。

④ 　発達障害者のための就労支援施設を紹介する。

⑤ 　単位を取得するために，授業に出席することを勧める。

問 62	【心理的アセスメント】アセスメント	肢別解答率						正答率 96.5%	
				①	②	③	④	⑤	
難易度 1	正解：②	全体	0.2%	96.5%	2.8%	0.0%	0.4%		

　大学の学生相談での相談事例である。学生相談ではまず，相談に来た学生の見立てを立てることが重要である。その際，心身の健康状態のレベルや，医療機関等に繋ぐ必要があるかどうか，自傷他害の恐れがあるかといった介入の緊急性についての見立てが重要である。

　本事例では，ひきこもり気味の生活，うまく寝付けない，やる気が出ない，絶望しているといった訴えの内容から，抑うつ状態にあることが疑われる。したがって，初期対応としては，抑うつ状態のアセスメントを行うことを優先すべきと考えられるため，選択肢②が適切である。

①**不適切。**　現状のAを励ましたところで，Aが就職活動を「よし，やってみよう！」と再開することが難しいのは事例から判断できる。

③**不適切。**　自傷他害などの緊急性が高い場合は，保護者への連絡が最優先されるが，この事例においてはそのような記述はない。

④**不適切。**　Aは発達障害の診断を受けているわけではなく，また，事例中にも発達障害が疑われるような記述もない。

⑤**不適切。**　選択肢①と同様に，このようなことを勧めたところで，Aが「よし，授業に出よう！」と思える状態にないことは事例から判断できる。

【文献情報】
　・日本学生相談学会編（2020）学生相談ハンドブック新訂版 p.65，66 学苑社

問 63 (配点：3)　　　【事例―その他】

月　日

月　日

　公認心理師Ａが主演者である学会発表において，実験結果の報告のためのスライドを準備している。実験の背景，目的，結果，考察などをまとめた。Ａは他者の先行研究で示された実験結果の一部を参考論文から抜き出し，出所を明らかにすることなく自分のデータとして図を含めてスライドに記述した。

　このまま発表する場合，該当する不正行為を１つ選べ。

① 盗用

② 改ざん

③ ねつ造

④ 多重投稿

⑤ 利益相反

198

問 63	【心理学研究法／心理学実験】 心理学における研究倫理		肢別解答率				正答率 95.4%	
			①	②	③	④	⑤	
難易度 1	正解：①	全体	95.4%	0.7%	2.5%	0.6%	0.6%	

①該当する。　事例中の記述には，「Aは他者の先行研究で示された実験結果の一部を参考論文から抜き出し，出所を明らかにすることなく自分のデータとして図を含めてスライドに記述した」とある。このように，他者の著作や論文から，出典と掲載個所に関する情報を記載せずに，そのアイデアや図表などを使用する場合には，剽窃・盗用とみなされ著作権の侵害となる。

②該当しない。　改ざんとは，研究過程や研究結果，参考文献等を恣意的に改変することである。事例中にはAが他者の先行研究を改ざんした形跡はない。

③該当しない。　ねつ造とは，実際には存在しないデータや研究結果を作成することである。事例中にはAが自身の実験結果等をねつ造した形跡はない。

④該当しない。　多重投稿とは，ある雑誌に投稿した論文を他誌にも投稿したり，本来は一つの研究として発表するべき研究内容を小さく分割して複数の学術雑誌に投稿することである。事例中のAは，多重投稿した形跡はない。

⑤該当しない。　利益相反とは，外部との利益関係（例：企業から資金提供を受けている）が原因で研究結果の判断に影響が及ぶ可能性がある状況である。研究に当たり外部機関との関連が生じた場合には，結果の公表時に利益相反について記述することが求められる。事例中のAには利益相反に該当する記述はない。

【文献情報】
・下山晴彦編（2014）誠信 心理学辞典［新版］p.50, 51 誠信書房

問 64 (配点：3)

【事例－福祉領域】

月　日
月　日

　28 歳の女性 A。A が生活する地域に大規模な地震が発生し，直後に被災地外から派遣された公認心理師 B が避難所で支援活動を行っている。地震発生から約 3 週間後に，A から B に，「地震の後から眠れない」と相談があった。A の家は無事だったが，隣家は土砂に巻き込まれ，住人は行方不明になっている。A はその様子を目撃していた。A によれば，最近崩れる隣家の様子が繰り返し夢に出てきて眠れず，隣家の方向を向くことができずにいる。同居の家族から見ても焦燥感が強くなり，別人のようだという。

　B の A への対応として，最も優先されるものを 1 つ選べ。

① 　ジョギングなどの運動を勧める。

② 　生き残った者の使命について話し合う。

③ 　リラックスするために腹式呼吸法を指導する。

④ 　行方不明になった住人が必ず発見されると保証する。

⑤ 　現地の保健医療スタッフに情報を伝えることへの同意を得る。

問64	【心理学的支援法】 災害時における支援		肢別解答率				正答率97.2%
			①	②	③	④	⑤
難易度1	正解：⑤	全体	0.2%	0.5%	1.9%	0.1%	97.2%

　事例中の記述より，Aは地震発生時，隣家が土砂に巻き込まれ住人が行方不明になった様子を目撃しており，心的外傷的出来事を体験している。その後，3週間経過する中で，Aは隣家の様子が繰り返し夢に出てきて眠れない，隣家の方向を向くことができないという回避行動，焦燥感の強さがみられている。このような症状が1か月を過ぎていないところから急性ストレス障害〈ASD〉の可能性が疑われる事例である。

　後掲の文献1）に，被災者の睡眠の問題について，「心配事について考えたり，出来事を思い出すものにさらされ続けたりしていると，ますます眠れなくなっていきます。そうした心配事について話しあったり，他の人からサポートしてもらったりすることによって，睡眠は改善されていく可能性があります。こうしたことについて，被災者と話しあってください。」（p.51）とある。

　また，この事例のような緊急支援が求められる際の危機介入においては，できるだけ早く対象者を危機状態から脱出させ，心の均衡を回復させることが先決であるため，周囲のコミュニティ資源を積極的に活用し，短期間で解決を図ることが望ましいとされる。

　よって，事例のAの場合，心的外傷後ストレス障害〈PTSD〉の予防も含め，保健医療スタッフにつなげることが優先される支援と考えられる。そして，そのためには，まずAに情報を伝えることへの同意を得ることが最も優先される。

①不適切。　現在の状態のAに運動が最も優先される支援とはいえない。

②不適切。　現状のAに対して，使命感や責任感などを意識させるような支援はさらにAを追い詰めることになる。後掲の文献1）において，支援者が言ってはいけないこととして，「がんばってこれを乗り越えないといけませんよ。」（p.18），「我々は生き延びたことによって，もっとたくましくなるでしょう。」（p.18）とある。こういった発言は，生き残った者の使命や責任を感じさせるものであるため，この選択肢の発言も不適切である。

③不適切。　Aが医師などの医療スタッフの治療を受けるなかで，腹式呼吸法などのリラクゼーションが有効であると見立てられる場合は，後々にはこのような支援も必要になる可能性もあるが，現状として「最も優先される」支援とはいえない。

④**不適切。** 　後掲の文献2）には，被災者支援をする際に言ってはならないことに，「できない約束や，うわべだけの気休めを言ってはなりません」（p.25）とある。

⑤**適　切。**　上記解説参照。

【文献情報】
・1）アメリカ国立子どもトラウマティックストレス・ネットワーク アメリカ国立 PTSD センター サイコロジカル・ファーストエイド実施の手引き第2版 兵庫県こころのケアセンター訳 2009 年3月
・2）世界保健機関，戦争トラウマ財団，ワールド・ビジョン・インターナショナル．心理的応急処置（サイコロジカル・ファースト・エイド：PFA）フィールド・ガイド．(2011)世界保健機関：ジュネーブ（訳：(独) 国立精神・神経医療研究センター，ケア・宮城，公益財団法人プラン・ジャパン，2012)

| 問 65 (配点：3) | 【事例－医療領域】 | 月　日
月　日 |

　70歳の女性A。長男，長男の妻及び孫と暮らしている。Aは，1年ほど前に軽度のAlzheimer型認知症と診断された。Aは，診断後も自宅近所のスポーツジムに一人で出かけていた。1か月ほど前，自宅をリフォームし，収納場所が新たに変わった。それを機に，探し物が増え，スポーツジムで使う物が見つけられなくなったため，出かけるのをやめるようになった。Aは，物の置き場所をどう工夫したらよいか分からず，困っているという。

　Aに対して行うべき非薬物的介入として，最も適切なものを1つ選べ。
① ライフヒストリーの回想に焦点を当てた介入
② 日常生活機能を補う方法の確立に焦点を当てた介入
③ 有酸素運動や筋力強化など，複数の運動を組み合わせた介入
④ 物事の受け取り方や考えの歪みを修正し，ストレス軽減を図る介入
⑤ 音楽を聴く，歌うなどの方法によって構成されたプログラムによる
　介入

問65	**【福祉心理学】** 認知症の人に対する心理支援	肢別解答率					正答率93.1%	
			①	②	③	④	⑤	
難易度2	**正解：②**	全体	5.5%	93.1%	0.1%	1.0%	0.2%	

　女性Aは Alzheimer 型認知症と診断されている。そのため，事例中にある「探し物が増えた」「物を見つけられなくなった」といった行動は，Alzheimer 型認知症の中核症状である「記憶の障害」「近時記憶障害」「近接記憶障害」とみなすことができる。また，これら記憶の障害から「出かけるのをやめるようになった」といった状態は，認知症の行動・心理症状〈BPSD〉である。この状態の中で「Aは，物の置き場所をどう工夫したらよいか分からず，困っている」といったAの困り感やニーズを読み取り，物の置き場所を工夫するなどのことを踏まえた非薬物的介入を選択することがこの問題は求められている。

　認知症の治療に関しては，日本神経学会　認知症疾患診療ガイドライン2017 を参考にすると分かりやすい。第3章 CQ3 A-7-1 において，認知症治療において非薬物療法，特に認知症者への介入として「認知機能訓練」「認知刺激」「認知リハビリテーション」「運動療法」「音楽療法」「回想法」「認知行動療法」を挙げられている。

　そして，選択肢①の介入は「回想法」，選択肢②は「認知リハビリテーション」，選択肢③は「運動療法」，選択肢④は「認知行動療法」，選択肢⑤は「音楽療法」に該当する。それぞれの詳細は以下の通りである。事例から読み取れるAの「物の置き場所を工夫する」といったニーズに応えられる方法としては選択肢②が適切である。

①**不適切。**　これは，回想法の介入である。過去の人生の歴史に焦点をあて，ライフヒストリーを聞き手が受容的，共感的，支持的に傾聴する。心を支えることを目的としている。

②**適　切。**　これは，認知リハビリテーションの介入である。個別のゴール設定を行い，その目標に向けて戦略的に，セラピストが患者や家族に対して個人療法を行う。日常生活機能の改善に主眼が置かれ，障害された機能を補う方法を確立する。

③**不適切。**　これは，運動療法の介入である。有酸素運動や筋力強化訓練，平衡感覚訓練などがある。これらを組み合わせて行うことが多い。

④**不適切。**　これは，認知行動療法の介入である。物事を受け取り方や考え方の歪みを修正することでストレスの軽減を図る。

⑤**不適切。**　これは，音楽療法の介入である。音楽を聴く，歌う，打楽器などの演奏，リ
　ズム運動などの方法。これらを組みわせることが多い。

問 66 (配点：3)　　【事例－医療領域】

　67 歳の男性A，税理士。重度認知症の母親Bと二人で暮らしている。Aは，Bの介護をしながら税理士の仕事をしている。Aは，1 年前から集中力や思考力が低下して，仕事が捗らなくなった。ミスも増えたため，仕事を辞めようかと悩んでいた。物忘れ，不眠，食欲低下についてもかなり心配していた。Aは，現在の状態がBの初期症状と類似しているのではないかと心配し，医療機関を受診した。Aは，手段的日常生活動作〈IADL〉に問題はなく，HDS-R は 29 点，老年期うつ検査-15-日本版〈GDS-15-J〉は 13 点であった。

　診断として疑われるAの状態として，最も適切なものを 1 つ選べ。

① 　うつ病
② 　パニック症
③ 　前頭側頭型認知症
④ 　Lewy 小体型認知症
⑤ 　心的外傷後ストレス障害〈PTSD〉

208

問66	【健康・医療心理学】 うつ	肢別解答率					正答率 92.2%	
			①	②	③	④	⑤	
難易度2	正解：①	全体	92.2%	0.3%	4.7%	2.5%	0.3%	

①**適　切。**　事例中の記述に「Aは，1年前から集中力や思考力が低下して，仕事が捗らなくなった。ミスも増えたため，仕事を辞めようかと悩んでいた。物忘れ，不眠，食欲低下についてもかなり心配していた」とある。また，「老年期うつ検査-15-日本版〈GDS-15-J〉の結果は13点であった」ともある。GDS-15-Jは，15問の短い質問から構成されており，被検者が「はい」か「いいえ」で回答する形式であり，採点も容易である。設定されているカットオフ値は6／7で，7点以上はうつを示唆することになっている。以上の事例中の情報も含め，Aはうつ状態が疑われるといえる。

②**不適切。**　パニック症とは，パニック発作が繰り返し起こることで，発作が起こるのではないかと心配が継続してしまう状態を指す。このパニック発作とは，動機や発汗，震え，息苦しさなど不安症状が急激に起こり，それが数分以内にピークに達する状態である。事例中の情報からはパニック症を推測するような記述は確認できない。

③**不適切。**　前頭側頭型認知症では，手段的日常生活動作〈IADL〉が初期から低下することが確認される。この手段的日常生活動作〈IADL〉とは，買い物や食事の準備，掃除，洗濯，金銭の管理，公共交通機関の利用，書類の作成，服薬管理といった，基本的日常生活動作よりも高度な身体・認知機能が必要とされる動作である。その後，進行に伴い，コミュニケーションの困難さや食行動の変化などが見られる。また，進行後期になると，文法が成り立たない理解しがたい会話や異食などの生活障害が確認される。事例のAは，手段的日常生活動作〈IADL〉に問題はないため，前頭側頭型認知症の可能性は低いと考えられる。

④**不適切。**　Lewy小体型認知症の特徴はパーキンソン症状である。そのため，Lewy小体型認知症の初期・中期から，手段的日常生活動作〈IADL〉が要支援となる状態が確認される。事例のAは，手段的日常生活動作〈IADL〉には問題がないため，Lewy小体型認知症の可能性は低い。

⑤**不適切。**　心的外傷後ストレス障害〈PTSD〉とは，生死にかかわるような心的外傷的出来事を経験した後に，再体験，回避，認知と感情の否定的変化，過覚醒の症状が1か月以上続いている状態である。事例の情報からは，集中力や思考力が低下するといった状態や，物忘れ，不眠，食欲低下についても心配する旨が確認できるが，心的外傷後

ストレス障害〈PTSD〉を疑うような外傷的出来事を経験しているといった記述はないため，診断として疑われる可能性は限りなく低い。

【文献情報】

・黒川由紀子ら編（2018）認知症の心理アセスメントはじめの一歩 p.86-106 医学書院
・下山晴彦編（2014）誠信 心理学辞典［新版］p.410-413 誠信書房
・下山晴彦ら編（2016）公認心理師必携 精神医療・臨床心理の知識と技法 p.72-74，79-81 医学書院
・杉下守弘ら（2017）老年期うつ検査-15-日本版（GDS-15-J）

211

問 67 (配点：3)　　　　【事例－教育領域】

小学3年生のある学級では，1学期の始めから学級での様々な活動に対し積極的で自主的に取り組む様子がみられた。そこで，児童のやる気をさらに高めるために，児童が行った活動に点数をつけて競わせることが試みられた。その結果，2学期になると，次第に点数のつかない活動では，児童の自主的な取組がみられなくなり，3学期になるとさらにその傾向が顕著になった。

この現象を説明するものとして，最も適切なものを1つ選べ。

① 学級風土

② 遂行目標

③ 期待価値理論

④ ピグマリオン効果

⑤ アンダーマイニング効果

問 67	【教育・学校心理学】 動機づけ	肢別解答率				正答率 72.3%	
			①	②	③	④	⑤
難易度 1	正解：⑤	全体	0.5%	3.6%	19.5%	4.0%	72.3%

①**不適切。** 学級風土とは，学級について「明るくて元気なクラス」「静かなクラス」「まとまりのあるクラス」といった表現がされるように，学級集団がもつ性質や性格のことであり，その学級に在籍する児童生徒の意欲や学業成績にも影響を及ぼすと考えられている。この現象の説明としては，不適切である。

②**不適切。** 自己効力感と関連する理論に達成目標理論がある。これは，人は有能さを求めて達成目標を設定し，行動すると捉える理論であり，マスタリー目標と遂行目標の２つの目標に区別される。マスタリー目標は，自己の能力向上を目指す目標である。失敗を成功の情報源と見なし，困難な課題にも積極的に取り組む傾向がある。一方，遂行目標は，自分の高い能力を示す，もしくは自分の低い能力が露呈しないようにする目標である。この現象の説明としては，不適切である。

③**不適切。** 期待－価値理論は様々な研究者によって提唱されているパーソナリティ理論の１つである。これは，人間の行動の個人差は期待と価値の相乗効果によって示されるという理論である。期待は自分の行動によって望ましい成果が得られるかどうかを指し，価値は自分の行動の結果に対する価値づけのことを指す。例えば，毎日１時間英単語を覚えるという行動が生じるのは，過去の経験からその勉強によって英語の上達という成果が得られ，かつ英語の上達がその人にとって魅力的な場合と考えられる。しかし，毎日１時間英単語を覚えることが英語の上達につながらないと考える人もいれば，英語の上達が魅力的ではない人もいる。事例中の現象の説明には当たらないため，不適切である。

④**不適切。** ピグマリオン効果とは，教師期待効果とも呼ばれる。R. Rosenthal は，実験者が教師にある特定の生徒の学習成績が今後伸びると教師に伝えることで，意識，無意識的に教師がその生徒に期待をかけるようになり，期待をかけた生徒とそうでない生徒で成績の伸びに明らかな違いが生じることを実験で示している。

⑤**適 切。** 事例中の記述に「様々な活動に対し積極的で自主的に取り組む様子がみられた」とある。これは内発的動機づけに基づいて取り組んでいるといえる。そのような内発的動機づけに基づく取り組みに対し，「児童が行った活動に点数をつけて競わせる」ことを試みた結果，「次第に点数のつかない活動では，児童の自主的な取り組みが

213

みられなくなり」とあり，「3学期になるとさらにその傾向が顕著になった」とある。このように内発的動機づけに基づく行動，つまり，それ自体が面白くてやっている行動に対して，「点数」という活動それ自体以外の報酬を与えることで，内発的動機づけが低下し，その行動を行う意欲が低下することをアンダーマイニング効果と呼ぶ。

【文献情報】
・中澤潤編（2008）よくわかる教育心理学 p.138 ミネルヴァ書房

215

| 問 68 (配点：3) | 【事例－教育領域】 | 月　日
月　日 |

　45歳の男性A，小学校に勤務しているスクールカウンセラー。Aが勤務する小学校では，「ともに学び，ともに育つ」という教育目標のもとで，「支え合う学級集団づくり」に取り組んでいた。Aは，5年生の担任教師からクラスの児童同士の人間関係の改善や児童相互の理解を豊かにするための授業を実施してほしいと依頼を受けた。そこで，Aは児童がより主体的・対話的で深い学びができるように，アクティブラーニングを取り入れた授業を行うことにした。

　Aが行うアクティブラーニングの視点を用いた指導法として，最も適切なものを1つ選べ。

① 児童の個性に合うように，複数の方法で教える。

② 学習内容が定着するように，内容を数回に分けて行う。

③ 全員が同じ内容を理解できるように，一斉に授業を行う。

④ 全員が正しく理解できるように，原理を積極的に解説する。

⑤ 具体的に理解できるように，例話の登場人物のセリフを考えさせる。

216

問68	【教育・学校心理学】アクティブラーニング		肢別解答率				正答率 82.4%
			①	②	③	④	⑤
難易度 1	正解：⑤	全体	11.5%	4.8%	0.6%	0.5%	82.4%

①**不適切**。 「児童の個性に合うように」とあり，学習者ごとに指導を行う個別指導が該当する。また，個性に応じて，その個人の適性に合った指導法で教えるという意味では，適性処遇交互作用にも当てはまる内容である。

②**不適切**。 「内容を数回に分けて行う」という内容に該当するのは，プログラム学習の原則の１つであるスモールステップの原理である。**プログラム学習は，B. F. Skinner のオペラント条件づけの原理を応用した学習方法である**。B. F. Skinner は，教師が児童・生徒に対して行う教授法には，(1)罰などの負の強化子が用いられていること，(2)褒めるなどの正の強化子が用いられていても，一斉授業では適切なタイミングで与えられていないこと，(3)学習課題はできるだけ細かく段階に分けて順番に学習していくことが効率的であるが，それが行われていないことの３つ問題点があると指摘し，それを改善する方法としてプログラム学習を提案している。**プログラム学習は，スモールステップの原理，即時フィードバックの原理，積極的反応の原理，学習者ペースの原理の４つの基本原理から成る**。スモールステップの原理は，学習目標をより小さなステップに分け，順にそのステップをクリアし，最終目標に到達するように設定する。即時フィードバックの原理は，児童・生徒の解答に対してできるだけ早く正・誤の情報を与える。積極的反応の原理は，児童・生徒に選択肢による解答を求める再認法ではなく，持っている知識を書く，口頭で答えるといった再生法に方法に求める。学習者ペースの原理は，学習のペースはそれぞれ個人差があるため，個人個人のペースで学習が進められることを保証することである。

③**不適切**。 一斉に授業を行う方法であるため，一斉指導が該当する。このような指導方法は，アクティブラーニングの視点を用いた指導ではない。

④**不適切**。 直接的にこの内容の指導法に該当するものは見当たらない。「全員が正しく理解できるように」という内容については，**完全習得学習を提唱した B. S. Bloom は，学習者のほとんどは時間さえかければ学習内容をほとんど理解できると考えており**，その信念は該当するが，「原理を積極的に解説する」という部分は当てはまらない。アクティブラーニングの視点を用いた指導ではないことに気付いて不適切と判断する必要がある。

⑤**適　切**。　文部科学省 中央教育審議会 平成24年8月28日 新たな未来を築くための
大学教育の質的転換に向けて〜生涯学び続け，主体的に考える力を育成する大学へ〜
（答申）用語集 において，アクティブラーニングは，「教員による一方向的な講義形
式の教育とは異なり，学修者の能動的な学修への参加を取り入れた教授・学習法の総
称。学修者が能動的に学修することによって，認知的，倫理的，社会的能力，教養，知
識，経験を含めた汎用的能力の育成を図る。発見学習，問題解決学習，体験学習，調査
学習等が含まれるが，教室内でのグループ・ディスカッション，ディベート，グルー
プ・ワーク等も有効なアクティブ・ラーニングの方法である。」とある。他の選択肢①
〜④は教師から「教える」「解説する」など一方向的な形式の授業法であり，「考えさせ
る」となっている本選択肢は，学習者の能動的な取り組みや，他の児童との対話を通
した学びを可能にするため，これが最も適切である。

【文献情報】
　・中澤潤編（2008）よくわかる教育心理学 p.102-107，110，111 参照ミネルヴァ書房
　・下山晴彦編（2014）誠信 心理学辞典［新版］p.229，230 誠信書房

問 69 (配点：3)　　　【事例－司法領域】　　月　日／月　日

　16歳の男子A，高校1年生。万引きにより逮捕され，少年鑑別所に収容された後，家庭裁判所の審判により保護観察処分となった。Aは，審判終了後すぐに母親Bと共に保護観察所に来た。Aの居住する地域を担当している保護観察官Cが，初回の面接を行うことになった。審判直後であり，家庭裁判所からは，氏名，年齢，非行名，遵守事項に関する意見など，最小限の情報が届いている。

　Cの初回面接における対応方針として，最も適切なものを1つ選べ。

① 特別遵守事項を設定する。

② 担当する保護司が同席できるよう手配する。

③ 保護処分の決定に対する抗告について説明する。

③ 関係構築を優先し，家族関係や成育歴についての質問は控える。

⑤ 家庭裁判所において既に確認されているため，事件内容についての質問は控える。

問 69	【関係行政論】 更生保護制度		肢別解答率				正答率 18.8%	
			①	②	③	④	⑤	
難易度3	正解：①	全体	18.8%	38.8%	23.9%	12.8%	5.5%	

Aは保護観察処分になっているため，まずは，保護観察について説明する。法務省HP 保護観察所 1 保護観察とは において，「保護観察とは，犯罪をした人または非行のある少年が，社会の中で更生するように，保護観察官及び保護司による指導と支援を行うものです。刑務所等の矯正施設で行われる施設内での処遇に対し，施設外，つまり，社会の中で処遇を行うものであることから，『社会内処遇』と言われています。」とある。

また，同HP 2 保護観察はどんな人が受けるのか において，保護観察の対象者として，保護観察処分少年，少年院仮退院者，仮釈放者，保護観察付執行猶予者の4種類が挙げられている。

【保護観察対象者】

保護観察処分少年	非行により家庭裁判所から保護観察の処分を受けた少年
少年院仮退院者	非行により家庭裁判所から少年院送致の処分を受け，その少年院から仮退院となった少年
仮釈放者	懲役又は禁錮の刑に処せられ，仮釈放を許された者
保護観察付執行猶予者	刑の執行猶予とあわせて保護観察付の言渡しを受けた者

仮釈放者と保護観察付執行猶予者は成人を指すため，保護観察は少年も成人も受けることになる。つまり，Aは，社会の中で処遇を受ける保護観察処分少年である。

次に保護観察の処遇の流れは以下のようになる。

1. 保護観察官による関係記録の精査
2. 保護観察官による初回面接、特別遵守事項・生活行動指針の設定
3. 担当保護司の指名
4. 保護観察の実施計画の策定
5. 担当保護司による保護観察経過報告（保護観察終了まで）
6. 保護観察終了

表．藤本哲也ほか編著（2016）よくわかる更生保護 p.67 ミネルヴァ書房

　上記の表を参照すると，この事例Aに対して保護観察官Cが初回面接を行うところであるため，「2．保護観察官による初回面接，特別遵守事項・生活行動指針の設定」の段階であることが分かる。よって，**正答は選択肢①である**。

①**適　切。**　遵守事項とは，保護観察対象者が保護観察期間中に遵守しなければならない事項である。保護観察対象者に共通して更生保護法第50条で定められている**一般遵守事項**と，個々の対象者の状況に応じて，改善・更生のために必要と認められる範囲内で更生保護法第51条に定められる**特別遵守事項**に分類される。この遵守事項を保護観察対象者が遵守しない場合，保護観察処分少年は警告や少年院への送致，少年院仮退院者であれば少年院への再収容，仮釈放者であれば仮釈放の取消し，保護観察付執行猶予者であれば執行猶予の取消しなどの処分がとられる。

②**不適切。**　上記の表を参照。担当保護司の指名は，初回面接の後であるため，この段階で担当する保護司に同席してもらうことはできない。

③**不適切。**　裁判所HP　裁判手続　少年事件 Q&A 第1　少年審判とその手続　9　抗告　において，「Q　どのような場合に抗告ができるのですか。」「A　法律上は，決定に影響を及ぼす法令違反，重大な事実の誤認又は処分の著しい不当を理由とするときとされています。つまり，家庭裁判所の審判の手続が法律に違反するものであったり，非行事実が誤って認定されていたり，決定された処分が著しく重過ぎたりすることが理由とされます。このような場合に，決定の告知を受けた日から2週間以内に抗告することができます。抗告をするには，抗告の趣意を簡潔に記載した申立書を決定をした家庭裁判所に提出します。」とある。AやBは，事実誤認や処分の不当を訴えている訳ではなく，家庭裁判所の審判終了後すぐに保護観察所に来ている。よって，この事例において，抗告について説明する必要はない。

④**不適切。**　犯罪をした者及び非行のある少年に対する社会内における処遇に関する規則（平成20年法務省令第28号）第41条において，「法第57条，法第65条の2及び法第65条の4（これらの規定を売春防止法第26条第2項において準用する場合を含む。）に規定する指導監督（以下「指導監督」という。）は，保護観察対象者（売春防止法第26条第1項の規定により保護観察に付されている者（以下「婦人補導院仮退院者」という。）を含む。第71条を除き，以下同じ。）の犯罪又は非行の内容，悔悟の情，改善更生の意欲，性格，年齢，経歴，心身の状況，生活態度，家庭環境，交友関係，住居，就業又は通学に係る生活環境等を考慮し，犯罪又は非行に結び付くおそれのある行動をする可能性及び保護観察対象者の改善更生に係る状態の変化を的確に把握し，これ

に基づき，改善更生のために必要かつ相当な限度において行うものとする。」とある。Aの状況に応じた実効性のある保護観察処遇をするためにも，まずは的確なアセスメントを行うことが前提となり，家族関係や生育歴についても質問してアセスメントを行う。

⑤**不適切。**　選択肢④の解説参照。事件内容についても質問を行う。

【文献情報】
・藤本哲也/生島浩/辰野文理編著（2016）よくわかる更生保護 p.62，63 ミネルヴァ書房
・日本犯罪心理学会編（2016）犯罪心理学事典 p.494-497 丸善出版

問 70 (配点：3)

　製造業Ａ社は，これまで正社員の大半が男性であった。ここ数年の労働力不足を背景に，様々な人材を登用する機会を模索している。女性の管理職の増加を目指したキャリアコンサルティングの実施，外国人社員に伴って来日した配偶者の採用に加え，社内に障害者支援委員会を設置して精神障害者の就労支援を行うなど，個々の違いを認め，尊重し，それらを組織の競争優位性に活かそうとする取組を行った。その取組をきっかけとして，女性社員，高齢者や国籍の異なる社員なども少しずつ増えて，今では属性の異なった人と協働する機会が増えている。

　このＡ社の取組を全体的に表すものとして，最も適切なものを１つ選べ。

① コンプライアンス

② キャリアマネジメント

③ ポジティブアクション

④ アファーマティブアクション

⑤ ダイバーシティマネジメント

224

問70	【産業・組織心理学】ダイバーシティ	肢別解答率					正答率 90.3%
			①	②	③	④	⑤
難易度2	正解：⑤	全体	0.5%	1.9%	2.9%	4.3%	90.3%

①**不適切。** コンプライアンスとは，法令遵守を意味し，法律や規則といった決まりごとを遵守しながら経営を行っていくことである。例えば，架空の利益を計上したりするなどは，法令に違反する行為であり，そのような行為や不祥事を防止するために，企業によっては，コンプライアンス部門を設置したり，研修を実施したりしている。本事例は，そのような趣旨の内容ではないため，不適切である。

②**不適切。** キャリアマネジメントとは，個人が将来のキャリアをどのように構築するかを計画し，実行するに当たり，その個人のキャリア計画や行動を促進するために，企業などが主体となり，マネジメントの一環として行う実践的な働きかけのことである。本事例は，多様性に焦点を当てた内容となっているため，不適切である。

③**不適切。** 厚生労働省 HP ポジティブ・アクション（女性社員の活躍推進）に取り組まれる企業の方へ において，ポジティブアクションとは，「固定的な男女の役割分担意識や過去の経緯から，
  ・営業職に女性はほとんどいない
  ・課長以上の管理職は男性が大半を占めている
等の差が男女労働者の間に生じている場合，このような差を解消しようと，個々の企業が行う自主的かつ積極的な取組をいいます。」とある。本事例においては，「女性の管理職の増加を目指したキャリアコンサルティングの実施」や「女性社員」も「少しずつ増えて」とあるが，それだけではなく，高齢者や外国籍の社員も増えたり，「精神障害差の就労支援」も行っていたりする。そのため，ポジティブアクションはA社の取組を部分的には表しているが，問題文にある「A社の取組を全体的に表すもの」としては，不適切である。

④**不適切。** アファーマティブアクションとは，アファーマティブアクション政策を順守するために多様な人材を活かすことである。具体的には女性やマイノリティに対して特別の努力を積極的に施すことにより，彼ら・彼女らの採用を進めその昇進をはかることに焦点を当てている。企業が取り組みを決断する背景には，法令遵守や企業倫理（道徳），企業の社会的責任を果たすといったものがある。本事例は，そのような趣旨の内容ではないため，不適切である。

⑤**適　切。**　経済産業省 HP ダイバーシティ経営の推進 において，「ダイバーシティ経営を『多様な人材を活かし，その能力が最大限発揮できる機会を提供することで，イノベーションを生み出し，価値創造につなげている経営』と定義しています。『多様な人材』とは，性別，年齢，人種や国籍，障がいの有無，性的指向，宗教・信条，価値観などの多様性だけでなく，キャリアや経験，働き方などの多様性も含みます。『能力』には，多様な人材それぞれの持つ潜在的な能力や特性なども含みます。『イノベーションを生み出し，価値創造につなげている経営』とは，組織内の個々の人材がその特性を活かし，生き生きと働くことのできる環境を整えることによって，自由な発想が生まれ，生産性を向上し，自社の競争力強化につながる，といった一連の流れを生み出しうる経営のことです。」とある。ダイバーシティ経営とダイバーシティマネジメントは同義であるため，この選択肢が適切である。

【文献情報】
・有村貞則（2014）ダイバーシティ・マネジメントと障害者雇用は整合的か否か 日本労働研究雑誌 p.51-63.
・矢澤美香子編（2020）役立つ！産業・組織心理学 仕事と生活につかえるエッセンス p.42 ナカニシヤ出版
・坂本理郎（2012）組織内キャリア・マネジメントとキャリア・カウンセリング 自律的キャリア形成の時代における意義と課題 大手前大学論集 13 p.83-99

問 71 (配点：3)　　　【事例－産業領域】

　39歳の男性A，会社員。Aは，中途採用で入社して10年目になるが，これまで会社内での人付き合いは良好で，安定した仕事ぶりから上司の信頼も厚い。最近になり，Aは，キャリアに希望が持てないと企業内相談室に来室した。「今この会社を辞めたら損失が大きいので，この先も勤めようと思う」と述べる一方で，「この会社を離れるとどうなるか不安である」，「今この会社を辞めたら生活上の多くのことが混乱するだろう」と述べた。

　Aの発言内容から考えられるAの組織コミットメントとして，最も適切なものを1つ選べ。

① 規範的コミットメント
② 行動的コミットメント
③ 情緒的コミットメント
④ 存続的コミットメント
⑤ 態度的コミットメント

問 71	【産業・組織心理学】動機づけ理論	肢別解答率					正答率 53.3%
			①	②	③	④	⑤
難易度2	正解：④	全体	6.3%	3.5%	34.9%	53.3%	1.7%

　本問は，知識問題として解答するには少々難しかっただろう。組織コミットメントに関する知識を持っていた受験生は少なかったと思われる。とはいえ正答率が 53.3% であることから，受験生の多くは日本語の読解力で正答を導いたのではないかと推測できる。

　事例中の記述から，Aが今の会社を続けるか辞めるかで悩んでいることは容易に判断できるため，そこから選択肢④の「存続的コミットメント」を素直に選ぶことができれば正答できる問題だった。

①**不適切。**　N. J. Allen & J. P. Meyer は，規範的コミットメントについて，組織成員が理屈抜きに自分は組織に留まり，その組織に適応すべきであるという忠誠心であるとしている。組織への愛着や損得勘定とは無関係に，とにかく組織にコミットすべきであるからコミットするという発想がある。本事例のAは，「今この会社を辞めたら損失が大きい」と述べており，損得勘定で考えているため，不適切である。

②**不適切。**　行動的コミットメントとは，個人の行動が，組織での活動と組織への関与の維持といった信念をもつようになる状態である。また，組織コミットメントが形成される過程で，行動が重要な役割を果たしていると考え，コミットメントを捉える際に「行動」を強調している点が行動的コミットメントの特徴である。本事例のAには，そのような趣旨の内容は含まれていないため，不適切である。

③**不適切。**　情緒的コミットメントとは，自分が所属する組織に対する感情的な結びつき，その組織に対する関与の強さである。そして，これらは，その人の職務や役割といった組織内の個別要素に対してではなく，組織全体への感情的な結びつきや関与の強さを示している。本事例では，企業を離れることに対する感情的な葛藤よりも，むしろ損得勘定による葛藤を抱えているため，不適切である。

④**適　切。**　存続的コミットメントとは，個人がその組織に対してどれだけ投資してきたかに基づいて，その組織に残り続けようとする意志のことである。逆に捉えると，組織を辞める際のコストの知覚に基づくものであり，その組織を辞めると失うものが大きいから残るということである。本事例のAは「今この会社を辞めたら生活上の多くのことが混乱すだろう」と述べており，会社を辞めることのコストに注意が向いている状態である。よって，本選択肢が適切である。

⑤**不適切**。　態度的コミットメントは，選択肢③の情緒的コミットメントとほぼ同義であり，別名として説明されるものである。よって，不適切である。

【文献情報】
・田尾雅夫編著（1997）「会社人間」の研究－組織コミットメント理論と実際　京都大学学術出版会
・高橋弘司（1997）組織コミットメント尺度の項目特性とその応用可能性　－3次元組織コミットメント尺度を用いて－　経営行動科学　第11巻　第2号　p.123-136
・高木浩人（1997）組織コミットメント－その定義と関連概念－　心理学評論　vol.40 No.2 p.221-238

問 72 (配点：3)　　　　【事例－その他】

　53歳の女性A。もともと軽度の弱視がある。大学卒業後，管理栄養士
として働いていたが，結婚後，出産を機に退職し，その後，職には就い
ていない。2年前に一人娘が就職し一人暮らしを始めた頃から，抑うつ
的になることが増え，身体のほてりを感じることがしばしばあり，頭痛
や倦怠感がひどくなった。また，これから何をしてよいのか展望が持て
なくなり，不安な状態が続いていた。しかし，最近，かつて仕事でも趣
味でもあった料理を，ボランティアで20歳から30歳代の女性らに教え
る機会を得て，彼女らとの会話を楽しみにするようになっている。

　Aのここ数年来の心身の状態として，該当しないものを1つ選べ。

① 　更年期障害

② 　空の巣症候群

③ 　アイデンティティ危機

④ 　生成継承性〈generativity〉

⑤ 　セルフ・ハンディキャッピング

問 72	【社会・集団・家族心理学】自己過程	肢別解答率					正答率 77.1%
			①	②	③	④	⑤
難易度 1	正解：⑤	全体	1.3%	2.8%	11.7%	7.0%	77.1%

中年期は，身体的な変化のみならず家族や職業における変化を含んだ構造的な危機が生じやすい時期である。この時期には，様々な変化に適応していくことが求められながら，自己の有限性にも直面する時期であり，しばしば中年期危機と呼ばれることがある。本事例からは，中年期に当たるAが，様々な危機を経験しながらも新しい自己のあり方を探っている様子がうかがえる。

①該当する。　身体のほてりやホットフラッシュなどの血管運動神経症状は更年期に特徴的な症状の1つである。更年期症状としては，血管運動神経症状のほか，肩こりや頭痛などの運動器症状，頻尿などの泌尿生殖器症状といった身体症状が表れる。また，不安や抑うつ気分，イライラなどの精神症状も更年期症状の1つである。

②該当する。　空の巣症候群は，子どもの自立に伴って養育者が経験する，心身の不安定状態を含む危機である。子育てが生きがいとなってきた養育者に生じやすいことが知られている。Aの抑うつが発現したのは一人娘が就職した後であり，空の巣症候群の特徴と合致している。

③該当する。　E. Erikson によると，アイデンティティは，自己の不変性と連続性の感覚と，それが他者からも認められているという感覚の両方を有している状態を指す。子育てがひと段落し，母親としての役割が変化しつつあるAにとって，これまでとは異なる新たなアイデンティティの形成を迫られている時期に当たると考えられる。

④該当する。　E. Erikson のライフサイクル論において，中年期に当たる成人後期は，生成継承性 対 停滞の時期に当たる。ボランティア活動を通じて，これまでの経験を次の世代に伝えようとするなど，Aが中年期における世代継承性の課題に取り組もうとしていることがうかがえる。

⑤該当しない。　セルフ・ハンディキャッピングとは，意図して自らにハンディを課したり，ハンディがあることを周囲に主張したりすることで，失敗により生じる危機を減弱させようとする行動をいう。本事例にはそれに合致する記述は見られない。

【文献情報】
・子安増生・丹野義彦・箱田裕二（2021）有斐閣　現代心理学辞典　p.3，4，119, 120, 435, 452, 524　有斐閣
・心理臨床学会編（2011）心理臨床学事典　p.294，295
・本郷一夫編（2018）公認心理師の基礎と実践［第12巻］発達心理学　p.198　遠見書房

問 73 (配点：3)　　　【事例－医療領域】

50歳の女性A。抑うつ気分が続いているために精神科に通院し，院内の公認心理師Bが対応することになった。7か月前にAの17歳の娘が交際相手の男性と外出中にバイクの事故で亡くなった。事故からしばらく経ち，Aは，事故直後のショックからは一時的に立ち直ったように感じていたが，3か月ほど前から次第に抑うつ状態となった。「どうしてあの日娘が外出するのを止めなかったのか」と自分を責めたり，急に涙があふれて家事が手につかなくなったりしている。

BのAへの対応として，<u>不適切なもの</u>を1つ選べ。

①　悲しみには個人差があるということを説明する。

②　娘の死を思い出さないようにする活動がないか，一緒に探索する。

③　Aが体験している様々な感情を確認し，表現することを援助する。

④　子どもを亡くした親が体験する一般的な反応について，情報を提供する。

⑤　娘が死に至った背景について，多様な観点から見直してみることを促す。

問 73	【福祉心理学】 喪　失		肢別解答率				正答率 56.6%	
			①	②	③	④	⑤	
難易度2	正解：②	全体	8.4%	56.6%	2.4%	3.2%	29.3%	

アメリカ国立子どもトラウマティックストレス・ネットワーク　アメリカ国立 PTSD セ
ンター　サイコロジカル・ファーストエイド実施の手引き第 2 版　兵庫県こころのケアセ
ンター訳　2009 年 3 月　参照。

　上記資料において，「急性悲嘆反応は激しいものになることが多いですが，大切な人や
身近な友人を亡くした人には当然のことです。死に対する悲しみや怒り，死を防げなかっ
たことへの罪悪感，安らぎを与えてやれなかったことやきちんと別れを言えなかったこ
とへの後悔，亡くなった人への思慕，再会への願い（夢での再会も含めて）などがわいて
きます。苦しい体験ではありますが，悲嘆反応は，死というものの重みにふさわしい，健
康な反応です。時間が経過することによって，悲嘆反応は，大切な人にまつわる肯定的
な話をすることや，落ちついた気持ちでその人を思い出すことなど，より穏やかな考え
や活動に変わっていきます。」(p.17) とある。事例の A は，娘を事故で亡くしたことに対
する悲嘆反応が見られており，選択肢の内容もその悲嘆反応への対応について問われて
いる。

①**適　切。**　上記資料の「悲嘆反応を示している人へ接する際の留意点」において，「悲
　嘆の反応には個人差があります。」(p.17) とある。

②**不適切。**　上記資料の，悲嘆反応を示している人へ接するときに「助けにならないこ
　と」として，「できごとや愛する人の死について，考えること，話すことを，極端に避
　ける」（付録 E：恐ろしいことが起こったとき）とある。そのため，この選択肢のよう
　に，思い出さないようにすることは，A が娘を亡くしたことと向き合うことから避け
　ることになるため，不適切である。

③**適　切。**　上記資料において，A のようなさまざまな感情を抱えた人に対してやるべ
　きこととして，「深く悲しんでいる人に，いま体験していることは，このような場合に
　は起こって当然の反応であることを伝えましょう。」(p.18) とある。さらに，「悲嘆や
　抑うつ感が続くようなら，宗教関係者か悲嘆を専門とするカウンセラーに話すよう伝
　えてください。」(p.18) とあり，これらさまざまな感情を表現するように援助すること
　は適切な対応である。

④**適　切**。　上記資料において、「深く悲しんでいる人に、いま体験していることは、このような場合には起こって当然の反応であることを伝えましょう。」（p.18）とあり、適切である。また、国立精神・神経医療研究センター　ストレス災害時こころの情報支援センターHP　こころのケアチームマニュアル　遺族の悲嘆への対応　4．行って（言って）よいこと　において、「現在の悲嘆がこのような出来事にあったら当然の反応であることと、しばらく続くことを伝えること」とある。

⑤**適　切**。　上記資料において、悲嘆反応は、「死に対する悲しみや怒り、死を防げなかったことへの罪悪感、安らぎを与えてやれなかったことやきちんと別れを言えなかったことへの後悔、亡くなった人への思慕、再会への願い（夢での再会も含めて）などがわいてきます。」（p.17）とあり、さまざまな思いや感情が生じる。このような反応に対して、「大切な人にまつわる肯定的な話をすることや、落ちついた気持ちでその人を思い出すことなど、より穏やかな考えや活動に変わっていきます。」（p.17）とある。つまり、悲嘆反応を抱えた人への対応としては、多様な観点から見直していくことは適切な対応である。

問 74 (配点：3)	【事例－教育領域】	月　日 月　日

35歳の女性A，公立中学校のスクールカウンセラー。近隣の中学校で，いじめが原因と疑われる生徒の自殺が起きた。Aは，教育委員会から緊急支援のために当該中学校に派遣された。Aは，緊急支援の内容を事前に校長と相談した上で，介入を行うこととなった。中学校の現在の様子は，生徒の保健室の利用が増えてきており，生徒や保護者の間では，自殺についての様々な臆測や噂も流れ始めている。

Aが行う緊急支援として，不適切なものを1つ選べ。

① 動揺している生徒に対して，個別に面接を行う。

② 動揺している保護者に対して，個別に面接を行う。

③ 教師に対して，自身の心身のケアについての心理教育を行う。

④ 自殺をした生徒に対するいじめの有無について，周囲の生徒から聞き取りを行う。

⑤ 教師に対して，予想される生徒のストレス反応とその対処についての心理教育を行う。

240

問74	【教育・学校心理学】学校危機支援	肢別解答率					正答率 92.2%
			①	②	③	④	⑤
難易度 1	正解：④	全体	0.2%	3.9%	2.8%	92.2%	0.7%

①**適　切。**　事例中に学校の今の様子について，「生徒の保健室の利用が増えてきており，生徒や保護者の間では，自殺についての様々な憶測や噂も流れ始めている」とあり，動揺している生徒に対して，緊急支援で派遣されたスクールカウンセラーが面接を行うことは当然の役割である。

②**適　切。**　選択肢①と同様に，様々な憶測や噂が流れ始めているため，保護者の中でも不安が大きくなり，動揺している方もいる可能性があり，そのような保護者にも面接を行うことは，当然の役割である。

③**適　切。**　文部科学省 平成26年3月 学校における子供の心のケア－サインを見逃さないために－ において，3 教職員の健康管理 (1)教職員の心のケアの必要性 において，「教師は気付かない心の傷を抱えていると考える必要があるでしょう。傷ついた自分自身の心のケアが必要なだけではなく，子供の心の外傷を見逃すことのない心の状態を維持するためにも必要です。自分自身の心の傷に気付けないと，子供たちの心の傷にも気が付かなくなるのです。心の外傷はその人の感受性や共感力に影響します。そのために傷ついた子供が発する小さな信号に気が付かなくなってしまいます。そこで子供たちのケアをするためにも，自分の精神的な健康を保たなくてはなりません。子供を支援するためには自分の心のケアを怠ってはならないのです。」(p.42) とある。また，同資料の (4)教職員の心のケア 災害発生時の教職員のストレスと対応の基本 学校の体制として取り組みたいこと として，「教職員の心の健康に関する研修会を実施する」(p.44) とある。

④**不適切。**　Aは緊急支援のため教育委員会から限定的に派遣されたスクールカウンセラーである。この選択肢のような対応を行うのは，当該学校の教職員である。

⑤**適　切。**　選択肢③の資料 3 教職員の健康管理 (3)研修会の必要性 において，「心のケアのためには適切な知識が不可欠です。対応の困難な事例でも知識によって落ち着いた対応が可能となります。」(p.42)，「子供の心の問題の変化など全体像を知っておくことで，子供に対するサポートやケアがより適切に提供できます。」(p.42) とある。

問 75 (配点：3)　　　　　【事例－その他】

　70歳の女性A。Aは，Aの夫である会社役員のBに付き添われ，開業している公認心理師Cのもとを訪れた。Bによると，Aは自宅近くのスーパーマーケットで大好きなお菓子を万引きし，店を出てから食べているところを警備員に発見されたとのこと。Aは，「万引きはそのときが最初で最後であり，理由は自分でもよく分からない」と述べるとともに，同居している半身不随のBの母親の介護を一人で行っているため自分の時間を持てないことや，Bが介護はAの仕事であると言っていることへの不満を述べた。AとBは，Cに対してAが二度と万引きしないようになるための助言を求めている。

　CのAへの理解として，<u>不適切なもの</u>を１つ選べ。

① 　Aは，窃盗症の疑いが強い。

② 　Aは，ストレスへの対処力が弱まっている。

③ 　AとBの夫婦間コミュニケーションが不十分である。

④ 　Aにとっては，Bの母親の介護が負担になっている。

⑤ 　Aに器質的疾患があるかどうかを確認する必要がある。

242

	【精神疾患とその治療】	肢別解答率				正答率 87.7%	
問 75	成人のパーソナリティ及び 行動の障害（F6）		①	②	③	④	⑤
難易度 1	正解：①	全体	87.7%	2.4%	3.5%	0.3%	6.0%

①**不適切。**　窃盗症は，個人的な利用目的や金銭的価値のためではなく，窃盗の行為そのものに快感や満足感，解放感を抱き，窃盗の衝動に抵抗できなくなることが繰り返される症状が特徴である。DSM-5では秩序破壊的・衝動制御・素行症群に分類される。事例中の記述にAは「万引きはそのときが最初で最後」とある。つまり，Aは万引きをした経験がなく，窃盗の行為そのものに快感や満足感を得ているわけではないため，窃盗症には該当しない。

②**適　切。**　事例中の記述にAは，「同居している半身不随のBの母親の介護を一人で行っているため自分の時間を持てないことや，Bが介護はAの仕事であると言っていることへの不満を述べた」とあり，Aに介護の負担がかかっていることがうかがえる。そのため，Aはストレスへの対処能力が弱まっていると理解することは可能である。

③**適　切。**　事例中の記述にAは，「Bが介護はAの仕事であると言っていることへの不満を述べた」とあり，介護に対するAの思いとBの思いに離齬が見られている。このことから十分な夫婦間コミュニケーションがなされていない状況が読み取れる。

④**適　切。**　選択肢②の解説参照。

⑤**適　切。**　例えば，前頭側頭型認知症（ピック病）では，自制が利かなくなり窃盗等の反社会的な行動に至ることがある。事例中の記述に「万引きはそのときが最初で最後であり，理由は自分でもよく分からない」とあることから，器質的疾患の確認が必要である。

問 76 (配点：3) 　　　【事例－医療領域】 　月　日 ／ 月　日

　20歳の女性A，大学3年生。Aは，母親Bと精神科を受診した。Bによると，Aは，1か月前に親友が交通事故に遭うのを目撃してから，物音に敏感になり不眠がちで，ささいなことでいらいらしやすく，集中力がなくなったという。一方，初診時にAは，「事故のダメージはない。母が心配し過ぎだと思う」と声を荒げ，強い調子でBや医師の話をさえぎった。医師の依頼で，公認心理師CがAの状態把握の目的で心理検査を施行した。検査用紙を渡すと，Aはその場で即座に記入した。結果は，BDI-Ⅱは10点，IES-Rは9点であった。

　CがAの心理検査報告書に記載する内容として，最も適切なものを1つ選べ。

① 　心理検査の得点やBの観察，Aの様子からは，PTSDが推測される。

② 　心理検査の得点からはAのPTSDの可能性は低いため，支援や治療が必要なのは過度に心配するBである。

③ 　心理検査の得点からはPTSDの可能性が高いが，Aが否定しているため，結果の信ぴょう性に問題がある。

④ 　心理検査の得点からはPTSDの可能性は低いが，その他の情報と齟齬があるため，再アセスメントが必要である。

（注：「PTSD」とは，「心的外傷後ストレス障害」である。）

問76	【心理的アセスメント】心理検査の結果等の統合と包括的な解釈		肢別解答率			正答率 67.1%	
			①	②	③	④	
難易度 1	正解：④	全体	29.1%	0.4%	2.9%	67.1%	

事例中に実施された心理検査は，BDI（Beck Depression Inventory）と，IES-R（Impact of Event Scale-Revised）改訂出来事インパクト尺度日本語版である。BDI は，認知療法を創始したペンシルバニア大学の精神科医 A. T. Beck らが考案した検査である。うつ病と診断を受けた患者に対してうつ病の重症度の評価に用いられるが，スクリーニング目的で使用されることもある。得点分布に関しては，0 から 13 点が極軽症，14 から 19 点が軽症，20 から 28 点が中等症，29 から 63 点が重症とみなされる。つまり，事例中の 10 点の結果は極軽症とみなすことができる。IES-R 日本語版は，PTSD に関連する症状を測定するための検査である。PTSD の再体験症状，回避症状，過覚醒症状に関する項目から構成されている。日本語版では，24／25 点をカットオフ値としており，得点が高いと PTSD 関連症状の傾向が強いと解釈する。そのため，事例中の 9 点という結果から PTSD の可能性は低いと考えられる。

つまり，心理検査の結果から得られる情報は，うつ病や PTSD の可能性は低いということである。この心理検査によって得られる情報を「量的な情報」とすると，面接で A の行動観察や聴き取りを通して得られる「質的な情報」の検討も重要である。事例中の記述には，「1 か月前に親友が交通事故に遭うのを目撃してから，物音に敏感になり不眠がちで，ささいなことでいらいらしやすく，集中力がなくなった」「初診時に A は，『事故のダメージはない。母が心配し過ぎだと思う』と声を荒げ，強い調子で B や医師の話をさえぎった」とあり，これら A に関する情報は，PTSD の回避症状や過覚醒症状の可能性を検討することも必要である。そのため，A に関する心理検査の結果である「量的な情報」と面接で得られた「質的な情報」が一致しておらず，再度アセスメントを行う必要性がある。

よって，正答は④である。

【文献情報】
・山内俊雄ら編（2015）精神・心理機能評価ハンドブック p.262，263，346，347 中山書店

問 77 (配点：3)　　　【事例－教育領域】　月　日／月　日

　7歳の男児A，小学1年生。Aは，スクールカウンセラーBの相談室の開放時間に，よく訪れていた。最近，Aが学校に連絡なく2日間欠席したため，担任教師と一緒にBがA宅を家庭訪問した。Aは，アパートの階段下に座っていたが，最初，Bらの質問に何も答えなかった。やがて，「お父さんがお母さんを叩いている。家ではけんかばかりだし，僕も叩かれることがある」と話した。「他の人にけんかのことを話すとお父さんとお母さんに叱られる」とも訴えた。

　Bや学校がとるべき初期対応として，適切なものを2つ選べ。

① 　Aの両親と面談をして，信頼関係の構築を図る。

② 　Aに両親のけんかの原因や頻度などを詳しく質問する。

③ 　児童虐待の確証を得られるよう，近隣住民から情報収集をする。

④ 　Aから聞いた発言やその際の表情・態度をそのまま記録しておく。

⑤ 　校内で協議の上，市町村の虐待対応担当課又は児童相談所に通告する。

問 77	【福祉心理学】 虐待への対応	肢別解答率					正答率86.1%	
		〔No.1〕	①	②	③	④	⑤	
		全体	1.3%	9.4%	1.4%	85.9%	1.6%	
難易度1	正解：〔No.1〕④，〔No.2〕⑤	〔No.2〕	①	②	③	④	⑤	
		全体	0.1%	0.1%	0.1%	5.1%	93.3%	

　この問題は，それほど悩むことなく正答を導き出せるかと思われる。事例を読めば，すぐに虐待が疑われる事例問題であることが分かる。Aは「お父さんがお母さんを叩いている」と話しているため，ドメスティック・バイオレンス〈DV〉の目撃で心理的虐待が疑われる。また，Aは「僕も叩かれることがある」と話しているため，身体的虐待も疑われる。

①**不適切。**　Aの両親との信頼関係の構築は後々には必要ではあるが，現段階では初期対応として他の選択肢より優先されるものではない。

②**不適切。**　このようなことを詳しく質問することは，選択肢①のような信頼関係の構築も難しくしてしまう可能性があるため，不適切である。

③**不適切。**　選択肢⑤の解説参照。児童虐待に係る通告は，「疑い」であっても義務であるため，初期対応として学校が近隣住民から情報収集することはしない。

④**適　切。**　Aの発言や表情などをそのまま記録しておくことは，学校から正確な情報を選択肢⑤の「市町村の虐待対応担当課または児童相談所に通告する」ために適切な対応である。

⑤**適　切。**　児童虐待の防止等に関する法律〈児童虐待防止法〉第6条（児童虐待に係る通告）第1項において，「児童虐待を受けたと思われる児童を発見した者は，速やかに，これを市町村，都道府県の設置する福祉事務所若しくは児童相談所又は児童委員を介して市町村，都道府県の設置する福祉事務所若しくは児童相談所に通告しなければならない。」とある。Aは「他の人にけんかのことを話すとお父さんとお母さんに叱られる」と訴えてもいるが，同法同条第3項において，「刑法……の秘密漏示罪の規定その他の守秘義務に関する法律の規定は，第1項の規定による通告をする義務の遵守を妨げるものと解釈してはならない」とあるため，通告が初期対応としては優先される。

問 78 (配点：1)　　　　【公認心理師法系】　　月　日／月　日

公認心理師が担当する成人のクライエントに関する情報を，本人の同意なく開示することについて，秘密保持義務違反に当たるものはどれか，最も適切なものを1つ選べ。

① クライエントが，友人に危害を加える可能性が高い場合，当事者に知らせる。

② クライエントが，1歳の娘の育児を放棄している場合，児童相談所に通報する。

③ 所属する医療チーム内で，クライエントの主治医及び担当看護師と情報を共有する。

④ クライエントが，自殺を企図する可能性が高い場合，同居している保護者に連絡する。

⑤ 別居中の母親から音信不通で心配していると相談された場合，クライエントの居場所を教える。

問78	【公認心理師の職責】秘密保持義務	肢別解答率				正答率96.4%
		①	②	③	④	⑤
難易度1	正解：⑤	全体 1.4%	0.9%	1.0%	0.2%	96.4%

公認心理師法第41条（秘密保持義務）において，「公認心理師は，正当な理由がなく，その業務に関して知り得た人の秘密を漏らしてはならない。公認心理師でなくなった後においても，同様とする。」と定められている。ただし，どんな場合であっても全て秘密にするのではなく，秘密保持には例外状況がある。

(1)明確で差し迫った生命の危険があり、攻撃される相手が特定されている場合
(2)自殺等、自分自身に対して深刻な危害を加えるおそれのある緊急事態
(3)虐待が疑われる場合
(4)そのクライエントのケア等に直接かかわっている専門家同士で話し合う場合（相談室内のケースカンファレンス等）
(5)法による定めがある場合
(6)医療保険による支払いが行われる場合
(7)クライエントが、自分自身の精神状態や心理的な問題に関連する訴えを裁判等によって提起した場合
(8)クライエントによる明示的な意思表示がある場合

表. 秘密保持の例外状況（金沢吉展 2018 公認心理師の基礎と実践① 公認心理師の職責 p.56 遠見書房 による）

①**不適切。** 表の(1)に該当するため，秘密保持の例外状況に当たる。

②**不適切。** 表の(3)に該当するため，秘密保持の例外状況に当たる。

③**不適切。** 表の(4)に該当するため，秘密保持の例外状況に当たる。

④**不適切。** 表の(2)に該当するため，秘密保持の例外状況に当たる。

⑤**適 切。** この選択肢に内容は，上記の表には該当しない。このような場合にクライエントの同意を得ずに，居場所などクライエントに関する情報を開示してしまうと，秘密保持義務違反に当たる。

問 79 (配点：1)　　　【福祉／司法／産業】

月　日

月　日

　教育相談の現場での遊戯療法において，小学4年生の女子Aが，「授業が分からない」，「友達がいなくて学校に居場所がない」，「お父さんがお布団に入ってくる」，「おばあちゃんが入院中で死なないか心配」と話した。

　公認心理師として，最も優先的に考慮するべきものを1つ選べ。

① 　Aの学力

② 　Aの祖母の病状

③ 　Aの父親の行動

④ 　Aの学校での居場所

⑤ 　Aのソーシャル・スキル

250

問79	【福祉心理学】児童虐待の種類（性的虐待）	肢別解答率						正答率95.8%	
				①	②	③	④	⑤	
難易度1	正解：③	全体	0.6%	0.5%	95.8%	2.5%	0.6%

この問題は一般問題ではあるが，事例問題のような出題の仕方である。Aの発言内容から最も優先的に考慮するべきものを選択する問題であり，確実に正答するようにしたい。Aの「お父さんがお布団に入ってくる」という発言は，父親からの性的虐待が疑われる情報であり，問78の解説にもあったように，秘密保持の例外状況，児童相談所への通告が必要と考えられる情報である。

よって，正答は③である。

問80 (配点：1) 　　　【公認心理師法系】

傷病者若しくはじょく婦に対する療養上の世話又は診療の補助を行うことを業とする職種として，正しいものを1つ選べ。

① 看護師
② 介護福祉士
③ 社会福祉士
④ 理学療法士
⑤ 精神保健福祉士

問80	【公認心理師の職責】 支援に関わる専門職と組織	肢別解答率				正答率91.8%	
			①	②	③	④	⑤
難易度1	正解：①	全体	91.8%	4.0%	0.7%	1.2%	2.2%

①**正しい。** 保健師助産師看護師法第5条において，看護師は，「厚生労働大臣の免許を受けて，傷病者若しくはじょく婦に対する療養上の世話又は診療の補助を行うことを業とする者」と規定されている。

②**誤 り。** 社会福祉士及び介護福祉士法第2条第2項において，介護福祉士は，「専門的知識及び技術をもって，身体上又は精神上の障害があることにより日常生活を営むのに支障がある者につき心身の状況に応じた介護（著者注：入浴，排せつ，食事その他の介護）を行い，並びにその者及び介護者に対して介護に関する指導を行うこと……を業とする者」と規定されている。

③**誤 り。** 社会福祉士及び介護福祉士法第2条第1項において，社会福祉士は，「専門的知識及び技術をもって，身体上若しくは精神上の障害があること又は環境上の理由により日常生活を営むのに支障がある者の福祉に関する相談に応じ，助言，指導……その他の援助を行う」と規定されている。

④**誤 り。** 理学療法士及び作業療法士法第2条第3項において，理学療法士は，「理学療法士の名称を用いて，医師の指示の下に，理学療法を行なうことを業とする者」と規定されている。

⑤**誤 り。** 精神保健福祉士法第2条において，精神保健福祉士は，「専門的知識及び技術をもって，精神科病院その他の医療施設において精神障害の医療を受け，又は精神障害者の社会復帰の促進を図ることを目的とする施設を利用している者の地域相談支援……の利用に関する相談その他の社会復帰に関する相談に応じ，助言，指導，日常生活への適応のために必要な訓練その他の援助を行うこと……を業とする者」と規定されている。

| 問81 (配点：1) | 【心理学的支援法】 | 月 日 |
| | | 月 日 |

A. Ellis が創始した心理療法として，最も適切なものを1つ選べ。

① 行動療法

② 精神分析療法

③ ゲシュタルト療法

④ 論理情動行動療法

⑤ クライエント中心療法

問81	【心理学的支援法】認知行動理論	肢別解答率					正答率 70.6%
			①	②	③	④	⑤
難易度1	正解：④	全体	14.5%	4.0%	3.6%	70.6%	7.1%

①**不適切。** 行動療法とは，古典的条件づけやオペラント条件づけ等の学習理論に基づいて，不適応行動や症状を消去し，適応行動の獲得を目的とする心理療法である。行動療法という用語は，B. F. Skinner と O. R. Lindsley らによって発表された論文で初めて用いられ，その後，H. J. Eysenck によって広まったとされる。

②**不適切。** 精神分析療法は S. Freud によって創始された心理療法で，自由連想法を用いて語られた内容からクライエントの無意識的な感情，葛藤，欲動等を解釈し，クライエントが洞察を得ることを目標とする方法である。

③**不適切。** ゲシュタルト療法とは F. S. Perls によって創始された心理療法であり，人間をホリスティックな存在と捉えて，人格の統合を目指そうとする方法である。ホット・シートやファンタジー・トリップ，夢のワーク等の技法を用いて，今ここでの感情や感覚に気づきを得ようとするものである。

④**適　切。** 論理情動行動療法は A. Ellis によって創始された心理療法である。出来事（Activating event）に対してその人の信念体系（Belief system）が影響することで結果（Consequence）が生じるという，ABC 理論に基づく。すなわち，イラショナル・ビリーフ（非合理的な信念）が不適応的な結果を引き起こしているため，ラショナル・ビリーフ（合理的な信念）の獲得を目指す方法である。

⑤**不適切。** クライエント中心療法は C. R. Rogers によって創始された心理療法で，それまでの心理療法に存在した治療者の権威性を批判し，非指示的，指示的に傾聴することで，クライエントの洞察や自己成長的変化を促そうとする方法である。

【文献情報】
・子安増生ら監修（2021）現代心理学辞典 p.179，194，232，437，438，808 有斐閣

問 82 (配点：1)　　　　【心理学研究法系】　　月　日／月　日

　観察者の有無が作業に及ぼす影響をみる実験において，参加者を作業時に観察者がいる群といない群に分け，各群の参加者に単純課題条件と複雑課題条件の双方を課した。

　この結果の分析方法として，最も適切なものを1つ選べ。

① 　2要因混合分散分析

② 　2要因被験者間分散分析

③ 　2要因被験者内分散分析

④ 　複数個の1要因被験者間分散分析

⑤ 　複数個の対応のある平均値のt検定

256

問 82	【心理学研究法／心理学実験】分散分析		肢別解答率				正答率 11.6%	
			①	②	③	④	⑤	
難易度 3	正解：①	全体	11.6%	47.5%	20.5%	12.4%	7.8%	

　本実験における要因は，⑴観察者の有無，⑵課題の 2 要因である。加えて，群に分けている（被験者間計画），かつ各群の参加者に双方の課題を題している（被験者内計画）ことから被験者内計画と被験者間計画を組み合わせた混合計画となる。

　したがって，**正答は選択肢①2要因混合分散分析**となる。

　被験者間計画とは，比較しようとする条件において，割り当てられた被験者が異なる実験計画である。例えば，被験者 8 名が集められ，条件 A，条件 B を比較する場合， 8 名のうち 4 名が実験群である条件 A に，残りの 4 名が統制群である条件 B に割り当てる実験計画である。実験群と統制群の 2 群の比較の場合， 1 要因 2 水準の被験者間計画である。

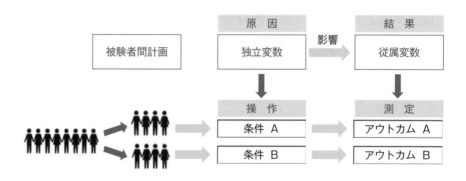

　一方，被験者内計画とは，それぞれの条件の実験を同一被験者が受ける実験計画である。例えば，被験者 8 名全員が条件 A，条件 B を受ける場合は， 1 要因 2 水準の被験者内計画である。

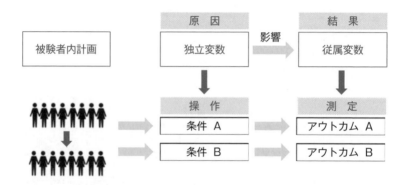

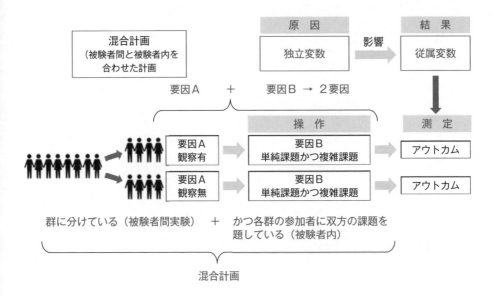

【文献情報】
・加藤司（2008）心理学の研究法　−実験法・測定法・統計法−　p.20-31　北樹出版

258

問 83 (配点：1)　　　【心理学研究法系】

　他者と比べて，自分についてよりポジティブな判断を行うかどうかを検討する目的で研究を行う。他者に対する性格の評定と自分に対する性格の評定を同時に得る場合に，両者の評定を行う順序について適用すべき方法は何か，最も適切なものを１つ選べ。

① 　一定化

② 　バランス化

③ 　マッチング

④ 　ランダム化

⑤ 　カウンターバランス

問83	【心理学研究法／心理学実験】 手 続	肢別解答率					正答率 56.6%
難易度3	正解：⑤	全体	①	②	③	④	⑤
			7.5%	5.5%	4.1%	26.0%	56.6%

①**不適切。** 一定化とは，影響を与えそうな要因について，すべて同じ値にする方法である。恒常化ともいう。例えば，知能が実験結果に影響を与えることが予測されれば，ある一定の水準の知能の研究協力者だけを集めて実験をすることである。

②**不適切。** バランス化とは，影響を与えそうな要因について，比較する水準間で全体として同じになるように揃えることである。例えば，ある実験において，性別の要因が影響を与えることが予測される場合，実験で取り上げる要因のどの水準にも，男女を同数ずつ割り当てる方法である。

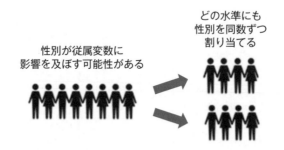

③**不適切。**　マッチングとは，研究協力者を選択する時点で，背景因子となり得る年齢，性別，参加の動機づけ，並びにその他の臨床的特性などが，介入群と対照群ともに同等の割合になるように，同じ性質の研究協力者のペアを作ったうえでそれぞれの群に割り当てることである。

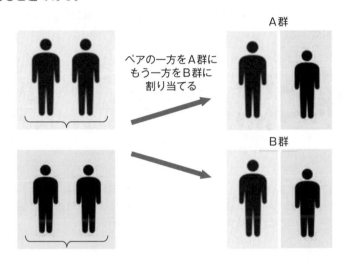

④**不適切。**　ランダム化とは，研究協力者を無作為に各群に割り当てることである。被験者間計画において，独立変数以外の変数が関連しながら従属変数に影響を及ぼすという交絡を防ぎ，実際に因果関係が成立している可能性の程度を表す内的妥当性を高めるための手続である。

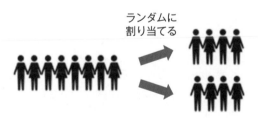

⑤**適　切。**　カウンターバランスとは，被験者内計画で実験する場合に生じ得る順序効果を相殺するために行われる手続である。例えば，研究協力者の半分は逆の順番にするなどする。例えば，全ての参加者に条件Aの後に条件Bを行う場合，条件Aを行ったことが条件Bの結果に影響を及ぼす順序効果が生じるため，実験参加者の半分は条件Aの後に条件Bを行い，もう半分の参加者は条件Bの後に条件Aを行う，などして順序効果を相殺する。

【文献情報】
・大野木裕明・渡邉直登（2014）心理学研究法 p.47 放送大学教育振興会
・村井潤一郎・藤川麗（2018）公認心理師の基礎と実践④ 心理学研究法 p.28 遠見書房
・アン・サール（2005）心理学研究法入門 p.54, 252-257 新曜社

問 84 (配点：1)　　【心理学基礎・応用領域系】

　月　日
　月　日

色覚の反対色過程と関連するものとして，最も適切なものを1つ選べ。

① 中心窩の存在

② 色の残効の生起

③ 桿体細胞の存在

④ 色の恒常性の成立

⑤ 二色型色覚者の存在

問84	【知覚・認知心理学】明るさと色の知覚		肢別解答率				正答率 39.2%	
			①	②	③	④	⑤	
難易度3	正解：②	全体	6.0%	39.2%	16.7%	22.4%	15.6%	

①**不適切。** 中心窩とは，網膜の中心にある浅い窪んだ領域のことである。中心窩の付近には錐体細胞が密集して存在しているのに対して，桿体細胞は周辺部（中心窩から20度ぐらい離れたところ）に多く存在している。中心窩の存在は，色覚の反対色過程と関連するものではないため，不適切である。

②**適　切。** 色の残効とは，ある色を凝視し，順応した後に白色を見ると，凝視していた色の反対色が残像として見える現象である。例えば，赤色を凝視した後，白色を見ると緑色が残像としてみえる。色がどのように知覚されるかに関して，歴史的にはまず，ヤング・ヘルムホルツの3原色説が提唱された。これは，元々あらゆる色が3つの色の混合によって作り出せることに着目したT. Youngが，1802年に3原色説を唱えたことを発端に，その後，H. L. F. Helmholtzによって修正が加えられた視覚に関する説である。この説では，錐体細胞に存在する3種の光受容器がそれぞれ，赤，緑，青に対応し，それらの反応の組合せによって全ての色を知覚することができるという考え方である。しかし，その後，K. E. K. Heringは3原色説を批判し，反対色説を提唱した。これは，赤と緑，黄と青が同時に知覚されることはないことから，それぞれが拮抗し，打ち消し合う反対色機構によって，色覚が決まるという考え方である。色の残効は，色を凝視した際に反対色機構の応答が変わるために生じると考えられている。よって，色覚の反対色過程と関連するものとして，色の残効の生起が最も適切である。なお，現在では，色覚の段階説が提唱され，人間は複数の処理段階を経て色を認識しており，3原色説に合う過程の後，反対色説の過程が生じると考えられている。

③**不適切。** 桿体細胞とは，網膜上に存在する光を受容する細胞であり，錐体細胞と合わせて存在する。これら2つの細胞があることによって，様々な明るさに対応して対象を見ることが可能である。桿体細胞は，暗い所でものを見る際（暗所視），周辺視することによって対象を捉えることが可能になる。一方，明るい所でものを見る際（明所視）には，錐体の働きにより，凝視して像を網膜の中心に結ばせることによって対象を見ることが出来る。なお，色を感じることが出来るのは，錐体細胞の働きによるものである。桿体細胞の存在は，色覚の反対色過程と関連するものではないため，不適切である。

④**不適切。** 　色の恒常性は，知覚の恒常性の１つである。知覚の恒常性とは，観察者や刺激対象の移動によって，感覚受容器に与えられる刺激の強度や特性が変化しても，その刺激に対して生じる知覚があまり変化せず，比較的安定を保つことである。他に大きさの恒常性，形の恒常性，明るさの恒常性，などが挙げられる。色の恒常性に関して，例えば，トマトの色はどの場所でも赤く見える。しかし，物理学的には，家の中の照明と太陽光はその波長が異なっており，また，トマトの表面で反射される光の波長成分も異なっているため，違う色になるはずにもかかわらず，そのような照明の違いによる波長の変化によらず，トマトは同じように赤に見える。このように物体の色が，照明条件の変化によらず一定の見え方を保つ現象のことを色の恒常性という。色の恒常性の成立は，色覚の反対色過程と関連するものではないため，不適切である。

⑤**不適切。** 　二色型色覚者とは，視細胞にある３種類の錐体細胞のうち，M錐体かL錐体がないか，働きが弱いことによる色覚異常が生じている人を指す。M錐体の機能不全は赤を感じることが難しく１型２色覚と呼ばれ，L錐体の機能不全は緑を感じることが難しく２型２色覚と呼ばれる。二色型色覚者の存在は，色覚の反対色過程と関連するものではないため，不適切である。

【文献情報】
・子安増生・丹野義彦・箱田裕司監（2021）有斐閣 現代心理学辞典 p.510，522，586，635 有斐閣
・下山晴彦編（2014）誠信 心理学辞典［新版］p.152-155 誠信書房
・服部雅史・小島治幸・北神慎司編（2018）基礎から学ぶ認知心理学 人間の認識の不思議 p.26-34 有斐閣
・萱村俊哉・郷式徹編著（2021）公認心理師の基本を学ぶテキスト⑦知覚・認知心理学 p.16-18 ミネルヴァ書房
・箱田裕司編（2020）公認心理師の基礎と実践⑦ 知覚・認知心理学 p.34-38 遠見書房
・子安増生編（2016）アカデミックナビ心理学 p.70，71 勁草書房

問 85 (配点：1)　【心理学基礎・応用領域系】

　ある疾病において，「10%が死亡する」と表現した場合のほうが，「90%が生存する」と表現した場合よりも，リスクが高く感じられる。

　このことを表す用語として，最も適切なものを1つ選べ。

① 連言錯誤

② 確証バイアス

③ アンカリング効果

④ フレーミング効果

⑤ 利用可能性ヒューリスティック

問85	【知覚・認知心理学】意思決定	肢別解答率					正答率 44.4%
			①	②	③	④	⑤
難易度2	正解：④	全体	8.2%	17.1%	18.7%	44.4%	11.4%

①**不適切。** 連言錯誤とは，代表性ヒューリスティックに関連する概念である。代表性ヒューリスティックは，ある事象の起こりやすさを典型例と類似している程度によって判定するものである。連言錯誤は，連言事象と呼ばれる2つ以上の事象が同時に生じる確率を，それらの単元事象の確率よりも高く見積もってしまう現象である。例えば，殺人事件の犯人にどのような人が多いか，以下から順位づけを行ってもらうとする。(1)殺人事件の犯人は世の中に不満をもっている，(2)殺人事件の犯人は中年男性である，(3)殺人事件の犯人は世の中に不満をもつ中年男性である。この場合，(1)と(2)を併せもっている(3)の順位の確率が論理的には最も低くなる。しかし，例えば，ニュースなどで「殺人事件の犯人は離婚後，ひきこもり状態で周囲とトラブルが絶えなかった」などの情報を与えられると，(2)より(3)の方が順位が高くなりやすい。これは，代表性ヒューリスティックにより，殺人事件の犯人と類似している程度によって判断が行われたためと考えられる。つまり，(2)殺人事件の犯人は中年男性であるという情報よりも，(3)殺人事件の犯人は世の中に不満をもつ中年男性であるという情報との類似度が高いため，それを反映してしまうと考えられている。よって，本設問を表す用語として合致しないため，不適切である。

②**不適切。** 確証バイアスとは，ある仮説や思考について検証する際，複数の情報の中からその仮説や思考に合致する証拠を集め，重要視する傾向のことである。例えば，血液型性格を信じている者は，B型の人に対してマイペースという特徴はよく認識し，それに反する協調性があるという特徴には注目しにくい。よって，本設問を表す用語として合致しないため，不適切である。

③**不適切。** アンカリング効果とは，意思決定のバイアスに関する概念の1つである。これは，何かしらの数値的推測を行うに当たって，あらかじめ基準となる数値が提示されると，その数値が推測に影響を与える現象を指す。例えば，5000円の靴に対して高いかどうかという判断を行う際，"10000円から50%OFF"という表示があらかじめされていると，10000円という数字がアンカー，いわゆる基準となり，5000円はそれよりもだいぶ安いと感じやすくなる。よって，本設問を表す用語として合致しないため，不適切である。

④**適　切。**　フレーミング効果とは，客観的には同一の内容を示す問題であるにも関わらず，その内容をどのような枠組みで捉えるかによって人々にバイアスがかかる現象を指す。例えば，「脂肪分 25％」と「無脂肪分 75％」と表記されたヨーグルトなどに対して，どちらも成分は同じであるにもかかわらず，前者の方は非健康的，後者の方は健康的と捉えられやすい。本設問においても，"10％が死亡する"と"90％が生存する"が示している意味は同じであるが，前者の表現の方が，リスクが高く感じられやすくなる。よって，本設問を表す用語として最も適切である。

⑤**不適切。**　利用可能性ヒューリスティックは，ヒューリスティックの1つである。これは，必ず正解に到達できるという保証はないもののアルゴリズムよりも迅速に問題解決に至ることもある方略である。D. Kahneman と A. Tversky は，ある事象の生起頻度を判断する際，該当する事例の思い出しやすさに基づいて判断する利用可能性ヒューリスティックを挙げている。例えば，離婚をしている人たちがどの程度いるのか予測する時，身近に離婚した人がいてすぐに思い出されるような場合は高く予測し，そうでない場合は低く予測される。よって，本設問を表す用語として合致しないため，不適切である。

【文献情報】
・服部雅史・小島治幸・北神慎司（2015）基礎から学ぶ認知心理学－人間の認識の不思議－p.154-159 有斐閣
・下山晴彦編（2014）誠信 心理学辞典［新版］p.858, 859 誠信書房
・北村英哉・内田由紀子編（2016）社会心理学概論 p.53, 54 ナカニシヤ出版
・萱村俊哉・郷式徹編著（2021）公認心理師の基本を学ぶテキスト⑦知覚・認知心理学 p.156-160 ミネルヴァ書房

認知言語学の説明として，最も適切なものを1つ選べ。

① 生成文法理論をもとに構築されている。

② 言語習得における経験の役割を重視する。

③ 言語に特化した認知能力を強調する立場をとる。

④ 言語的カテゴリーには，明確な境界線があるとみなす。

⑤ ゲシュタルト心理学でいう「図と地」の概念には，否定的である。

問86	【学習・言語心理学】認知言語学	肢別解答率					正答率 37.6%
			①	②	③	④	⑤
難易度3	正解：②	全体	35.6%	37.6%	17.2%	5.6%	3.9%

①**不適切。**　生成文法理論とは，N. Chomsky が1950年代後半に提唱した言語理論であり，ヒトが持つ言語知識は生得的であり，遺伝的に決定されていると考える。これを言語獲得装置あるいは普遍文法と呼び，人間が言語習得を可能にする知識を生まれながらにして持っていることを言語の生得性と呼ぶ。一方，認知言語学は，生成文法理論と異なり，言語の習得や使用において身体を基盤とする経験の役割を重視する立場をとる。よって，認知言語学は生成文法理論をもとに構築されている学問ではない。

②**適　切。**　選択肢①の解説参照。認知言語学では，人間が生まれてからいつの間にか身につけて自由に使えるようになる言語である母語の習得や使用においては，経験に基づく多くの知識の獲得が必要であると考える。

③**不適切。**　この選択肢の「言語に特化した認知能力を強調する立場」が生成文法理論である。一方，認知言語学は，言語に特化しない一般的な認知能力を強調する立場をとる。一般的な認知能力には，例えば，「ゾウは他の動物に比べて大きい」などの「比較」，「土日祝日の遊園地はよく混んでいる」などの「一般化」，「お金と財布，車と駐車場など中身と容れ物（置き場所）」といった「関連付け」が基本的なものとして挙げられる。

④**不適切。**　言語的カテゴリーとは，これは机，これは椅子といった形で何らかの観点から分類したときの1つ1つの言語で表すことができるまとまりのことである。偶数や奇数といったカテゴリーの境界が明確なものもあるが，臨床心理学の分野の「心理療法」や「カウンセリング」は定義やアプローチもさまざまであり，「○○は心理療法であるが，△△は心理療法ではない」と明確に判断することが難しい。つまり，「明確な境界線があるとみなす」とはいえないため，不適切である。

⑤**不適切。**　ゲシュタルト心理学の「図と地」の概念を代表するものとして，一度は見たことがあるであろうルビンの盃などの図地反転図形がある。ルビンの盃は，中央の白い部分に着目すれば「盃」が見え，両側の黒い部分に着目すれば「向き合っている2人の人間の顔」が見える。このとき，着目して際立って見えている部分が「図」，背景となり際立って見えていない部分が「地」である。このように1つの事物や物事に対し

て異なる「見え方」や「捉え方」ができるということも一般的な認知能力であり，認知言語学で重視する。

【文献情報】
・籾山洋介（2010）認知言語学入門 p. 1 - 7 ，10，18-20，110-114 研究社

問 87 (配点：1)　　【心理学基礎・応用領域系】

A. H. Maslow の欲求階層説において，最も下位の欲求として位置付けられるものはどれか，適切なものを 1 つ選べ。

① 安全の欲求

② 自尊の欲求

③ 生理的欲求

④ 自己実現の欲求

⑤ 所属と愛の欲求

問87	【感情・人格心理学】感情と動機づけ	肢別解答率					正答率82.3%	
			①	②	③	④	⑤	
難易度1	正解：③	全体	14.3%	0.5%	82.3%	1.8%	0.8%	

これは基本問題であり，必ず正答しておきたい問題の1つである。欲求階層説（欲求の5段階説）とは，A. H. Maslow によって提唱された動機づけの理論である。A. H. Maslow は，人間が生得的に持っている欲求はいくつかの基本的なものに分類されるとして，人間に共通してみられる普遍的で基本的な欲求5つを示した。欲求階層説では，段階的に低いものから順に「生理的欲求」「安全の欲求」「所属と愛の欲求」「自尊の欲求」「自己実現の欲求」の5つが挙げられている。これらは階層を成しており，下位の欲求が充足してはじめて上位の欲求が生じるとされる。また，「生理的欲求」から「自尊の欲求」までは，不足しているものを周囲の人やものによって満たそうとする欲求であることから「欠乏欲求」と呼ぶ。それに対して「自己実現の欲求」は，「欠乏欲求」が満たされた上で，自らの力でさらに成長しようとする欲求であることから成長欲求と呼ばれる。

①**不適切。**　安全の欲求とは，下から2層目に位置付けられた欲求であり，自分が周囲の人から危害を受けないよう，安全に安心して生活したいという欲求のことを指す。

②**不適切。**　自尊の欲求とは，下から4層目に位置付けられた欲求であり，自分が集団の中で価値ある存在として認められたい，高い評価を得て尊敬されたいという欲求のことを指す。

③**適　切。**　生理的欲求とは，最下層に位置付けられた欲求であり，人間が生きていくために最低限必要な生理現象を満たすための，空腹，喉の渇き，排泄，睡眠など，生命を維持するために必要な基本的な欲求のことを指す。どの欲求よりも優勢とされており，この欲求が満たされなければ他の欲求は現れないとされる。

④**不適切。**　自己実現の欲求とは，最上位に位置付けられた欲求であり，自分自身の持っている能力を最大限に活かし，発揮することによって，自分がなりうるものになりたいという欲求のことを指す。

⑤**不適切。**　所属と愛の欲求とは，下から3層目に位置付けられた欲求であり，何らかの集団に所属し，仲間とともに分かち合ったり，愛情を得たいという欲求のことを指す。

A. H. Maslow（1943）の欲求階層説

高次		
	成長欲求	自己実現の欲求
	欠乏欲求	自尊の欲求
		所属と愛の欲求
		安全の欲求
低次		生理的欲求

【文献情報】
・高橋修編（2013）社会人のための産業・組織心理学入門　p.70-73　産業能率大学出版部
・山村豊（2017）心理学［カレッジ版］p.109-110　医学書院

問 88 (配点：1) 　　【心理学基礎・応用領域系】

　「感情は覚醒状態に認知的評価が加わることで生じる」とする感情理論として，最も適切なものを1つ選べ。

① 　A. R. Damasio のソマティックマーカー説

② 　P. Ekman， C. E. Izard の顔面フィードバック説

③ 　S. Schacter， J. Singer の2要因説

④ 　W. B. Cannon， P. Bard の中枢起源説

⑤ 　W. James， C. Lange の末梢起源説

問88	【感情・人格心理学】 感情に関する理論と感情喚起の機序	肢別解答率					正答率42.6%
			①	②	③	④	⑤
難易度 1	正解：③	全体	17.7%	8.5%	42.6%	21.0%	9.9%

①**不適切。**　A. R. Damasio のソマティック・マーカー説とは，脳内の腹内側前頭前野に，自身にとって快か不快かという感情に伴う身体反応がマーカーとして蓄積し，それが意思決定に関与するという説である。

②**不適切。**　P. Ekman，C. E. Izard，S. Tomkins らによって提唱された顔面フィードバック仮説とは，感情の主観的体験がどのような仕組みで生じているかを説明しようとする理論の１つであり，新しい末梢起源説とも呼ばれる。これは，意図的に表情を表出すると表情筋に関わる神経情報が脳に伝わり，感情の主観的体験が生じるという考え方である。この説では，「楽しいから笑う」のではなく，「笑った表情筋の動きが，脳にフィードバックされることにより楽しい」という主観的体験が生じる。

③**適　切。**　S. Schachter&J. E. Singer の２要因説とは，感情反応の生起は生理的覚醒と認知的評価の２つの要因が大きく関わっているとする説である。これは感情の主観的体験は生理的覚醒によって生じた感情の量，興奮それだけでは決定せず，そこにどのような認知的解釈をするかによって感情の質が決まるとする考え方である。よって，「感情は覚醒状態に認知的評価が加わることで生じる」とする感情理論として，本選択肢が最も適切である。

④**不適切。**　W. B. Cannon によって提唱され，P. Bard によって修正された中枢起源説〈キャノン・バード説〉とは，感情の起源を中枢に求めた説であり，ジェームズ・ランゲ説に対する批判として提唱された。これは，情動の原因となる刺激は，まず感覚受容器から視床を経て（A），大脳皮質に伝えられ（B），次に皮質によって抑制されている視床が抑制から解放され（C），そこで生じる視床の興奮が大脳皮質に伝わる（D）とともに，内臓や骨格筋に伝わり（E），情動を生じさせるという考え方である。

⑤**不適切。**　W. James と C. Lange の末梢起源説〈ジェームズ・ランゲ説〉とは，「泣くから悲しい」「震えたから恐ろしい」というように，環境の変化と身体的活動の変化によって，身体的・生理的反応を脳が知覚し，感情の主観的体験が説明されるとする説である。具体的には，視覚や聴覚を通じて外界からの刺激が大脳皮質に伝えられ（A），大脳皮質から自律神経系に伝達され骨格筋や内臓に変化が生じ（B），それらの変化が

再び大脳皮質に伝えられることで主観的な感情が生起する（C，D）という考え方である。

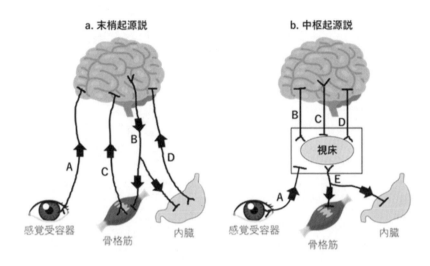

図．感情の末梢起源説と中枢起源説
（山村豊ほか：心理学【カレッジ版】 p.104 医学書院 2017 を参考に著者作成）

【文献情報】
・下山晴彦編（2014）誠信 心理学辞典［新版］p.298-301，305-308 誠信書房
・子安増生ら監（2021）有斐閣 現代心理学辞典 p.134 有斐閣
・山村豊ほか（2017）心理学［カレッジ版］p.104 医学書院

問 89 (配点：1) 　　【心理学基礎・応用領域系】

情動について，最も適切なものを１つ選べ。

① 情動処理の脳内部位は，主に下垂体後葉である。

② 情動麻痺は，不可逆的な情動の麻痺状態である。

③ 特別な対象を持たない不快な感情と定義されている。

④ 情動失禁とは，喜びの感情や興味が失われた状態である。

⑤ 脳内で他者の行動を模倣するミラーニューロンが関与する。

問89	【感情・人格心理学】 情　動		肢別解答率					正答率 27.3%
				①	②	③	④	⑤
難易度2	正解：⑤		全体	22.8%	23.0%	2.2%	24.6%	27.3%

①**不適切。**　情動処理を行う脳内部位は，扁桃体や視床下部，前頭前野などである。例えば，扁桃体が関連するものとして，クリューバー・ビューシー症候群や2過程説が挙げられる。クリューバー・ビューシー症候群は，扁桃体を中心とする側頭葉前方内側部の損傷により，恐怖感の喪失や攻撃性の低下，口唇傾向，性行動の亢進，視覚性失認などの認知障害や情動変化が生じる。2過程説とは，J. LeDoux が提唱した，感情反応の生起は低次回路と高次回路の2つの要因が大きく関与するとした説である。この説は，知覚された情報処理の経路は低次回路と高次回路があると仮定し，低次回路は視床の内側膝状体から直接扁桃体へと至る経路であり，生存にとって重要であれば潜在的な危険性に対して即座に対応される。例えば，クマに遭遇した際，瞬間的に驚いたり，恐怖を感じるなどが挙げられる。一方，高次回路では，内側膝状体から皮質感覚領域や連合野などで複雑な処理がなされた後，扁桃体へと送られる。この回路の場合，様々な要因を考慮した上での判断が可能となる。また，低次回路での処理が高次回路に影響を及ぼすことも知られている。例えば，オレオレ詐欺などの場合，最初の電話によって低次回路で心配や不安が喚起され，そのことが高次回路の情報処理を方向づけ，振り込みをするなどの行動につながると考えられている。また，扁桃体と海馬は隣り合っているため，感情的な出来事によって扁桃体が強く活性化すると，隣接する海馬にその情報が伝達され，その出来事がより強く記憶されることが知られている。なお，下垂体後葉はホルモンに関連する部位である。

②**不適切。**　情動麻痺とは，地震などの災害，戦争，強姦などによって，強烈な精神的ストレスを受けた際，意識ははっきりとしつつも，情動反応が一時的にすべて停止したかのようにみえる現象である。よって，「情動麻痺は，不可逆的な情動の麻痺状態」ではなく，一時的な麻痺状態であるため，本選択肢は不適切である。

③**不適切。**　選択肢の「特別な対象を持たない不快な感情」は不安であり，頻脈や発汗などの身体症状を伴うことが多い。よって，本選択肢は不適切である。一方，特定の対象に対する恐れの感情は恐怖であり，対人恐怖，広場恐怖，高所恐怖，閉所恐怖などがあげられる。なお，情動は，気分などとともに感情に含まれる概念である。情動は，急激で短時間で終わる一過性の強い興奮を意味しており，怒り，恐れ，喜びなどがこれに当たる。気分は比較的長時間持続する穏やかな感情状態であり，憂鬱や爽快などの心的体験がこれに当たる。

④**不適切**。　情動失禁は，感情失禁ともよばれ，些細な強さの刺激により，激しい感情が生じ，それを抑えることができない状態のことであるため，本選択肢は不適切である。情動失禁は血管性認知症でよくみられやすい。なお，喜びの感情や興味が失われた状態はアンヘドニア〈快感消失〉と呼ばれる。これは，感情障害の1つの症状で，うつ病などで認められる。

⑤**適　切**。　ミラーニューロンとは，G. Rizzolatti によってマカクザルで発見されたニューロンである。これは，自分自身が行為をする時だけでなく，他者がその行為をする時にも活動するニューロンであり，いわゆる模倣に関連する。その後の研究でヒトにも存在することが明らかになった。このミラーニューロンの働きは情動とも関連があると考えられており，例えば，誰かが笑っているのを見たとき，ミラーニューロンが働き，相手を模倣して実際に笑ったり，あるいはその表情の動きを脳内で模倣する。そのことによって，自分の身体状態が変化するとともに，それに対応する感情が結びつき，相手の感情の推測ができるという考え方である。

【文献情報】
・金城辰夫監（2016）図説 現代心理学入門［四訂版］p.182-194 培風館
・中間玲子（2020）公認心理師の基本を学ぶテキスト⑨感情・人格心理学−「その人らしさ」をかたちづくるもの− p.25-29 ミネルヴァ書房
・子安増生・丹野義彦・箱田裕司監（2021）有斐閣 現代心理学辞典 p.149, 661, 733 有斐閣
・下山晴彦編（2014）誠信 心理学辞典［新版］p.310 誠信書房
・中村真ら編（2019）感情心理学ハンドブック p270 北大路書房

問 90 (配点：1) 　【心理学基礎・応用領域系】

親密な対人関係の説明原理として，最も適切なものを１つ選べ。

① 社会的絆理論

② 社会的学習理論

③ 社会的交換理論

④ 社会的比較理論

⑤ 社会的アイデンティティ理論

288

問90	【社会・集団・家族心理学】親密な対人関係	肢別解答率			正答率 17.5%	
		①	②	③	④	⑤
難易度1	正解：③	全体 59.0%	4.3%	17.5%	4.0%	15.1%

①**不適切。** 社会的絆理論とは，T. Hirschi による，それまでの「人はなぜ犯罪や非行を行うのか」という観点ではなく，「人はなぜ犯罪や非行を行わないのか」という観点から提唱された理論である。この理論では，人は「愛着（attachment）」「投資（commitment）」「巻き込み（involvement）」「規範（belief）」の4つの絆によって，犯罪や非行を抑制していると考えている。「愛着」とは，両親や友人，学校との愛着が犯罪や非行を抑制するという考え方である。「投資」とは，これまで勉強や仕事に多くの時間やお金を投入してきたことで今の自分が形成されているが，犯罪を実行してしまえば今までの投資が無駄になってしまうため，犯罪や非行を抑制しているという考え方である。「巻き込み」とは，時間的に暇があるかどうかであり，仕事をしていれば仕事に時間が取られてわざわざ犯罪をしている暇がなくなるという考え方である。無職者に犯罪が多いのはこの要因が関係していると考えられている。「規範」とは，法律や社会のルールを尊重しているかについての意識の強さであり，規範の強さが犯罪や非行を抑制するという考え方である。よって，親密な対人関係の説明原理として合致しないため，本選択肢は不適切である。

②**不適切。** 社会的学習理論とは，A. Bandura によって提唱された観察学習を説明する理論である。この理論において観察学習は，(1)注意過程，(2)保持過程，(3)運動再生過程，(4)動機づけ過程を経るとしている。具体的には，(1)モデルに対して注意を向け，観察し，知覚する注意過程，(2)モデルの行動観察を記憶として保持する保持過程，(3)モデルを観察し記憶したことを実際に行動に移す運動再生過程，(4)これら3つの過程の生起を動機づける動機づけ過程である。よって，親密な対人関係の説明原理として合致しないため，本選択肢は不適切である。

③**適　切。** 社会的交換理論とは，報酬（利益）やコスト（損失）といった概念から対人関係の維持や発展，崩壊を説明する理論である。これは，人間の社会行動や対人間の相互作用にみられる様々な行動のやりとりを理論化したものであり，例えば，現在，付き合っている人との関係によって得られる満足感や物などの報酬が，その人に会いに行くための時間や費用などのコストよりも小さくなると，その関係性は維持されづらくなり，逆の場合は，関係性が維持されやすい。よって，社会的交換理論は親密な対人関係の説明原理として，最も適切である。

④**不適切。** 社会的比較とは，自分と他者を比較することである。L. Festinger は，人は社会で適応して生きていくために，自分の能力の程度や意見の妥当性を評価しようとし，そのために社会的比較をするという社会的比較理論を主張した。社会的比較理論の特徴は，人には自分の意見や能力を正しく評価しようという動因がある点，直接的物理的な基準がない場合，人は他者と比較することによって自分を評価しようとする点，一般的に人は類似した他者と比較することを好む点などである。なお，自分自身より下の人と比較することを下方比較と呼び，上の人と比較することを上方比較と呼ぶ。よって，親密な対人関係の説明原理として合致しないため，本選択肢は不適切である。

⑤**不適切。** 社会的アイデンティティ理論とは，H. Tajfel & J. C. Turner によって提唱された，外集団に対する優位性を確認することによって，自身が属する内集団が望ましい社会的アイデンティを維持し，自己評価を高めるとする理論である。社会的アイデンティティとは，自分が所属する集団の一員として自分自身を理解し，行動することである。例えば，「俺の地元」「私のクラス」「うちの会社」などという表現は，その集団に属していることがその人自身を表す一部となっている。内集団とは，自分が所属している集団のことであり，それ以外の集団は外集団と呼ばれる。例えば，自分の出身県や出身校，所属しているグループ，働いている会社などがその人にとっての内集団である。内集団と外集団の特徴として，自分が所属している内集団に対しては肯定的な評価を行いやすく，自分が所属していない外集団に対しては偏見や差別など否定的な評価を行いやすい。これは社会的アイデンティティ理論によって，自分たちの所属する内集団を好意的に評価し，内集団と外集団を区別する認知が促進されることによって生じるとされている。よって，親密な対人関係の説明原理として合致しないため，本選択肢は不適切である。

【文献情報】
・越智啓太（2012）Progress & Application 犯罪心理学 p.54-56 サイエンス社
・池上知子・遠藤由美（2008）グラフィック社会心理学第2版 p208-210, 226, 230 サイエンス社
・竹村和久編（2018）公認心理師の基礎と実践⑪ 社会・集団・家族心理学 p.52, 53, 126-140 遠見書房
・山村豊ほか（2017）心理学［カレッジ版］p.91 医学書院
・子安増生ら監（2021）有斐閣 現代心理学辞典 p.336 有斐閣

問 91 (配点：1)　　【心理学基礎・応用領域系】

　L. Kohlberg の道徳性の発達理論において，「近所のおばあさんは，いつもお菓子をくれるから良い人である」という判断に該当する発達段階として，適切なものを 1 つ選べ。

① 法と秩序の志向性

② 社会的契約の志向性

③ 罰と服従への志向性

④ 対人的同調への志向性

⑤ 報酬と取引への志向性

問91	【発達心理学】 道徳性	肢別解答率				正答率 78.8%
			①	②	③	④	⑤
難易度2	正解：⑤	全体	0.5%	3.4%	6.5%	10.8%	78.8%

　L. Kohlberg の道徳性の発達理論もこれまでブループリントのキーワードに挙がってきていたが出題が見られず，そろそろ出される頃かと思っていたところでの出題である。

　問題文にある「近所のおばあさんは，いつもお菓子をくれるから良い人である」という判断は，「自分の欲求を満足させてくれる」「自分に利益を与えてくれる」人は「良い人」という判断であるため，選択肢⑤報酬と取引の志向性が適切である。

　よって，**正答は⑤である。**

水　準	段　階	判断の基礎
I．前慣習的水準 7歳～10歳	段階1：罰と服従への志向性	権威に対し服従することに価値がおかれる。自己の行為が罰せられるか，ほめられるかで考える。
	段階2：報酬と取引への志向性	自分の欲求や利益，他者の欲求を満足させる行為に価値がおかれる。
II．慣習的水準 10歳～16歳 以降	段階3：対人的同調への志向性	他者から期待されたり，認められたりする行為に価値がおかれる。他者配慮を示して他者とのよい関係を維持しようとする。
	段階4：法と秩序への志向性	社会の規則や法律を守ることに価値がおかれる。社会秩序を維持するために義務を果たし，権威を尊重する。
III．脱慣習的水準 16歳以降	段階5：社会的契約への志向性	個人の権利・幸福を考慮しながら，社会全体に認められる行為に価値がおかれる。
	段階6：普遍的倫理への志向性	自分が選択した普遍的な倫理原則に従う行為に価値がおかれる。

表．L. Kohlberg の道徳性の発達理論

問 92 (配点：1)　　【心理学基礎・応用領域系】

サクセスフルエイジングの促進要因として，最も適切なものを 1 つ選べ。

① 防衛機制の使用

② ライフイベントの多さ

③ ソーシャル・コンボイの維持

④ タイプ A 行動パターンの獲得

⑤ ワーク・エンゲイジメントの増加

問 92	【発達心理学】 サクセスフルエイジング	肢別解答率					正答率 72.6%
			①	②	③	④	⑤
難易度 1	正解：③	全体	0.9%	9.1%	72.6%	1.7%	15.6%

　ソーシャル・コンボイとは，ライフコースにおける，その人が周囲から得られるサポートを与える社会関係の総体である。ソーシャル・コンボイという表現は，個人という存在を中心に置き，(1)役割に依拠しない安定したコンボイの成員，(2)役割にいくらか依拠し長期的には変化しやすいコンボイの成員，(3)直接役割に依拠し，役割の変化に影響されるコンボイの成員といった三層構造で，護送船団（コンボイ）のように取り囲むような位置関係で捉えるところからきている（図参照）。

　人生を航海と例えると，年齢を経て，高齢期になるにつれて様々な課題に直面するようになるが，そういった荒波を越えて穏やかに過ごすためには，波が穏やかな時期から安定したコンボイのような社会的関係を作っていくことが重要であると考える。そのため，サクセスフルエイジングという「幸福な老い」を実現するための促進要因として，ソーシャル・コンボイの維持が挙げられる。

　よって，**正答は③である。**

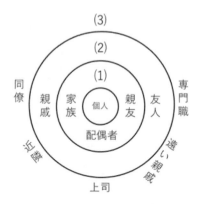

図．ソーシャル・コンボイ

【文献情報】
　・本郷一夫編（2018）公認心理師の基礎と実践［第 12 巻］発達心理学　p.150-153　遠見書房
　・下山晴彦編（2014）誠信 心理学辞典［新版］p.218-220　誠信書房

問 93 (配点：1) 　　　　　【教育／障害者】

世界保健機関〈WHO〉による国際生活機能分類〈ICF〉の説明として，正しいものを1つ選べ。

① 分類対象から妊娠や加齢は除かれる。

② 医学モデルと心理学モデルに依拠する。

③ 社会的不利が能力障害によって生じるとみなす。

④ 生活上のプラス面を加味して生活機能を分類する。

⑤ 心身機能・構造と活動が，それぞれ独立しているとみなす。

問93	【障害者（児）心理学】 国際生活機能分類〈ICF〉		肢別解答率				正答率73.6%
			①	②	③	④	⑤
難易度1	正解：④	全体	2.5%	6.5%	9.0%	73.6%	8.2%

①誤り。　国際生活機能分類〈ICF〉の分類対象となる健康状態では，病気やけがだけでなく，妊娠や加齢も含まれる。

②誤り。　国際生活機能分類〈ICF〉は，医学モデルと社会モデルを統合したモデルであるため，心理学モデルは含まれない。

③誤り。　選択肢の内容は国際障害分類〈ICIDH〉の考え方である。一方，国際生活機能分類〈ICF〉では，生活機能について，心身機能・身体構造，活動，参加の３つの次元があるとする。これらの３つの次元において問題が生じた場合は，それぞれが機能障害，活動制限，参加制約に分類される。

④正しい。　選択肢③の解説参照。前身の国際障害分類〈ICIDH〉は医学モデルに基づいた考え方であった。そのため，障害をもたらす部分をマイナス面として捉え，それを治療する，治すという発想で考える傾向が強く，現存する能力の活用や活用できる生活環境の要素を含めて考えることはなかった。一方，国際生活機能分類〈ICF〉は，生活上のプラス面を加味して生活機能を分類することで，対象者がその後もその人らしく生活していく可能性を考慮していくものになっている。

⑤誤り。　選択肢③に解説参照。まず，生活機能に関しては，心身機能・身体構造，活動，参加の３つの次元があると考える。そして，この３つの次元はそれぞれ独立しているとみなすだけではない。３つの次元の間には相対的独立性だけでなく，相互依存性があると考える。つまり，それぞれの次元には独自性がありつつも，互いに影響をし合っていると考える。

【文献情報】
・江湖山さおり編(2019) 1日45分×60日 認知症ケア専門士絶対合格テキスト2020年版 p.176,177 大和書房

問 94 (配点：1) 【心理学基礎・応用領域系】 月 日 月 日

G. Bateson の二重拘束理論に関連する概念として，最も適切なものを1つ選べ。

① 三角関係

② 両親連合

③ 世代間境界

④ ホメオスタシス

⑤ メタ・コミュニケーション

問 94	【社会・集団・家族心理学】家族システム論	肢別解答率					正答率 33.4%
			①	②	③	④	⑤
難易度2	正解：⑤	全体	22.2%	18.5%	20.1%	5.5%	33.4%

①**不適切**。　三角関係とは，家族療法において，家族間の力動関係を表す概念である。M. Bowen は自己分化の概念と，それが多世代に渡って無意識的に伝達する過程を明らかにした。自己分化とは感情システムと知性システムが融合しているか，分化しているかの程度であり，個人の自立や人との関係性を規定するものである。例えば，夫婦関係において，融合度の高い夫婦はその関係が不安定になりやすく，その場合，実家の親や子どもといった第三者を巻き込んで安定を図ろうとする。このような現象を三角関係化という。

②**不適切**。　両親連合とは，S. Minuchin らによって展開された構造学派が用いる概念である。構造学派では家族システムの構造性，特に世代間の階層関係や連合関係を重視する。親が子どもとの世代的な差異を自覚し，両親間の連合関係＝両親連合によって子育てに当たることが望ましいと考えるものである。

③**不適切**。　選択肢②の解説参照。家族療法の学派のうち，特に構造学派においては家族システムの構造性を重視する。家族システムの下位システムとして，夫婦システム，子どもシステムといったサブシステムがあり，それぞれが区別され，適度な境界がなくてはならない。このような境界のことを世代間境界という。

④**不適切**。　ホメオスタシスとは，有機体が自らの生命維持のために，外界の変化に対応して身体内部の状態を一定に保とうとする自動的な機構を有する有機体の傾向をいう。また，戦略的家族療法では，家族システムには家族ホメオスタシスが普遍的に備わっていると考え，家族に生じた変化が家族ホメオスタシスによって無効化されることを避けるために，セラピストの介入が問題に対して直接的なものではなく，間接的指示となることが必要とされる。

⑤**適　切**。　メタ・コミュニケーションとは，コミュニケーションの内容とは別の次元で，その場・その時点における関係そのものが伝えるメッセージのことをいう。G. Bateson らが発展させたコミュニケーション学派は，メタ・コミュニケーションを含む家族内のあらゆるコミュニケーションに介入し，質的改善を目指すアプローチである。

【文献情報】
　・氏原寛ら編（2004）心理臨床大事典 p.358, 359, 379, 446, 1244, 1267 培風館

問 95 (配点：1)	【心理査定】	月　日
		月　日

　手話をコミュニケーション手段とする被検査者にWAIS-Ⅳを実施する。回答場面におけるやりとりに際して，結果に影響が出ないように注意を必要とする下位検査として，最も適切なものを1つ選べ。

① 　符号

② 　類似

③ 　パズル

④ 　行列推理

⑤ 　バランス

問95	【心理的アセスメント】実施上の留意点	肢別解答率					正答率39.7%	
難易度2	正解：②	全体	①	②	③	④	⑤	
			16.5%	39.7%	8.9%	24.4%	10.3%	

WAIS-IVはウェクスラー式成人用知能検査第4版であり，適用年齢は16歳0か月〜90歳11か月である。問題は15の下位検査から構成される。下位検査は4つの指標得点，言語理解指標（Verbal Comprehension Index：VCI），知覚推理指標（Perceptual Reasoning Index：PRI），ワーキングメモリー指標（Working Memory index：WMI），処理速度指標（Processing Speed Index：PSI）に分類される。結果は，全検査IQ（FSIQ）と4つの指標得点において偏差知能指数（DIQ）が算出される。この問題の設定として「手話をコミュニケーション手段とする被検査者にWAIS-IVを実施する」とあるため，この被検者は口頭による言語を用いたコミュニケーションに障害を抱えている可能性がある。そのため，WAIS-IVの下位検査の中で，言語を用いて回答を求める検査が注意を必要とするものになるため，それを解答に選べる必要がある。問題設定としては，やや難しい印象ではあるが，言い換えると，動作（書くこと）によって回答する形式の下位検査と言語（口頭）によって回答する形式の下位検査がどれか，後者の選択肢に該当するものを選べ，という単純な問題であることが分かれば解きやすいかと思われる。

①不適切。　符号の下位検査は，処理速度指標に分類される。この下位検査は，見本を手掛かりに，数字とセットになっている印を，制限時間内に書き写していく。回答は，視覚認知，視覚的な短期記憶や目と手の協応能力などを用いて，書くことによる方法をとる。つまり，言語を介して回答する下位検査ではないため，回答場面におけるやり取りに際して，結果に影響が出ないように注意を要する下位検査として，最も適切なものではない。

②適　切。　類似の下位検査は，言語理解指標に分類される。この下位検査は，検査者から提示された共通項や共通概念をもつ2つの言葉が，どのような点で共通しているかを答える。回答には，結晶性知能や抽象的推理，聴覚的理解，言語表現などを用いて，言葉で答えることが求められる。つまり，手話をコミュニケーション手段とする被検査者の場合，回答場面におけるやり取りに際して，結果に影響が出ないように注意を要する下位検査である。

③不適切。　パズルの下位検査は，知覚推理指標に分類される。この下位検査は，いくつかの選択肢の中から，組み合わせることで，提示された見本と同じものを作る3つを，制限時間内に選ぶものである。回答には，視覚認知，空間の視覚化や空間の操作，部分

と部分の関係を予測する能力などを要するため，言語を介して回答する下位検査ではない。そのため，回答場面におけるやり取りに際して，結果に影響が出ないように注意を要する下位検査として，最も適切なものではない。

④**不適切。** 　**行列推理の下位検査は，知覚推理指標に分類される。** この下位検査は，検査者から提示される不完全な行列を完成させるために，当てはまる選択肢を選ぶ。回答には，広範な視覚性知能や空間能力，部分と全体との関係に対する知識などを要するため，言語を介して回答する下位検査ではない。そのため，回答場面におけるやり取りに際して，結果に影響が出ないように注意を要する下位検査として，最も適切なものではない。

⑤**不適切。** 　**バランスの下位検査は，知覚推理指標に分類される。** この下位検査は，検査者から提示された天秤の絵が釣り合うように，当てはまるおもりの選択肢を制限時間内に選ぶ。量的・類比的推理などを視覚認知を通して評価するため，言語を介して回答する下位検査ではない。そのため，回答場面におけるやり取りに際して，結果に影響が出ないように注意を要する下位検査として，最も適切なものではない。

【文献情報】
・D. Wechsler 著（2018）日本版 WAIS-Ⅳ 知能検査理論・解釈マニュアル　p.12-17　日本文化科学社

問 96 (配点：1) 　　【福祉／司法／産業】

　パーソナリティ障害に適用するため，認知行動療法を拡張し，そこにアタッチメント理論，ゲシュタルト療法，力動的アプローチなどを組み込んだ統合的な心理療法として，最も適切なものを1つ選べ。

① 　スキーマ療法

② 　対人関係療法

③ 　動機づけ面接

④ 　問題解決療法

⑤ 　アクセプタンス＆コミットメント・セラピー〈ACT〉

問 96	【福祉心理学】統合的心理療法	肢別解答率					正答率 13.8%	
			①	②	③	④	⑤	
難易度2	正解：①	全体	13.8%	19.1%	2.1%	6.3%	58.6%	

①**適　切。**　スキーマ療法とは J. Young によって提唱された治療技法であり，境界性パーソナリティ障害をはじめとするパーソナリティ障害や，難治性の精神障害の治療法として効果が示されている心理療法である。J. Young は認知療法を中心に据え，そこにアタッチメント理論，ゲシュタルト療法，精神分析，構成主義，脳科学理論，EFT（Emotional Freedom Technique）といったアプローチを加え，統合的な心理療法を開発した。スキーマ療法では，本来適応的に形成されるはずのスキーマが大人になって生きづらさにつながってしまうような「早期不適応的スキーマ」を対象とし，認知的技法，行動的技法，感情的・体験的技法，イメージ技法といった様々な技法に基づいたワークを行っていく。通常，年単位での長期にわたる治療が必要であり，クライエントとセラピストとの良好な信頼関係が重要となる心理療法である。

②**不適切。**　対人関係療法とは，G. L. Klerman，M. M. Weissman らによって開発された心理療法である。対人関係に焦点を当て，生じている症状と対人関係の問題との関連性を理解し，その問題に対処していくことで，症状への対処も可能となると考える。その際，症状の原因や背景を解釈することはせず，実用性を重視し解決に焦点を当てて行う。

③**不適切。**　動機づけ面接は，W. R. Miller によって提唱された面接方法で，アルコール依存症患者への治療研究から開発されたアプローチである。クライエントの自己決定を尊重しながら，行動変容を動機づける目的志向的なアプローチであり，セラピストはクライエントとの関わりを保ちながら，チェンジトークを引き出し，行動変容を促していく。

④**不適切。**　問題解決療法とは，産業領域や教育領域で用いられていた問題解決訓練プログラムを応用した心理療法である。問題解決を促進する態度や信念の育成や，適切な問題解決スキルの獲得によって，問題を解決できるようになることを目指すものである。不安症群や抑うつ障害群などの精神障害患者，またさまざまな心理社会的問題を抱える人など，幅広い人々を対象としている。症状の原因や背景を探ったり，洞察しようとするのではなく，社会的コンピテンスや目標を達成するために多様な選択肢を用いる能力などを促進することを目標とする。

⑤**不適切。**　アクセプタンス＆コミットメント・セラピー〈ACT〉とは，S. C. Hayes らによって体系化された認知行動療法のアプローチの１つで，行動分析学や関係フレーム理論を理論的基盤としている。ACT では，精神病理は認知的フュージョンや価値の混乱，体験の回避などが生じて心理的柔軟性が失われることによって生じると考え，そのような状態のクライエントに対して，アクセプタンスとマインドフルネス，コミットメントと行動活性化のプロセスによって心理的柔軟性を獲得させようとするものである。

【文献情報】
・岩壁茂編（2017）臨床心理学第 17 巻第 4 号 必携保存版 臨床心理学実践ガイド p.446, 447, 466, 467 金剛出版
・子安増生ら監修（2021）現代心理学辞典 p.6, 485, 486, 756 有斐閣

問 97 (配点：1) 　　　【心理学的支援法】 　　月　日／月　日

　心理療法における効果検証に用いられる方法として，最も適切なものを1つ選べ。

① 主成分分析

② クラスター分析

③ ランダム化比較試験

④ コレスポンデンス分析

⑤ 修正版グラウンデッド・セオリー・アプローチ

問 97	【心理学的支援法】 効果研究	肢別解答率					正答率 40.1%	
			①	②	③	④	⑤	
難易度 2	正解：③	全体	15.5%	15.3%	40.1%	12.9%	16.1%	

①**不適切。** 主成分分析とは，観測変数が共有する情報を集約し，重みづけを行うことで合成得点を算出するための方法である。例えば，平均点や標準偏差がそれぞれ異なる5つの教科の点数の総計を比較するなどが挙げられる。

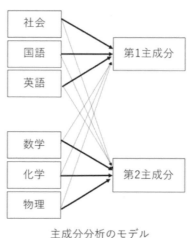

主成分分析のモデル

②**不適切。** クラスター分析とは，多様な観測変数の中から類似したものを集積し，グループ分けを行う方法である。

③**適　切。** ランダム化比較試験（RCT）とは，新しい支援法や薬の効果を調べるために，研究協力者を支援や薬による介入を行う群と介入を行わない群に割り当てる方法である。比較する群が操作した独立変数の値以外では，違いがないようにすることの実現を目指した研究デザインである。

④**不適切。** コレスポンデント分析とは，名義尺度水準のデータを数量化し，量的に分析可能な得点を得てデータを要約する方法である。

⑤**不適切。**　グラウンデッド・セオリー・アプローチ（GTA）とは，質的研究法の代表
的な分析方法の1つである。インタビューやフィールドワークでの観察等で得られた
質的データからボトム・アップ的に，人と人との相互作用やそのプロセス・変化を説
明・予測できる理論の生成を目的とした研究方法である。修正版グラウンデッド・セ
オリー・アプローチ（M-GTA）は GTA が再編されたものである。

【文献情報】
・戈木 クレイグヒル 滋子（2014）グラウンデッド・セオリー・アプローチ概論 慶應義塾大学湘
　南藤沢学会 14(1) p.30-43
・南風原朝和（2011）量的研究法 p. 83-86 東京大学出版

問 98 (配点：1)　　【福祉／司法／産業】

月　日
月　日

病初期の Alzheimer 型認知症の所見として，最も適切なものを 1 つ選べ。

①　徘徊

②　錐体外路症状

③　着脱衣の困難

④　遠隔記憶の障害

⑤　同じ話の繰り返し

問 98	【福祉心理学】認知症		肢別解答率				正答率 77.1%
			①	②	③	④	⑤
難易度2	正解：⑤	全体	5.5%	3.6%	4.7%	8.9%	77.1%

①**不適切。** 　徘徊行動は，Alzheimer 型認知症の中期にみられる。徘徊は，認知機能の低下により生活障害が生じることにより，家の近所を歩き回ったり家の中を歩き回ったりするといった行動につながる。

②**不適切。** 　錐体外路症状は，抗精神病薬の副作用によって生じる。不随意運動の障害であり，運動における円滑さがコントロールできなくなった状態を指す。錐体外路症状には，アキネジア，パーキンソン病様症状，ジストニア，アカシジア，遅発性ジスキネジアといった症状群が存在する。Alzheimer 型認知症の初期にみられることはない。

③**不適切。** 　着脱衣は，基本的日常生活動作（BADL）に含まれる。**基本的日常生活動作（BADL）には，着脱衣のほかに入浴や食事，排せつなどが含まれる**が，Alzheimer 型認知症の病初期には保持されている。

④**不適切。** 　遠隔記憶の障害は，Alzheimer 型認知症の初期には見られない。記憶に関しては，病初期には近時記憶の障害がみられ，中期には遠隔記憶の障害，後期には全般的な遠隔記憶の障害がみられるというのが目安である。

⑤**適　切。** 　同じ話の繰り返しは，Alzheimer 型認知症の病初期にみられる。側頭葉内側の障害に伴いみられるようになる症状であり，聞いたことを忘れる，置いた場所を忘れて探し物を何度もしてしまうといった症状も同様である。

【文献情報】
・黒川由紀子ら編（2018）認知症の心理アセスメントはじめの一歩 p.79-81 医学書院
・姫井昭男（2019）第4版精神科の薬がわかる本 p.93-95 医学書院

問 99 (配点：1)　　　　　【教育／障害者】　　　月　日
　　　　　　　　　　　　　　　　　　　　　　　　　月　日

　教育評価について，最も適切なものを1つ選べ。

① 教育評価は，全国統一の基準に基づく。

② カリキュラム評価は，ルーブリックに基づく。

③ カリキュラム評価の対象には，部活動が含まれる。

④ 教育評価の対象には，潜在的カリキュラムが含まれる。

⑤ カリキュラム評価の対象には，学習者の学習・成長のプロセスが含まれる。

問99	【教育・学校心理学】 教育評価		肢別解答率			正答率8.9%	
			①	②	③	④	⑤
難易度3	正解：④	全体	5.3%	27.2%	2.2%	8.9%	56.3%

①**不適切。** 　教育評価は，教育の目的を実現するための手段として行われる評価全般のことを指す。教育評価の対象は，教育課程や教育環境などの教育条件や制度，学習計画やその成果などの教育実践であるが，教育の目的が学習の成果や発達を促進することであるため，学校評価や教員評価だけでなく，個々の子どもたちの評価，あるいはその集団への評価も対象の主体となる。教育評価の方法は，学校や自治体によって異なるため，全国統一の基準ではない。

②**不適切。** 　教育場面においては，レポートや小論文，発表やグループワークといった，定期試験とは異なり，評価が難しいパフォーマンス課題がある。ルーブリックは，このような評価指標が曖昧になりやすいパフォーマンス課題に対して，明確で公正な評価を行うための評価指標であり，パフォーマンス評価の手法として位置づけられている。

③**不適切。** 　カリキュラム評価は，カリキュラムに示した目標をどれだけ子どもたちが達成できたかという観点から，効果的な授業内容や方法が実施されているかといったカリキュラムの働きを点検することが目的の評価である。カリキュラム評価によって改善点が確認されれば，どのようなカリキュラムが目標を達成するために効果的であるか，カリキュラムの編成・改善が行われる。カリキュラム評価は，授業評価や子どもの学力の評価が基盤となり，部活動は含まれない。

④**適　切。** 　潜在的カリキュラムとは，チャイムとともに着席する，授業中は教室にいる，教師の話は聞くなど，教師が意図していないが，授業秩序や子どもの人格形成に影響を与えるような，学校生活で教えられる内容の中で明示されないものを指す。一方で，顕在的カリキュラムとは，教育目標を達成する，授業を計画的に進行するために明示されたカリキュラムのことである。潜在的カリキュラムもカリキュラムに含まれる概念であり，教育評価の対象に含まれる。

⑤**不適切。** 　選択肢③の解説参照。教育評価の対象には，学習者の学習・成長のプロセスも含まれるが，カリキュラム評価の対象には含まれない。

【文献情報】
 ・下山晴彦編（2014）誠信 心理学辞典[新版] p.243-245，558 誠信書房
 ・子安増生・丹野義彦・箱田裕二（2021）有斐閣 現代心理学辞典 p.160 有斐閣
 ・中澤潤編（2008）よくわかる教育心理学 p.86，87 ミネルヴァ書房

問 100 (配点：1) 　　　【福祉／司法／産業】　　月　日／月　日

　情状鑑定に関する説明として，最も適切なものを1つ選べ。

① 簡易鑑定として実施される。

② 行動制御能力の有無や程度を評価する。

③ 理非善悪の弁識能力の有無や程度を評価する。

④ 量刑判断を行う上で考慮すべき事項について評価する。

⑤ 裁判所から依頼されることはなく，被告人の弁護人からの依頼による私的鑑定として実施される。

問 100	【司法・犯罪心理学】 非行・犯罪のアセスメント		肢別解答率				正答率 57.1%	
			①	②	③	④	⑤	
難易度2	正解：④	全体	1.6%	6.9%	30.0%	57.1%	4.3%	

①**不適切。** 簡易鑑定とは，精神鑑定のうち，刑事責任能力鑑定の起訴前鑑定の１つである。精神鑑定は，刑事責任能力と訴訟能力が問えるかどうかを判断するための鑑定である。そして，起訴前鑑定とは，検察官が被疑者を起訴して裁判をかけるかどうかを判断する前に，検察官の依頼で行う精神鑑定である。これは，起訴をしたとしても被疑者が裁判で心神喪失により無罪になることが明らかであるならば，起訴をしないで迅速に医療システムにつなげる方が合理的な場合もあるからである。この起訴前鑑定が，簡易鑑定と起訴前本鑑定に分けられる。簡易鑑定は，捜査機関による取り調べ勾留期間のうち１日ないし半日で行う。事件から早い時期に行われるため，事件時の状態を推察しやすく，結果によっては迅速に医療につなぐことが可能になる。起訴前本鑑定は，鑑定のために２〜３か月程度，勾留して行う。時間をかけるため入手できる情報が多く，簡易鑑定だけでは判断が困難な重大事件等で行われる。

②**不適切。** 行動制御能力とは，善悪の判断に伴って自分の行動を律すること，制御することができる能力であり，この評価は精神鑑定によって行われる。

③**不適切。** 弁識能力とは，自分が行った法に触れる行為やその性質について，善悪を理解する能力のことであり，その評価は精神鑑定によって行われる。

④**適　切。** 情状鑑定は，心理鑑定とも呼ばれ，裁判所が量刑判断を行う。つまり，被告人に対する処遇方法を決定するために必要な知識を提供することを目的とする鑑定である。

⑤**不適切。** 情状鑑定は，被告人の弁護人の依頼による私的鑑定として実施される場合と，弁護人の鑑定請求に基づいて裁判所が命令する本鑑定（正式鑑定）の場合がある。よって，「裁判所から依頼されることはなく」が不適切である。

【文献情報】
・日本犯罪心理学会編（2016）犯罪心理学事典 p.684-689 丸善出版
・野島一彦監修・生島浩編（2019）公認心理師分野別テキスト④ 司法・犯罪分野 理論と支援の展開 p.58 創元社

問 101 (配点：1)　　【福祉／司法／産業】　月　日／月　日

ストレスチェック制度について，最も適切なものを1つ選べ。

① 産業医は，ストレスチェックの実施責任を負う。

② 派遣労働者のストレスチェックの実施義務は，派遣元事業者にある。

③ ストレスチェックの実施に当たり，事前に労働者全員から同意をとる。

④ ストレスチェックは，2年ごとに1回実施することが定められている。

⑤ ストレスチェックの対象は，ストレスチェックを希望した労働者である。

問 101	【産業・組織心理学】 ストレスチェック制度		肢別解答率				正答率 58.5%	
			①	②	③	④	⑤	
難易度 2	正解：②	全体	7.3%	58.5%	9.1%	3.5%	21.5%	

①**不適切。** 厚生労働省労働基準局安全衛生部労働衛生課産業保健支援室「労働安全衛生法に基づくストレスチェック制度実施マニュアル（令和3年2月改訂）」（以下，実施マニュアル）　4 ストレスチェック制度に基づく取組の手順 によると，「ストレスチェック制度の実施責任主体は事業者」であり，「事業者は制度の導入方針を決定・表明」（p.7）すると明記されている。産業医がストレスチェックの実施責任を負うのではないため，不適切である。

②**適　切。**実施マニュアルの(2)派遣労働者に関する留意事項 によれば，派遣労働者に対する実施義務について，「派遣労働者に対するストレスチェック，医師による面接指導，就業上の措置等については，派遣元事業者に実施義務があります」（p.113）と明記されている。よって，適切である。

③**不適切。** ストレスチェックの受検はあくまで 50 人以上の事業場に義務として課されるものであり，ストレスチェック制度を効果的なものとするためにも，全ての労働者に対し受検を勧奨するものである（平成30年8月22日改正 心理的な負担の程度を把握するための検査等指針公示第3号「心理的な負担の程度を把握するための検査及び面接指導の実施並びに面接指導結果に基づき事業者が講ずべき措置に関する指針」の7ストレスチェックの実施方法等 p.7）。よって，ストレスチェックの実施に当たって，労働者全員から同意を得ておく必要はない。ただし，ストレスチェックの結果を事業場に通知する際には，労働者本人の同意が必要である。

④**不適切。** 実施頻度について，労働安全衛生規則第52条の21に「**常時 50 人以上の労働者を使用する事業者は，1 年以内ごとに1 回，定期に，心理的な負担の程度を把握するための検査結果等報告書（様式第 6 号の 2 ）を所轄労働基準監督署長に提出しなければならない。**」とある。したがってストレスチェックの実施は「1 年以内ごとに1 回」であるため，不適切である。

⑤**不適切。** ストレスチェックの対象については，労働安全衛生規則第52条の9に「常時使用する労働者」（期間の定めのない労働契約により使用される者）と明記されている。ストレスチェックは「労働者数 50 人以上の事業場」にて義務化されるため，50 人以上の事業場で常時雇用されている労働者は必然的にストレスチェックの対象者となる。労働者個人の希望によってストレスチェックが実施されるのではない。よって，不適切である。

問 102 (配点：1)　　　　　【福祉／司法／産業】

動機づけ理論の説明として，最も適切なものを1つ選べ。

① D. C. McClelland の目標達成理論では，課題への不安や恐怖を示す回避動機によって動機づけが低下すると考える。

② E. A. Locke の目標設定理論では，難易度の低い目標を設定した方が動機づけが高まり，業績の向上につながると考える。

③ E. L. Deci の認知的評価理論では，金銭などの外的報酬により，内発的動機づけが高まると考える。

④ F. Herzberg の2要因理論では，会社の衛生要因を改善しても動機づけは高まらないと考える。

⑤ V. H. Vroom の期待理論では，管理監督者の期待が高いほど，労働者の動機づけが高まると考える。

322

問 102	【産業・組織心理学】動機づけ理論		肢別解答率				正答率28.2%	
			①	②	③	④	⑤
難易度3	正解：④	全体	24.1%	8.5%	5.2%	28.2%	33.8%

①**不適切。** D. C. McClelland は目標達成理論という理論を提唱していない。McClelland は感情喚起理論を基盤として，達成動機の発達とその個人差を説明し，達成動機づけを感情喚起と快楽原理に基づく心理的メカニズムとして明示した。

②**不適切。** 目標設定理論とは，動機づけを高めるためには，目標を達成しようとする意志があり，かつその目標は困難かつ明瞭であるほど効果的であるという理論である。この理論では，「ベストを尽くす」といったあいまいで抽象度の高い目標や容易に達成できるような簡単な目標よりも，難易度が高く困難で，かつ具体的な目標の方が基準が明確であるため，結果的に業績の向上につながるとされる。

③**不適切。** 認知的評価理論とは，人は自己決定と有能さへの欲求を持っており，外的な環境は当人の自己決定と有能さの認知を媒介として内発的動機づけを規定するという理論である。この理論では，自己決定している，有能であるという考えが強まると内発的動機づけが強まると考える。この理論において金銭などの外的報酬は，本人の有能さを伝え内発的動機づけを高めるという側面と，自己決定しているという認知が弱まることによって内発的動機づけを低下させるという2つの側面があるとされる。

④**適 切。** 2要因理論とは，人間の欲求を「衛生要因」と「動機づけ要因」の2つに分けた上で，衛生要因は不満の種となる要因であり，動機づけ要因は満足感を感じるための要因であり，両者は互いに独立しているとする理論である。衛生要因は「作業条件」「給与」「同僚，部下，上司との対人関係」「職務保障」などを指し，動機づけ要因は「達成」「達成の承認」「仕事そのもの」「成長の可能性」などを指す。衛生要因を改善すると作業員の不平・不満の発生を防止できるが，衛生要因の改善によって満足するに至ることはなく，動機づけは高まらない。

⑤**不適切。** 期待理論とは，人がある行動によって自らが期待し価値を認める代償が得られると認識した場合，その行動に対する動機づけが高まるという理論である。

【文献情報】
・鹿毛雅治（2016）学習意欲の理論―動機づけの教育心理学― p.51-52，119，203，212-213 三水舎
・高橋修編（2013）社会人のための産業・組織心理学入門 p.77-79，82 産業能率大学出版部

メニエール病の説明として，最も適切なものを1つ選べ。

① めまいは一過性で反復しない。

② めまいは難聴や耳鳴りを伴う。

③ めまいの持続時間は数秒である。

④ めまいを起こす疾患の中で最も頻度が高い。

⑤ 過換気をきっかけにめまいが始まることが多い。

324

問103	【人体の構造と機能及び疾病】主要な症候（めまい）	肢別解答率					正答率75.6%	
			①	②	③	④	⑤	
難易度3	正解：②	全体	0.2%	75.6%	2.2%	19.4%	2.4%	

①**不適切。** メニエール病とは，発作性，反復性のめまい，耳鳴，難聴，悪心・嘔吐などを主症状とする疾患である。めまいは回転性が多く，発作は突発性，間欠性であるのが特徴である。原因は確定されていないが，内リンパ水腫と考えられている。治療は，鎮静薬の内服，制吐薬，鎮暈薬の静注などを行う。メニエール病では反復性のめまいが主症状の1つとなるため，不適切である。

②**適　切。**選択肢①の解説参照。メニエール病の主症状として難聴と耳鳴りがあるため，適切である。

③**不適切。** めまいの持続時間は10分程度から数時間程度とされている。そのため，数秒という記述は誤りである。

④**不適切。** めまい疾患の中で最も頻度が高いのは，メニエール病ではなく，良性発作性頭位めまい症である。良性発作性頭位めまい症とは，(1)特定の頭位変換によって回転性あるいは動揺性のめまいがおこる，(2)めまいの持続時間は1分以内のことが多い，(3)難聴，耳鳴，耳閉塞感などの聴覚症状が見られない，などを主症状とする疾患である。よって，不適切である。

⑤**不適切。** メニエール病の診断基準には過換気（過呼吸）をきっかけに起こるとは明記されていない。むしろ過換気によって起こるものは過換気症候群である。過換気症候群とは，ストレスなどの原因で呼吸過多になり，頭痛やめまい，手の指先や口のまわりのしびれ，呼吸困難，失神など，様々な症状を起こすものである。傾向として若い世代の女性に多く見られるが，命にかかわることはない。よって，不適切である。

【文献情報】
・大橋優美子・永野志朗・吉野肇一・大竹政子監修（2002）看護学学習辞典 第2版 p.1166-1169 学研メディカル秀潤社
・日本めまい平衡医学会診断基準化委員会編（2017）めまいの診断基準化のための資料 診断基準2017年改定 Equilibrium Res 76(3) p.234, 239
・日本めまい平衡医学会診断基準化委員会編（2009）良性発作性頭位めまい症診療ガイドライン（医師用） Equilibrium Res 68(4) p.218
・宮沢直幹（2011）過換気症候群・臨床的視点 症状，他の疾患との識別，対処法など ファルマシア 47(12) p.1138

問 104 (配点：1) | 【健康・医療／精神疾患】 月 日 / 月 日

　統合失調症の特徴的な症状として，最も適切なものを1つ選べ。

① 抑えがたい睡眠欲求が1日に何度も起こる。

② 自分の考えが周囲に伝わって知られていると感じる。

③ 毎回同じ道順を辿るなど，習慣への頑なこだわりがある。

④ 暴力の被害に遭った場面が自分の意思に反して思い出される。

⑤ 不合理であると理解しているにもかかわらず，打ち消すことができない思考が反復的に浮かぶ。

326

問 104	【精神疾患とその治療】統合失調症、統合失調型障害及び妄想性障害（F2）		肢別解答率				正答率 96.0%	
			①	②	③	④	⑤	
難易度 1	正解：②	全体	0.8%	96.0%	0.2%	0.1%	2.8%	

　統合失調症に特徴的な症状は，E. Bleuler の提唱した基本症状（連合弛緩・感情の平板化・自閉・両価性）と副症状，K. Schneider の提唱した一級症状（考想化声，話しかけと応答の形の幻聴，自分の行為を批判する幻聴，身体への被影響体験，思考奪取やその他思考領域での影響体験，考想伝播，妄想知覚，させられ体験）と二級症状，DSM-5 における(1)妄想，(2)幻覚，(3)まとまりのない発語，(4)ひどくまとまりのない，または緊張病性の行動，(5)陰性症状，また，これらを二分した陽性症状と陰性症状などが挙げられる。

①不適切。　選択肢の「抑えがたい睡眠欲求が 1 日に何度も起こる」という症状は，睡眠発作と呼ばれ，ナルコレプシーに特徴的な症状の 1 つであるため，本選択肢は不適切である。なお，カタプレキシー，入眠時幻覚，睡眠麻痺もナルコレプシーの特徴的な症状であるため，併せて押さえておきたい。カタプレキシーは情動脱力発作とも呼ばれ，感情の高ぶりに伴って脱力が生じる。非常に似た言葉にカタレプシーがあるので注意が必要である。入眠時幻覚は眠りに陥るときに幻視や幻覚が生じることである。睡眠麻痺はいわゆる金縛りのことである。

②適　切。　選択肢の「自分の考えが周囲に伝わって知られていると感じる」という症状は，考想伝播あるいは考想察知と考えられ，統合失調症に特徴的な症状であるため，適切である。なお，考想察知は自分自身の中にあるものが離れていってしまうという被害感を伴いやすい。

③不適切。　選択肢の「毎回同じ道順を辿るなど，習慣への頑ななこだわりがある」という症状は，常同行動と呼ばれ，前頭側頭型認知症などにみられやすい症状であるため，本選択肢は不適切である。これは，体の一部あるいは全体を，目的を欠いた状態で反復して動かす行動で，例えば手を顔の前でひらひらさせたり，体を前後に揺するなどが挙げられる。他にも，天気が悪かったとしても毎日決まった時間に決まった経路で散歩に出かけないと気がすまないといった特徴が挙げられる。

④**不適切。** 選択肢の「暴力の被害に遭った場面が自分の意思に反して思い出される」という症状は，侵入症状の1つに該当し，心的外傷後ストレス障害に特徴的な症状であるため，本選択肢は不適切である。なお，侵入症状はDSM-5において，本選択肢に合致する「心的外傷的出来事の反復的，不随意的，および侵入的で苦痛な記憶」や「夢の内容と感情またはそのいずれかが心的外傷的出来事に関連している，反復的で苦痛な夢」などと定義されている。

⑤**不適切。** 選択肢の「不合理であると理解しているにもかかわらず，打ち消すことができない思考が反復的に浮かぶ」という症状は，強迫観念に該当し，これは強迫症／強迫性障害に特徴的な症状であるため，本選択肢は不適切である。強迫観念とは，一定のテーマの考え・イメージ・衝動が一定のパターンで繰り返し起こることであり，その多くはそれが不合理であることを分かっている。なお，強迫行為も強迫症／強迫性障害に特徴的な症状であり，これは強迫観念を中和したり，取り消すために行われる行為を繰り返すことである。例えば，手を洗ったにもかかわらず自分の手が汚れているという考えが何度も浮かんでくるのが強迫観念であり，それを打ち消すために再度手を洗うという行為が強迫行為である。

【文献情報】

・松崎朝樹（2020）精神診療プラチナマニュアル第2版 p.39-41，79，80，129 メディカル・サイエンス・インターナショナル
・加藤敏ら編（2016）縮刷版 現代精神医学事典 p.318，319，488，756，876 弘文堂
・高橋三郎・大野裕監訳（2014）DSM-5 精神疾患の分類と診断の手引き p.125，126，139-141 医学書院

問 105 (配点：1) 【健康・医療／精神疾患】 月 日／月 日

　依存を生じやすい薬剤として，適切なものを 1 つ選べ。

① 抗認知症薬

② 抗てんかん薬

③ 三環系抗うつ薬

④ 非定型抗精神病薬

⑤ ベンゾジアゼピン系抗不安薬

330

問 105	【精神疾患とその治療】副作用		肢別解答率				正答率83.4%
			①	②	③	④	⑤
難易度1	正解：⑤	全体	0.1%	0.7%	9.0%	6.6%	83.4%

　依存は身体依存と精神依存に分類される。身体依存は，ある物質を摂取し続けることにより，生体にその物質が摂取されていない本来の平衡状態から，その物質が生体にあることが常態化した状態である。加えて，同じ物質を同量用いていると効果が得られなくなる，つまり耐性が生じてくるため，同じ効果を得るためには大量の物質が必要となっていく。身体依存が形成されている状態で，物質の服用を止めた際には，平衡状態が崩れるために離脱症状〈禁断症状・退薬症状〉が生じる。一方，精神依存は，ある物質の服用による快感を再度体験したいという精神的欲求であり，精神依存だけでは離脱症状は生じない。ベンゾジアゼピン系薬剤は身体依存，精神依存が形成されやすい。

①**不適切。**　抗認知症薬は，主にアルツハイマー型認知症を対象とした向精神薬である。病気の進行を止めることはできないため，症状の進行を遅らせることが目的となる。副作用として，コリンエステラーゼ阻害薬では，悪心・嘔吐，食欲不振，腹痛，下痢，NMDA 受容体拮抗薬では，けいれん発作が挙げられる。なお，NMDA 受容体拮抗薬は中度から重度に進んだアルツハイマー型認知症に対しても使用可能であり，認知症の行動・心理症状〈BPSD〉にも効果があるとされている。

②**不適切。**　抗てんかん薬は，てんかんに効果のある向精神薬であるが，気分安定薬や鎮静剤として使用されているものが多い。部分発作に対してはカルバマゼピン，全般発作に対してはバルプロ酸ナトリウムなどが使用される。どちらも気分安定薬であり，前者の副作用はスティーヴンス・ジョンソン症候群，後者の副作用は肝障害や高アンモニア血症などが挙げられる。

③**不適切。**　三環系抗うつ薬は抗うつ薬の1つである。他にも抗うつ薬は，四環系抗うつ薬，選択的セロトニン再取り込み阻害薬〈SSRI〉，選択的セロトニン・ノルアドレナリン再取り込み阻害薬〈SNRI〉などに分類され，主にうつ病を対象とした向精神薬である。副作用として，三環系抗うつ薬及び四環系抗うつ薬では，過鎮静や体重増加，眠気，起立性低血圧，抗コリン作用（口渇や便秘，視力調節障害），SSRI では，消化器症状や賦活症候群，SNRI では消化器症状，賦活症候群，動悸，振戦などが挙げられる。

④**不適切。** 抗精神病薬は，定型抗精神病薬と非定型抗精神病薬に分類され，主に統合失調症を対象とした向精神薬である。定型抗精神病薬は中脳辺縁系へのドーパミンを遮断するとともに，その他の経路も遮断してしまうため，陽性症状の改善が期待できる一方，陰性症状の悪化，錐体外路症状（パーキンソニズム，ジストニア，アカシジア，ジスキネジア），高プロラクチン血症などの副作用が生じやすい。一方，非定型抗精神病薬では，錐体外路症状や高プロラクチン血症は生じにくい。

⑤**適 切。** ベンゾジアゼピン系抗不安薬は，ベンゾジアゼピン受容体作動薬のうち，抗不安薬として使用されている薬剤のことを指す。これらは薬剤を摂取してから血中濃度が最高値の半分になる時間，いわゆる血中濃度半減期によって，主に4種類に分けられる。血中濃度半減期が約2〜4時間が超短時間作用型，約6〜10時間が短時間作用型，約20〜30時間が中間作用型，30時間以上が長時間作用型とよばれる。ベンゾジアゼピン受容体作動薬の副作用の1つは依存であり，最初の方はよく効いていた薬が，徐々に当初の薬理作用よりも短い効き目となっていく。これは，薬剤に対する耐性が身体に生じることから起こる現象である。そのため，当初の効き目を得るためには薬剤を増量する必要が生じ，その状態が続くと，薬剤が身体にあることが常態化され，服用をやめると離脱症状が生じる。よって，依存を生じやすい薬剤として，本選択肢が最も適切である。なお，他の副作用として，眠気などの持ち越し，転倒やふらつきといった筋弛緩作用，急な断薬による反跳性不眠，前向性健忘といった記憶障害などが挙げられる。

【文献情報】
・松崎朝樹（2020）精神診療プラチナマニュアル第2版 p.189-191 メディカル・サイエンス・インターナショナル
・下山晴彦ら編（2016）公認心理師必携 精神医療・臨床心理の知識と技法 p.128-135 医学書院
・加藤隆弘・神庭重信編（2020）公認心理師の基礎と実践㉒［第22巻］精神疾患とその治療 p.186-196 遠見書房
・加藤敏ら編（2016）縮刷版 現代精神医学事典 p.322，323 弘文堂

問 106 (配点:1) 　【健康・医療／精神疾患】

　抗認知症薬であるドネペジルが阻害するものとして，適切なものを1つ選べ。

① GABA 受容体

② NMDA 受容体

③ ドパミントランスポーター

④ アセチルコリンエステラーゼ

⑤ セロトニントランスポーター

334

問106	【精神疾患とその治療】抗認知症薬		肢別解答率			正答率47.7%	
			①	②	③	④	⑤
難易度3	正解：④	全体	9.2%	23.4%	12.6%	47.7%	6.9%

　抗認知症薬は，主にアルツハイマー型認知症を対象とした向精神薬である。主なものはアセチルコリンエステラーゼ阻害薬であるドネペジルである。これはアセチルコリンの減少が記憶障害に関与することから，アセチルコリンの分解酵素であるアセチルコリンエステラーゼを阻害してアセチルコリン濃度を維持するものである。副作用は，悪心・嘔吐，食欲不振，腹痛や下痢などである。また，稀に徐脈やそれに伴う失神が生じる。したがって，抗認知症薬であるドネペジルが阻害するものとして，④アセチルコリンエステラーゼが適切である。

　よって，正答は④である。

【文献情報】
　・松崎朝樹（2020）精神診療プラチナマニュアル第2版 p.220-222 メディカル・サイエンス・インターナショナル

児童福祉法に定められているものとして，正しいものを1つ選べ。

① 保護観察

② 合理的配慮

③ 子どもの貧困対策

④ 児童福祉施設における体罰の禁止

⑤ 日本にいる子どもとの面会交流を実現するための援助

問107	【関係行政論】児童福祉法	肢別解答率				正答率44.0%
			①	②	③	④	⑤
難易度2	正解：④	全体	8.6%	4.4%	37.7%	44.0%	5.1%

①**誤　り。**　保護観察の根拠となる法律は，**更生保護法**である。更生保護法では，第48条から第81条までを「第3章　保護観察」として，保護観察について規定している。

②**誤　り。**　合理的配慮の根拠となる法律は，**障害を理由とする差別の解消の推進に関する法律〈障害者差別解消法〉**である。障害者差別解消法第5条において，「行政機関等及び事業者は，社会的障壁の除去の実施についての必要かつ合理的な配慮を的確に行うため，自ら設置する施設の構造の改善及び設備の整備，関係職員に対する研修その他の必要な環境の整備に努めなければならない。」と規定されている。

③**誤　り。**　子どもの貧困対策の根拠となる法律は，**子どもの貧困対策の推進に関する法律〈子どもの貧困対策法〉**である。子どもの貧困対策法第1条において，「この法律は，子どもの現在及び将来がその生まれ育った環境によって左右されることのないよう，全ての子どもが心身ともに健やかに育成され，及びその教育の機会均等が保障され，子ども一人一人が夢や希望を持つことができるようにするため，子どもの貧困の解消に向けて，児童の権利に関する条約の精神にのっとり，子どもの貧困対策に関し，基本理念を定め，国等の責務を明らかにし，及び子どもの貧困対策の基本となる事項を定めることにより，子どもの貧困対策を総合的に推進することを目的とする。」と規定されている。

④**正しい。**　児童福祉施設における体罰の禁止が規定されているのは，**児童福祉法**である。児童福祉法第33条の2第2項において，「児童相談所長は，一時保護が行われた児童で親権を行う者又は未成年後見人のあるものについても，監護，教育及び懲戒に関し，その児童の福祉のため必要な措置を採ることができる。ただし，体罰を加えることはできない。」とある。また，同法第47条第3項において，「児童福祉施設の長，その住居において養育を行う第6条の3第8項に規定する厚生労働省令で定める者又は里親は，入所中又は受託中の児童等で親権を行う者又は未成年後見人のあるものについても，監護，教育及び懲戒に関し，その児童等の福祉のため必要な措置をとることができる。ただし，体罰を加えることはできない。」と規定されている。

⑤誤　り。　日本にいる子どもとの面会交流を実現するための援助については，ハーグ条約に規定されている。このハーグ条約を国内で実施していくための法律は，国際的な子の奪取の民事上の側面に関する条約の実施に関する法律である。同法第1条において，「この法律は，不法な連れ去り又は不法な留置がされた場合において子をその常居所を有していた国に返還すること等を定めた国際的な子の奪取の民事上の側面に関する条約（以下「条約」という。）の的確な実施を確保するため，我が国における中央当局を指定し，その権限等を定めるとともに，子をその常居所を有していた国に迅速に返還するために必要な裁判手続等を定め，もって子の利益に資することを目的とする。」と規定されている。

問 108 (配点：1) 　【公認心理師法系】

少年法について，正しいものを1つ選べ。

① 少年とは，18歳に満たない者をいう。

② 少年の刑事処分については，規定されていない。

③ 14歳に満たない者は，審判の対象とはならない。

④ 審判に付すべき少年とは，刑罰法令に触れる行為を行った者に限定されている。

⑤ 少年事件は，犯罪の嫌疑があるものと思料されるときは，全て家庭裁判所に送致される。

問 108	【関係行政論】少年司法制度	肢別解答率					正答率 49.8%
難易度2	正解：⑤	全体	① 11.8%	② 7.0%	③ 26.8%	④ 4.5%	⑤ 49.8%

①誤　り。　少年法第2条において，「この法律で『少年』とは，20歳に満たない者をいい，『成人』とは，満20歳以上の者をいう。」と規定されている。

②誤　り。　同法第3条第1項において，「次に掲げる少年は，これを家庭裁判所の審判に付する。　1　罪を犯した少年　2　14歳に満たないで刑罰法令に触れる行為をした少年　3　次に掲げる事由があつて，その性格又は環境に照して，将来，罪を犯し，又は刑罰法令に触れる行為をする虞のある少年　イ　保護者の正当な監督に服しない性癖のあること。　ロ　正当の理由がなく家庭に寄り附かないこと。　ハ　犯罪性のある人若しくは不道徳な人と交際し，又はいかがわしい場所に出入すること。　ニ　自己又は他人の徳性を害する行為をする性癖のあること。」とある。つまり，少年による刑事事件については，家庭裁判所の審判の対象となる。

③誤　り。　選択肢②の解説参照。同法第3条，及び第3条第2号にあるように，14歳未満の触法少年であっても刑罰法令に触れる行為をした場合は，家庭裁判所の審判の対象となる。

④誤　り。　選択肢②の解説参照。同法第3条第3号にあるように，**刑罰法令に触れる行為を行なっていなくても，審判に付される可能性がある。これを「虞犯少年」**という。

⑤正しい。　同法第41条と第42条において，警察官や検察官は，捜査の結果犯罪の嫌疑があるものと思料される場合は，原則これを家庭裁判所に送致しなければならないとされている。

問 109 (配点：1) 　　【心理学的支援法】　月　日／月　日

医療関係者が患者から取得した個人情報の開示について，本人の同意を得る手続が例外なく不要なものを1つ選べ。

① 財産の保護のために必要がある場合

② 公衆衛生の向上のために特に必要がある場合

③ 医療法に基づく立入検査など，法令に基づく場合

④ 本人の生命，身体の保護のために必要がある場合

⑤ 児童の健全な育成の推進のために特に必要がある場合

問 109	【心理学的支援法】 個人情報保護法	肢別解答率					正答率 17.7%	
			①	②	③	④	⑤
難易度2	正解：③	全体	1.4%	2.4%	17.7%	76.4%	2.0%

　個人情報保護法第16条では，個人情報は本人の許可なく第三者に開示してはならないとされているが，同法第16条第3項において，その例外が以下のように定められている。「一　法令に基づく場合　二　人の生命，身体又は財産の保護のために必要がある場合であって，本人の同意を得ることが困難であるとき。　三　公衆衛生の向上又は児童の健全な育成の推進のために特に必要がある場合であって，本人の同意を得ることが困難であるとき。　四　国の機関若しくは地方公共団体又はその委託を受けた者が法令の定める事務を遂行することに対して協力する必要がある場合であって，本人の同意を得ることにより当該事務の遂行に支障を及ぼすおそれがあるとき。」

　上記の同法第16条第3項第1号の「法令に基づく場合」については，厚生労働省「医療・介護関係事業者における個人情報の適切な取扱いのためのガイドライン」（平成22年9月改正）で，具体的に「医療法に基づく立入検査，介護保険法に基づく不正受給者に係る市町村への通知，児童虐待の防止等に関する法律に基づく児童虐待に係る通告等，法令に基づいて個人情報を利用する場合」（p.10）と規定されている。

　したがって，選択肢③が法第16条第3項第1号に当たり，同意を得る手続が例外なく不要である。また，選択肢①と④は第2号，選択肢②と⑤は第3号に当たるので，個人情報の開示に当たって本人の同意を得る手続は，それが困難である場合にのみ不要である。

　よって，**正答は③である。**

問 110 (配点：1)

【公認心理師法系】

月　日
月　日

チームアプローチをとる際の公認心理師の姿勢として，<u>不適切なもの</u>を1つ選べ。

① 自分の役割と限界を自覚する。

② チーム形成の目的や，支援方針を共有する。

③ チーム内のスタッフ間の葛藤や混乱を整理する。

④ チームアプローチのためには，社会人としての常識を必要とする。

⑤ チームアプローチであっても，職務に関する問題は，専門家として責任を持って一人で解決を図る。

344

問110	【公認心理師の職責】多職種連携・地域連携の意義及びチームにおける公認心理師の役割		肢別解答率				正答率98.1%
			①	②	③	④	⑤
難易度 1	正解：⑤	全体	0.3%	0.1%	0.7%	0.6%	98.1%

チームアプローチは，多職種が連携しながら包括的な支援・サービスを提供するための支援のあり方であり，医療領域のみならず，教育や福祉領域でも多職種が連携して支援を行うアプローチが重要視されてきている。

①**適　切**。　チーム医療を行う上で公認心理師が大切にしなければならないこととして，アクセスしやすい専門職であることや，患者だけでなくチーム全体をアセスメントすること，他の専門職を知り，尊敬することなどが挙げられており，自分の役割と限界を知ることの重要性も指摘されている。

②**適　切**。　チームアプローチでは，異なる専門性を持つスタッフが目的と情報を共有し，業務を分担しながら互いに連携し合い，患者や要支援者に対して的確な支援を提供する。

③**適　切**。　公認心理師の役割としては，要支援者に支援を提供するだけでなく，チーム内のコミュニケーションや維持に働きかけることも含まれる。専門職同士の意見の食い違いや，スタッフ間での情緒的なわだかまりなど，チーム内での葛藤や混乱が生じた際に，それを整理し解決することにも，公認心理師の専門性が発揮される。

④**適　切**。　チームアプローチにおける公認心理師の役割とは，その専門性に基づいた心理査定や心理面接等を行うことであるが，これらの専門性をチーム内で有効に活用するためには，常識的な社会人としてのコミュニケーション能力やマネジメント能力が必要とされる。

⑤**不適切**。　チームアプローチでは，チームがその機能を最大限に発揮するために，各職種が専門的知識や情報を共有する開かれた連携システムの構築が必要であるとされる。公認心理師も専門性をもったスタッフの一員として，情報共有や他職種との役割分担を行っていくことが求められる。

【文献情報】
・福島哲夫編（2018）公認心理師必携テキスト p.53-56 学研
・宮脇稔他編（2018）公認心理師カリキュラム準拠 健康・医療心理学 p.215-218 医歯薬出版株式会社

問 111 (配点：1)　　　【心理学基礎・応用領域系】

認知的不協和が関わる現象として，不適切なものを1つ選べ。

① 顕示的消費

② 禁煙の困難さ

③ 説得や依頼における段階的要請

④ 入会におけるイニシエーション

⑤ 既に購入した製品のパンフレットや広告の閲読

問111	【社会・集団・家族心理学】 態 度		肢別解答率				正答率 16.6%	
			①	②	③	④	⑤	
難易度3	正解：①	全体	16.6%	17.9%	25.5%	13.2%	26.4%	

認知的不協和とは，L. Festinger によって提唱された認知的不協和理論に関連する概念である。この理論では，様々な対象（他者，出来事，環境，自分自身，観念など）に対しての知識・信念・意見を「認知要素」と呼び，これらの認知要素間の関係に矛盾がある場合にある種の緊張状態に陥るとし，このことを認知的不協和と呼んだ。人は認知的不協和が発生すると，不快な緊張状態を低減して矛盾のない協和な状態にしたり，不協和を更に増大させるような情報を積極的に回避する行動に向かうと考えた。具体的には，(1)不協和な関係にある認知要素の一方を変えるために行動を変化させる，(2)不協和な認知要素の重要性を低くする，(3)協和的な認知要素の重要性を高める，(4)新たに協和的な認知要素を付加する，(5)不協和な認知要素を否定する情報を集める，(6)不協和な認知要素を肯定する情報を避けるなどが挙げられる。

①**不適切。** 顕示的消費は，経済学で使用される概念である。これは，商品や物品そのものの価値のために消費するのではなく，それを自分が持っているということを他者に顕示するために行われる消費のことである。例えば，高級腕時計や高級車，ブランドのバッグなどを他者にアピールするために購入することなどが挙げられる。この場合，認知要素は「高級な買い物をする」と「他者に自分の地位を顕示する」となり，不協和は生じない。よって，認知的不協和が関わる現象として，本選択肢が不適切である。

②**適 切。** 例えば，「私は1日に30本タバコを吸う」という認知要素と「タバコは健康に害がある」という認知要素を持っていると，2つの間に不一致が生じ，認知的不協和の状態となる。この不協和を解消する方法として，「まだタバコと健康の関連性は正確には分かっていない」など，「タバコは健康に害がある」という要素の重要性を低下させると，禁煙は困難となりやすい。

③**適 切。** 説得や依頼における段階的要請は，段階的要請法〈フット・イン・ザ・ドア・テクニック〉に該当する。これは，はじめに承諾の得られやすい小さな要請をして承諾してもらった後に，段階的に大きな要請を承諾してもらおうとする方法である。例えば，お金を借りるときに，はじめは100円だけだったのが500円，1000円と少しずつ借りる金額を上げていくと，10000円と高額になっても貸してもらいやすくなる。また，一度頼みごとを受け入れた後に断りたいと思うと，「これまで相手の頼みを受け

入れている」という認知要素と「相手の頼みを断る」という認知要素の間で不協和が起こると考えられるため，段階的要請による頼みごとが成功しやすい。

④**適　切。**　イニシエーションとは，その集団内で成員として認められるための手続や儀礼のことである。例えば，「コストや儀式を経て入会した」という認知要素と「その会の居心地が悪い」という認知要素をもった場合，認知的不協和となる。この不協和を解消する方法として「この会はこんなメリットがある」「自分にとって試練となる居心地の悪さなんだ」と思うなどが挙げられる。

⑤**適　切。**　例えば，「新しく買ったパソコンは 20 万円だった」という認知要素と「他の店ではパソコンが 15 万円で売っていた」という認知要素をもった場合，認知的不協和となる。この不協和を解消する方法として，既に購入したパソコンの広告を見ることで，「買ったパソコンには他のパソコンにはない良い機能がある」，「新しく買ったパソコンの定価は 30 万円だった」と思うなどが挙げられる。

【文献情報】
・子安増生・丹野義彦・箱田裕司監（2021）有斐閣　現代心理学辞典　p.600, 601　有斐閣
・下山晴彦編（2014）誠信　心理学辞典［新版］p.310　誠信書房
・藤田哲也監（2018）絶対役立つ社会心理学　p.16-18　ミネルヴァ書房
・板口典弘ら編（2017）ステップアップ心理学シリーズ　心理学入門　こころを科学する 10 のアプローチ　p.160-162　講談社

問 112 (配点：1)

味覚の基本味に<u>含まれないもの</u>を1つ選べ。

① 塩味

② 辛味

③ 酸味

④ 苦味

⑤ うま味

350

問 112	【知覚・認知心理学】味覚	肢別解答率					正答率 25.9%
			①	②	③	④	⑤
難易度3	正解：②	全体	8.9%	25.9%	1.4%	1.3%	62.3%

　味覚とは，口腔内の味蕾に存在する味細胞で捉える感覚である。化学的性質を捉えるという点で嗅覚と共通するが，以下の2つの点で大きく異なる。1点目は，味覚は摂食のみで機能するが，嗅覚は摂食とは無関係な刺激も対象とする。2点目は，味覚は原則5基本味とよばれる，エネルギー源の信号となる甘味，ミネラルとなる塩味，腐敗・未熟のシグナルとなる酸味，毒物のシグナルとなる苦味，身体を構成するアミノ酸のうま味の弁別のみと考えられているが，嗅覚は約300の受容体の組合せにより1兆種類以上のにおいを弁別できると考えられている。

　したがって，味覚の基本味に含まれないものは選択肢②辛味である。ワサビや唐辛子の辛さ，ミントなどの冷感も味覚の基本味には該当しない。よって，**正答は②である。**

　なお，味覚には相互作用が生じることが知られており，特に嗅覚と味覚の相互作用は顕著にみられる。例えば，鼻が詰まっている時，つまり嗅覚がうまく働かない場合，なにかを食べた時の味はいつもと異なるように感じられることが多い。これは，人間が日常の経験を通じて，味覚と嗅覚を融合して生じる知覚を体験し，学習しているためと考えられており，学習性の共感覚ともよばれている。

【文献情報】
・子安増生ら監（2021）有斐閣 現代心理学辞典 p.728 有斐閣
・下山晴彦編（2014）誠信 心理学辞典［新版］p.175-178 誠信書房

| 問 113 (配点：1) | 【心理査定】 | 月　日 |
| | | 月　日 |

　心理的アセスメントにおけるインフォームド・コンセントの説明として，不適切なものを1つ選べ。

① 被検査者が幼い場合には，保護者に情報提供をする。

② 検査をいつでも途中でやめることができることを伝える。

③ 検査がどのように心理的支援に活用されるかについて説明する。

④ 心理的支援に否定的な影響が想定される場合，検査の性質の一部を伏せて実施する。

⑤ 被検査者に説明する際には，被検査者が理解できるような言葉にかみ砕いて情報を伝える。

問 113	【心理的アセスメント】 インフォームド・コンセント	肢別解答率				正答率 92.8%	
			①	②	③	④	⑤
難易度 1	正解：④	全体	5.4%	0.6%	0.5%	92.8%	0.6%

インフォームド・コンセントは，⑴接近権（知る権利）の保障，⑵自己決定権（決める権利）の保障，⑶還元義務（伝える義務）の遂行の３つがある。

①**適　切。**　選択肢の「被検査者が幼い場合」とは，実年齢が６歳くらいまでの幼児を指している可能性が高い。このように被検査者が検査結果を理解したり，それに基づいて何らかの判断をする能力が未熟な場合，通常，保護者に情報提供をすることが多い。保護者に情報提供をすることによって，知る権利を保障し，保護者と検査結果を共有することで，被検査者となった子どもの理解を深めてもらったり，子どもへの関わり方を検討したり，支援の方向性を検討するきっかけを作ることが可能になる。

②**適　切。**　心理検査は検査者やセラピストのためにあるものではなく，あくまで被検査者のためにある。そのため，不測の事態として，検査中に被検査者の気分が悪くなるなどが起こった場合，検査を中断することができることが当然のことであり，それを事前に被検査者へ伝えることが，検査者の義務である。また，被検査者が検査を継続することが困難な理由が生じたにもかかわらず，継続した場合，本来発揮できるはずの能力が十分に発揮されず，正確な検査結果が得られないという事態が想定される。

③**適　切。**　実施される検査がどのように心理的支援に活用されるかについて，被検査者へ説明することは，検査者の義務である。それは，被検査者の知る権利や自己決定権を保障するためにも必要なことである。

④**不適切。**　選択肢③の解説参照。心理的支援に否定的な影響が想定される場合であっても，検査の性質の一部を伏せて実施する行為は，被検査者の知る権利や自己決定権を侵害する行為となる。心理的支援に否定的な影響が想定されるような検査は，そもそも実施に疑問があるため，被検査者の権利を保障し，同意を得られるような検査の実施を行う必要がある。

⑤**適　切。**　検査結果の報告では，報告を受ける被検査者が正確な情報が得られるように，検査者は，適切な言葉や分かりやすい表現を使うように努めることが求められる。専門用語をそのまま使用したり，難解な表現を使用したりすることは，被検査者の的確な理解につながらない危険性があるため，避ける必要がある。

【文献情報】

・福島哲夫編（2018）公認心理師必携テキスト　p.313-330　学研
・井上雅彦ら（2019）発達が気になる幼児の親面接-支援者のためのガイドブック- p.51-58　金子書房
・小海宏之（2019）神経心理学的アセスメント・ハンドブック［第2版］p.11-14　金剛出版

問 114 (配点：1)　　　　　【心理学的支援法】

アウトリーチ（多職種による訪問支援）の説明として，<u>不適切なもの</u>を1つ選べ。

① 多職種・多機関でのチーム対応が求められる。

② 虐待事例における危機介入で用いられる手法の1つである。

③ 支援者が自ら支援対象者のもとに出向く形態の支援である。

④ 対象者のストレングスの強化より病理への介入が重視される。

⑤ 対象者の多くは，自ら支援を求めない又は求められない人である。

問 114	【心理学的支援法】 アウトリーチ（多職種による訪問支援）		肢別解答率				正答率 81.5%	
			①	②	③	④	⑤	
難易度 1	正解：④	全体	0.4%	13.2%	1.4%	81.5%	3.4%	

①**適　切。**　精神科医療でのアウトリーチ活動では，精神科医・保健師・看護師・作業療法士等医療スタッフと，精神保健福祉士等の福祉スタッフとがチームを組み，多面的な視点から協働して支援を行うことが有効であるとされている。

②**適　切。**　アウトリーチは，危機介入的な手法として用いられるものでもあり，虐待等，社会的リスクが高く，早期介入・保護が求められるようなケースに対して実行される方法である。危機介入的アウトリーチでは，「介入」と「支援」の優先順位を判断することが重要であり，虐待の被害が疑われる場合に，介入として子どもの保護を優先した後に，支援が行われる。

③**適　切。**　アウトリーチとは，こちらから手を伸ばし，援助者自らが対象者のもとに出向く支援と定義される。当事者からの要請がない場合でも，積極的に出向いていき，信頼関係の構築やサービス利用の動機づけなどを行うアプローチである。

④**不適切。**　アウトリーチを用いた支援の特徴として，**ストレングス（強み）の強調**がある。また，コミュニティ心理学的臨床実践の特徴として，「個人の弱さや問題点ではなく強さとコンピテンス（有能さ）を強調する」点が挙げられる。

⑤**適　切。**　アウトリーチの対象となるのは，問題意識が低く援助を求めない人や，サービスの利用に不安を感じていたり，拒否的感情を持っている人等，何らかの理由で支援を求めない人，あるいは求められない人である。

【文献情報】
・下山晴彦ら編（2016）公認心理師必携　精神医療・臨床心理の知識と技法　p.231，232　医学書院
・船越知行編著（2016）心理職による地域コンサルテーションとアウトリーチの実践　p.7，8，23-25　金子書房

問115	【健康・医療心理学】 心身症	肢別解答率					正答率 51.3%
			①	②	③	④	⑤
難易度 1	正解：⑤	全体	6.2%	9.0%	2.8%	30.5%	51.3%

　心身症とは，日本心身医学会（1991）によると，「身体疾患の中で，その発症や経過に心理社会的な因子が密接に関与し，器質的ないし機能的障害がみとめられる病態をいう。ただし神経症やうつ病など他の精神障害にともなう身体症状は除外する」と定義される。すなわち，過敏性大腸炎や緊張型頭痛など，ストレスや葛藤が身体症状として表れる疾患のことを心身症といい，精神疾患による身体症状はこれに含まれない。

①**含まれる。**　緊張型頭痛とは，主に項部から後頭部の筋緊張により生じる，非拍動性で軽度から中等度の頭痛のことを指す。緊張型頭痛の誘因には心理社会的ストレス・身体的ストレスなどがあり，これらの誘因によって頭部を支える筋肉の緊張が生じ，頭痛になるとされる。

②**含まれる。**　過換気症候群とは，発作性に生じる制御不能の頻回な呼吸のために，多彩な症状を呈する病態のことを指す。過呼吸により血中の二酸化炭素濃度が低下し，血管が収縮して脳血流が減少することにより，息苦しさや窒息感，動悸やめまい，手足のしびれ感などが生じる。過換気症候群は通常は不安，緊張などにより起こるとされ，心理社会的ストレスが関与する。

③**含まれる。**　過敏性腸症候群とは，通常の検査では腸に炎症・潰瘍・内分泌異常などを認めないにも関わらず，慢性的な腹部の膨張感や腹痛が訴えられ，下痢や便秘などの便通に異常が感じられる病態のことを指す。腸の内臓神経が何らかの原因で過敏になっていることにより，引き起こされると考えられる。過敏性腸症候群には心理社会的ストレスが関与することが報告されている。

④**含まれる。**　起立性調節障害とは，大脳辺縁系・視床下部など脳の自律神経中枢の機能不全により交感神経系と副交感神経系のバランスが崩れ，朝起き不良などの起立失調症状・食欲不振・全身倦怠感・立ちくらみなどの症状がみられる病態のことを指す。起立性調節障害の発症や経過には，遺伝的体質や生活習慣，心理社会的ストレスなどが大きく影響を与える。

⑤**含まれない。**　心気障害（病気不安症）とは，重い病気である・病気にかかりつつある というとらわれがあり，健康に対する強い不安・恐怖を感じることを特徴とする，病 気になることへの不安が顕著な病態である。身体症状は存在しないか，存在してもご く軽度である。心気障害（病気不安症）は心身症の定義に該当せず，心身症には含まれ ない。

【文献情報】
・医療情報科学研究所編（2019）病気がみえる vol. 3 脳・神経 第2版 p.452, 453 メディック メディア
・松崎朝樹（2020）精神診療プラチナマニュアル第2版 p.84 メディカル・サイエンス・インター ナショナル
・日本小児心身医学会（2011）小児心身医学会ガイドライン集—日常診療に活かす4つのガイド ライン— p.2-3, 21-29 南江堂
・日本消化器病学会（2020）機能性消化管疾患診療ガイドライン 2020−過敏性腸症候群（IBS） 改訂第2版 p. 7 南江堂
・野島一彦・繁桝算男（2020）公認心理師の基礎と実践㉒［第22巻］精神疾患とその治療 p.93 遠見書房
・加藤敏ら編（2016）縮刷版 現代精神医学事典 p.146, 147 弘文堂
・髙橋三郎・大野裕（2014）DSM-5 精神疾患の分類と診断の手引き p.156 医学書院
・厚生労働省 e-ヘルスネット 過敏性腸症候群

問 116 (配点：1) 　　【健康・医療／精神疾患】

災害支援者を対象とするストレス対策として，<u>不適切なもの</u>を１つ選べ。

① 生活ペースを維持する。

② 業務のローテーションを組む。

③ 住民の心理的反応に関する研修を行う。

④ ストレスのチェックリストによる心身不調の確認を行う。

⑤ 話したくない体験や気持ちについても積極的に話すように促す。

問 116	【健康・医療心理学】 支援者のケア	肢別解答率					正答率 98.3%
			①	②	③	④	⑤
難易度 1	正解：⑤	全体	0.4%	0.5%	0.7%	0.1%	98.3%

①適 切。 国立精神・神経医療研究センター ストレス災害時こころの情報支援センターHP 災害救援者メンタルヘルス・マニュアル ⑷支援者のストレス対策（セルフケア） ２．生活ペースの維持 において，「十分な睡眠をとる」「十分な食事・水分をとる」「カフェイン（コーヒーなど）のとり過ぎは気分に悪影響を与えうる」「酒・タバコのとり過ぎに注意」とある。

②適 切。 後掲の文献１）の，組織による PFA 提供者のケア において，「もっとも悲惨な現場から，より被害の軽いところへと支援者をローテーションする」(p.61) とある。また，後掲の文献２）にも，支援者へのケアについて，「疲れすぎないように無理のない活動時間を守る。たとえば，仕事を複数のスタッフで分担する，緊急対応期間は交代制で働く，定期的に休息をとるようにする。」(p.49) とある。

③適 切。 後掲の文献１）の PFA 提供者のセルフケア には，日常的に行うと役立つストレスマネジメントがいくつか挙げられている。その１つに「問題解決のための戦略をもつ」(p.62) が挙げられている。さらに，「組織による PFA 提供者のケア」に「スーパーバイズ，ケースカンファレンス」(p.61) などの場を設けることが挙げられている。災害支援者は，自然災害などの緊急時において，日常の業務とは異なる業務に従事することになるため，被害を受けた住民の心理的反応について，専門的な知識を十分に持っていないこともある。そのため，災害支援者が問題解決の戦略として知識を持つことも必要であり，また，スーパーバイズやケースカンファレンスを通してその知識を得る機会を設けることも大切である。よって，そのような知識が得られる研修を行うこともストレス対策の一貫といえる。

④適 切。 後掲の文献１）の PFA 提供者のセルフケア において，「空腹・怒り・孤独感・疲れ（HALT：Hungry, Angry, Lonely or Tired）を感じたときには，それを認識し，適切なセルフケアを行う」(p.62) とある。また，後掲の文献２）にも，支援者へのケアについて「支援の仲間同士で声をかけ合い，仲間の様子を確認し，自分の状態もチェックしてもらう。」(p.49) とある。このように災害支援者自身のストレスを把握することは重要であり，チェックリストを用いて心身の不調の確認を行うという方法も適切である。

⑤**不適切。** 選択肢①の資料の「5．一人でためこまないこと」において，「自分の体験，気持ちを話したい場合，我慢する必要はない」とあるが，一方で「でも話したくない場合は，無理して話す必要はない」ともある。よって，不適切である。

【文献情報】

・1）アメリカ国立子どもトラウマティックストレス・ネットワーク アメリカ国立 PTSD センター サイコロジカル・ファーストエイド実施の手引き 第2版 兵庫県こころのケアセンター訳 2009 年 3 月

・2）世界保健機関，戦争トラウマ財団，ワールド・ビジョン・インターナショナル．心理的応急処置（サイコロジカル・ファースト・エイド：PFA）フィールド・ガイド．(2011) 世界保健機関：ジュネーブ（訳：(独) 国立精神・神経医療研究センター，ケア・宮城，公益財団法人プラン・ジャパン，2012)

問 117 (配点：1) 　【心理学基礎・応用領域系】

複雑性悲嘆に対する J. W. Worden の悲嘆セラピーの原則や手続として, 誤っているものを１つ選べ。

① 故人の記憶を蘇らせる。

② 悲しむのをやめたらどうなるかを一緒に考える。

③ 喪失を決定的な事実と認識することがないように援助する。

④ 故人に対するアンビバレントな感情を探索することを援助する。

⑤ 大切な人がいない状況での新たな生活を設計することを援助する。

問117	【発達心理学】 喪失と悲嘆	肢別解答率				正答率57.6%	
			①	②	③	④	⑤
難易度2	正解：③	全体	14.8%	14.4%	57.6%	9.9%	3.2%

　死別に対する心理的反応のことを悲嘆という。悲嘆は重要な他者を失った誰しもが経験しうる正常な反応である。一方、悲嘆反応の期間や程度が通常の範囲を大きく超えたり、精神的苦痛が長期間持続して日常生活に支障をきたす場合があり、このように遷延化した通常と異なる悲嘆を複雑性悲嘆と呼ぶ。J. W. Worden は複雑性悲嘆に対する悲嘆セラピーを提唱している。悲嘆セラピーの原則および手続としては、(1)身体疾患があれば適用しない、(2)面接契約を結び、援助同盟を形成する、(3)故人の記憶を蘇らせる、(4)喪の課題のうち、どの課題でつまづいているのかを見極める、(5)記憶によって刺激された情動を扱う、または情動が欠如していることを扱う、(6)「つなぐ対象」を探索し、執着を和らげる、(7)喪失が決定的事実であると認識することを援助する、(8)大切な人がいない状況で新たな生活を設計するのを援助する、(9)周囲との関係を改善するための見立てと援助をする、(10)悲しむことをやめたらどうなるかを一緒に考えるという 10 点が挙げられる。

①正しい。　上記(3)に該当する。故人について、その人となりや関係性、思い出などについて語ってもらい、故人の記憶を蘇らせることは、悲嘆セラピーの原則である。

②正しい。　上記(10)に該当する。悲しむのをやめたらどうなるかを一緒に考えることは、悲嘆セラピーの手続の一つである。

③誤　り。　上記(7)と異なる記述であり、この選択肢が誤りである。悲嘆セラピーでは、喪失を決定的事実であるとクライエントが認識することを援助する。

④正しい。　上記(5)に該当する。クライエントが故人について語る際、最初は故人が理想化して語られるが、実際は故人に対する怒りなどアンビバレントな感情が潜んでいることがある。悲嘆セラピーではアンビバレントな故人への感情を探索し、欠如した情動を扱う。

⑤正しい。　上記(8)に該当する。故人のいない世界に適応し、クライエントが自分自身の目標に焦点化できるよう新たな生活を設計することを援助することは、悲嘆セラピーの原則である。

【文献情報】
・J. W. ウォーデン著　山本力監訳（2015）悲嘆カウンセリング―臨床実践ハンドブック　p.159-186　誠信書房

問 118 (配点:1)　　　【福祉／司法／産業】

緊急一時保護が必要であると児童相談所が判断する基準に<u>該当しない</u>ものを1つ選べ。

① 保護者に被虐待歴がある。

② 子どもへの性的虐待の疑いが強い。

③ 子どもに重度の栄養失調が認められる。

④ 保護者が子どもを殺してしまいそうだと訴えている。

⑤ 保護者が暴力を振るうため帰りたくないと子どもが訴えている。

問 118	【福祉心理学】 虐待への対応	肢別解答率					正答率 92.2%	
			①	②	③	④	⑤	
難易度 2	正解：①	全体	92.2%	0.6%	1.4%	4.4%	1.2%	

厚生労働省雇用均等・児童家庭局総務課 子ども虐待対応の手引き（平成 25 年 8 月 改正版）p.101，102 参照。

　図の一時保護に向けてのフローチャートにおいて，「①当事者が保護を求めている」「②当事者の訴える状況がさし迫っている」「③すでに重大な結果がある」のいずれかで「YES」がある時は，緊急一時保護の必要性を検討することになっている。

　また，「一時保護決定に向けてのアセスメントシート」において，「①当事者が保護を求めている？」については，「子ども自身が保護・救済を求めている」「保護者が，子どもの保護を求めている」が項目としてあげられており，「②当事者の訴える状況が差し迫っている？」については，「確認に至らないものの性的虐待の疑いが濃厚であるなど」「このままでは『何をしでかすか分からない』『殺してしまいそう』などの訴えなど」が挙げられている。「③すでに虐待により重大な結果が生じている？」については，「性的虐待（性交，性的行為の強要，妊娠，性感染症罹患）」「外傷（外傷の種類と箇所）」「ネグレクト　例：栄養失調，衰弱，脱水症状，医療放棄，治療拒否」が挙げられている。

　以上より，選択肢②〜⑤は上記の緊急一時保護の必要性を検討する基準に該当するものであり，該当しないものは選択肢①である。

　よって，**正答は①である。**

369

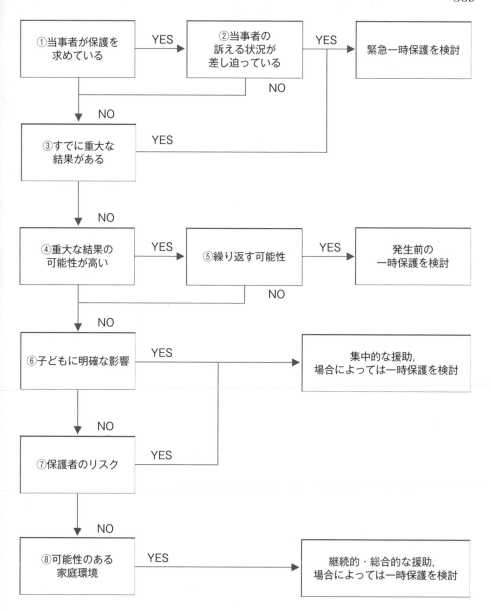

図. 一時保護に向けてのフローチャート
（子ども虐待対応の手引き（平成 25 年 8 月改正版）厚生労働省雇用均等・
児童家庭局総務課を元に作成）

問 119 (配点：1)	【心理学基礎・応用領域系】	月　日
		月　日

学習障害について，誤っているものを１つ選べ。

① 特別支援教育の対象とされている。

② 特定の領域の学業成績が低くなりやすい。

③ 計画の立案が困難であることにより特徴付けられる。

④ 必要に応じて，頭部画像検査などの中枢神経系の検査が用いられる。

⑤ 聞く，話す，読む，書く，計算する又は推論する能力のうち特定の
ものの習得と使用に著しい困難を示す。

問119	【発達心理学】限局性学習症／限局性学習障害〈SLD〉		肢別解答率					正答率81.1%
				①	②	③	④	⑤
難易度1	正解：③		全体	3.9%	0.7%	81.1%	12.5%	1.6%

①**正しい。** 文部科学省HP 特別支援教育について 第1部 概論（導入） 3．特別支援教育とは ⑴特殊教育から特別支援教育への転換 において，「特別支援教育とは，これまでの特殊教育の対象の障害だけでなく，その対象でなかったLD，ADHD，高機能自閉症も含めて障害のある児童生徒に対してその一人一人の教育的ニーズを把握し，当該児童生徒の持てる力を高め，生活や学習上の困難を改善又は克服するために，適切な教育や指導を通じて必要な支援を行うものである。」とされている。この中のLDが学習障害のことであり，学習障害も特別支援教育の対象に含まれる。

②**正しい。** 文部科学省HP 特別支援教育について 「学習障害児に対する指導について（報告）」 2 学習障害の定義について ⑵学習障害の定義の解説 ①学習障害の特徴において，「学習障害とは，知能検査等の結果から，基本的には知的障害のような全般的な知的発達の遅れは見られないが，学業成績，行動観察，詳細な心理検査等により，学習上の基礎的能力である聞く，話す，読む，書く，計算する又は推論する能力を習得し，使用することについて，1つないし複数の著しい困難があると見られる様々な状態を総称するものである。」とされている。よって，学習障害は特定の領域の成績が低くなりやすい。

③**誤り。** この選択肢の「計画の立案」は，実行機能の1つの段階である。実行機能は，⑴目標の設定，⑵計画の立案，⑶計画の実行，⑷効果的遂行の4段階によって成り立っている。実行機能は遂行機能とも呼ばれ，目標を立て，その目標を達成するために，どのような方法をとることが可能であるか，どのような工夫をすることが可能であるかを考え，それを実行する能力のことを指す。自閉スペクトラム症／自閉症スペクトラム障害〈ASD〉の認知特性は，この実行機能が障害されていることによるのではないかという実行機能障害仮説がある。特に，ASDが困難さを示すのは実行機能の切り替え（休憩時間が終われば仕事に戻るなど）やプランニング（計画の立案）であると考えられている。ASDの人は状況を予測して準備しておくことや，変化に対して自分の予期していた構えを柔軟に切り替えていくことが苦手であり，それがうまくできないために，ASDの症状である「こだわり」や「変化への弱さ」が生じているという考え方が実行機能障害仮説である。よって，学習障害は，計画の立案の困難であることに特徴付けられるものではない。

④**正しい。** 文部科学省 HP 特別支援教育について 「学習障害児に対する指導について（報告）」 学習障害の判断・実態把握基準（試案） Ⅱ 判断・実態把握基準と留意事項 2 専門家チームにおける判断基準と留意事項 (1)判断基準 C. 医学的な評価 において，学習障害の診断に際しては必要に応じて医学診断を受ける旨が記載されており，「主治医の診断書や意見書などが提出されている場合には，学習障害を発生させる可能性のある疾患や状態像が認められるかどうか検討する。」「胎生期周生期の状態，既往歴，生育歴あるいは検査結果から，中枢神経系機能障害（学習障害の原因となり得る状態像及びさらに重大な疾患）を疑う所見が見られた場合には，必要に応じて専門の医師又は医療機関に医学的評価を依頼する。」とある。以上から，必要に応じて中枢神経系の検査を行う旨が示されている。

⑤**正しい。** 選択肢②の解説参照。

【文献情報】
・下山晴彦編 （2014） 誠信 心理学辞典「新版」 p.233 誠信書房

　心神喪失等の状態で重大な他害行為を行った者の医療及び観察等に関する法律〈医療観察法〉について，誤っているものを1つ選べ。

① 通院期間は，最長5年以内である。

② 社会復帰調整官は，保護観察所に置かれる。

③ 精神保健観察は，社会復帰調整官が担当する。

④ 入院施設からの退院は，入院施設の管理者が決定する。

⑤ 心神喪失等の状態で放火を行った者は，医療及び観察等の対象となる。

376

問120	【関係行政論】 医療観察法		肢別解答率			正答率60.9%	
			①	②	③	④	⑤
難易度2	正解：④	全体	24.7%	3.0%	9.4%	60.9%	1.8%

①**正しい。** 医療観察法第44条において，「第42条第1項第2号の決定による入院によ
らない医療を行う期間は，当該決定があった日から起算して3年間とする。ただし，
裁判所は，通じて2年を超えない範囲で，当該期間を延長することができる。」と規定
されている。つまり，通院処遇となった場合，基本的には3年の期間と定められてい
るが，場合によっては最大2年の処遇の延長を決定することが可能である。よって，
選択肢①の「通院期間は，最長5年以内」という内容は正しい。

②**正しい。** 同法第20条において，「保護観察所に社会復帰調整官を置く」と規定され
ている。法務省保護局パンフレット 社会復帰調整官 において，「社会復帰調整官は，
全国の保護観察所に配置され，医療観察制度の対象となった人の社会復帰を促進する
ため，医療機関や地域の関係機関等と連携しながら，その人の生活状況を見守りつつ，
通院や服薬が継続できるよう適切な助言や指導を行ったり，地域において必要な支援
を確保するためのコーディネートを行う専門職です。社会復帰調整官の主な業務には，
『生活環境の調査』，『生活環境の調整』，『精神保健観察』があります。」（p.2）とある。

③**正しい。** 選択肢②の解説参照。法務省保護局 社会復帰調整官 において，精神保健
観察について「保護観察所は，地域において継続的な医療を確保するため，本人の受
診状況や生活状況を見守りつつ，必要な助言や指導を行うほか，家族等からの相談に
応じます。また，本人の処遇に携わる関係機関等とケア会議を開催し，関係機関相互
間の連携確保を図ります。」（p.3）とある。

④**誤 り。** 入院施設からの退院の決定は，裁判所が行う。同法第51条第1項において，
「裁判所は，第49条第1項若しくは第2項又は前条の申立てがあった場合は，指定入
院医療機関の管理者の意見（次条の規定により鑑定を命じた場合は，指定入院医療機
関の管理者の意見及び当該鑑定）を基礎とし，かつ，対象者の生活環境（次条の規定に
より鑑定を命じた場合は，対象者の生活環境及び同条後段において準用する第37条第
3項に規定する意見）を考慮し，次の各号に掲げる区分に従い，当該各号に定める決
定をしなければならない。一 対象行為を行った際の精神障害を改善し，これに伴っ
て同様の行為を行うことなく，社会に復帰することを促進するため，入院を継続させ
てこの法律による医療を受けさせる必要があると認める場合 退院の許可の申立て若
しくはこの法律による医療の終了の申立てを棄却し，又は入院を継続すべきことを確

認する旨の決定　二　前号の場合を除き，対象行為を行った際の精神障害を改善し，これに伴って同様の行為を行うことなく，社会に復帰することを促進するため，この法律による医療を受けさせる必要があると認める場合　退院を許可するとともに入院によらない医療を受けさせる旨の決定　三　前2号の場合に当たらないとき　この法律による医療を終了する旨の決定」とある。一方，入院施設の管理者は，退院に際しては，退院の許可の申し立てという役割がある。同法第49条第1項において，「指定入院医療機関の管理者は，当該指定入院医療機関に勤務する精神保健指定医……による診察の結果，第42条第1項第1号又は第61条第1項第1号の決定により入院している者について，第37条第2項に規定する事項を考慮し，対象行為を行った際の精神障害を改善し，これに伴って同様の行為を行うことなく，社会に復帰することを促進するために入院を継続させてこの法律による医療を行う必要があると認めることができなくなった場合は，保護観察所の長の意見を付して，直ちに，地方裁判所に対し，退院の許可の申立てをしなければならない。」と規定されている。

⑤正しい。　医療及び観察等の対象となる者は，重大な他害行為を行ったが心神喪失等と判断され実刑を免除された者である。これは，同法第2条第2項において，「この法律において『対象者』とは，次の各号のいずれかに該当する者をいう。1　公訴を提起しない処分において，対象行為を行ったこと及び刑法第39条第1項に規定する者（以下「心神喪失者」という。）又は同条第2項に規定する者（以下「心神耗弱者」という。）であることが認められた者　二　対象行為について，刑法第39条第1項の規定により無罪の確定裁判を受けた者又は同条第2項の規定により刑を減軽する旨の確定裁判（懲役又は禁錮の刑を言い渡し，その刑の全部の執行猶予の言渡しをしない裁判であって，執行すべき刑期があるものを除く。）を受けた者」と規定されている。また，「対象行為」は，同法第2条第1項に規定されており，殺人，傷害，放火，強盗，強制性交等，強制わいせつの6種類（傷害は重いものに限り，傷害以外は未遂を含む）を指す。つまり，選択肢⑤の内容は正しい。

問 121 (配点:1)　　【健康・医療／精神疾患】　月　日／月　日

うつ病で減退，減少しないものを1つ選べ。

① 気力

② 喜び

③ 罪責感

④ 思考力

⑤ 集中力

問 121	【精神疾患とその治療】 気分（感情）障害（F3）	肢別解答率					正答率 93.2%	
			①	②	③	④	⑤	
難易度 1	正解：③	全体	0.2%	1.4%	93.2%	3.9%	1.2%	

　うつ病に関する基本的出題である。うつ病の症状は，DSM-5 において，⑴抑うつ気分，⑵興味・喜び（選択肢②）の著しい減退，⑶有意の体重減少／増加，食欲減退／増加，⑷不眠または過眠，⑸精神運動焦燥または制止，⑹疲労感，気力（選択肢①）の減退，⑺無価値感，罪責感（選択肢③），⑻思考力（選択肢④），集中力（選択肢⑤）の減退，決断困難，⑼反復的な自殺念慮，自殺企図が挙げられている。

　つまり，うつ病では罪責感が生じ，それ以外の選択肢（気力，喜び，思考力，集中力）は減退，減少するため，正答は選択肢③罪責感となる。

　なお，重度のうつ病にみられることが多い微小妄想についても併せて覚えておきたい。これは，自分は何もできない，ダメな人間と思い込む妄想であり，罪業妄想・貧困妄想・心気妄想が含まれる。罪業妄想は，自分の価値が小さい，自分の存在が社会に迷惑をかけていると思い込むものである。貧困妄想は，自分の持っている財産に対して過小評価し，貧乏でお金がないと思い込むものである。心気妄想は，自分を重い病気だと思い込み，ちょっとした頭痛でも重症で不治の病と思うものである。

【文献情報】
・松崎朝樹（2020）精神診療プラチナマニュアル第2版 p.6, 36, 37 メディカル・サイエンス・インターナショナル
・高橋三郎・大野裕監訳（2014）DSM-5 精神疾患の分類と診断の手引き p.90, 91 医学書院

問 122 (配点：1)　　　【公認心理師法系】

　　公認心理師が，小学校高学年を対象に 30 分程度のいじめ予防プログラムの実践を依頼された。実施するプログラムを作成・評価する際の留意点として，不適切なものを 1 つ選べ。

① 小学校の教師に対して説明責任を果たす。

② 当該小学校におけるいじめ事象を聞き取る。

③ 実践したプログラムの終了後に形成的評価を行う。

④ アクションリサーチの観点からプログラムを実施し，評価する。

⑤ 参加児童に対して質問紙調査を実施し，アウトカムを査定する。

問 122	【公認心理師の職責】心理教育	肢別解答率					正答率 37.0%	
			①	②	③	④	⑤	
難易度 2	正解：③	全体	18.7%	21.2%	37.0%	13.0%	10.0%	

①**適　切。**　いじめ予防プログラムに限らず，公認心理師のあらゆる実践には説明責任が求められる。いじめ予防プログラムの作成・評価に関しては，その目的，方法，結果，効果と限界などを説明し，共通理解を得て実施することが必要である。

②**適　切。**　いじめの様相は多様であるため，当該小学校の実態を踏まえたプログラムの実施が求められる。いじめ防止対策推進法において，いじめの発生する場所は学校の内外を問わないことが示されており，どこでどのような課題が生じうるのかを見立てることも必要である。なお，いじめの予防教育のプログラムとして，例えば，オルヴェウスいじめ防止プログラムがあり，学校内だけでなく地域社会を含めた内容となっている。

③**不適切。**　形成的評価とは，教育評価の１つであり，この問題の場合，プログラムが目標に応じた成果を得られているかについて，その途中で評価し，以降の計画に活用していく評価方法である。また，この選択肢の内容の実践したプログラム終了後に行うのは，総括的評価である。

④**適　切。**　アクションリサーチとは，実際的な問題を扱い，その解決や改善を目的として行われる研究をいう。実践者と研究者の協働が重要であり，時には研究者自身が実践者となることもある。問題の解決に向けて協働的にプログラムを実施することが必要となる。

⑤**適　切。**　プログラムの実施に当たって，質問紙調査を用いるなどして効果を検証し，目的に応じた成果が得られているか評価することが欠かせない。また，その結果を学校の教師とも共有し，活用していくことが重要となる。

【文献情報】
・子安増生・丹野義彦・箱田裕二（2021）有斐閣　現代心理学辞典 p.5，27，28，160 有斐閣
・石隈利紀編（2019）公認心理師の基礎と実践［第 18 巻］教育・学校心理学 p.116-129 遠見書房

問 123 (配点：1)　　　　【公認心理師法系】　　月　日／月　日

倫理的ジレンマがより強まるものとして，最も適切なものを1つ選べ。

① 輸血が必要な患者が，宗教上の理由で輸血を拒否している場合

② 疼痛緩和が必要な患者に，医療チームが疼痛コントロールを行う場合

③ 医療チームが，新規の治療技術について臨床倫理委員会に申請している場合

④ 多職種でコミュニケーションの必要性を認識し，意思疎通を図っている場合

問 123	【公認心理師の職責】 倫理的ジレンマ	肢別解答率			正答率 93.0%	
			①	②	③	④
難易度 1	正解：①	全体	93.0%	3.5%	1.3%	2.0%

　問題文や選択肢は，一見すると難しそうに見えるが，しっかり読むと非常に易しい問題である。

①**適　切**。　倫理的ジレンマとは，１つの行為について，ある原則から倫理的であるという根拠と別の原則から倫理的でないという根拠の両方があるために，倫理的な行動の選択に困難が生じている場合を指す。この選択肢の場合，「患者の生命や健康を維持するために輸血を行うこと」と「患者の宗教観を尊重するために輸血を行わないこと」との間にジレンマが生じている。他の選択肢では，臨床活動を行ううえで倫理面を尊重した取り組みがなされており，特に倫理的なジレンマが生じているとはいえない。

②**不適切**。　この場合は特に倫理的なジレンマが生じていない。

③**不適切**。　新規の治療技術を採用するには，治療のメリットや患者への負担等のデメリット等について検討が必要である。よって，臨床倫理委員会への申請を行う必要があり，適切な対応をしているため，倫理的ジレンマが強まる状況ではない。

④**不適切**。　多職種の連携は重要であり，特に倫理的なジレンマが生じているとはいえない。

【文献情報】
・下山晴彦編（2014）誠信 心理学辞典［新版］p.360 誠信書房

問 124 (配点：1)　　【心理学基礎・応用領域系】

　ヒトの知覚の特徴として，最も適切なものを１つ選べ。

① 欠損した情報を補わずに知覚する。

② 感覚刺激が継続して呈示される場合，感度は一定である。

③ 音を聞いて色を感じ取るなど，１つの物理的刺激によって複数の感覚知覚が生じることがある。

④ 対象の特性を保持して知覚できるのは，対象からの感覚器官に与えられる刺激作用が変化しない場合である。

問 124	【知覚・認知心理学】 人の感覚・知覚の機序及びその障害	肢別解答率				正答率 92.4%	
			①	②	③	④
難易度 1	正解：③	全体	1.6%	1.8%	92.4%	3.8%

①**不適切。** 欠損した情報を補って知覚する現象は知覚的補完と呼ばれる。これは，一部が欠損している刺激情報が呈示されているにもかかわらず，刺激位置の情報などから欠損した情報が補われて知覚される現象である。例えば，カニッツアの三角形や仮現運動，図と地における地の知覚などが挙げられる。なお，カニッツアの三角形や仮現運動のように実際にそこに刺激があるように知覚されるものは，感覚的補完〈モーダル補完〉と呼ばれる。一方，図と地における地の知覚など，補完された領域が実際には見えないが全体の形態が存在するものとして意識されるような場合は非感覚的補完〈アモーダル補完〉と呼ばれる。よって，欠損した情報を補って知覚する特徴がヒトの知覚にはあるため，本選択肢は不適切である。

②**不適切。** 感覚刺激が継続して呈示される場合の現象として，順応と馴化が挙げられる。順応とは，一定の強度で持続する刺激を経験した結果，その刺激に対する感覚器官の感度が変化する現象を指す。例えば，初めて入る部屋などは，入ってすぐはにおいが気になることがあるが，次第になんとも感じなくなるといったことが挙げられる。また，視覚における明順応と暗順応は併せて押さえておきたい。馴化とは，生体に環境から何らかの刺激が繰り返し与えられると，その刺激に対する反応が低下する現象を指す。例えば，静かな部屋で勉強している時に激しい雨が降り出すと，はじめはその雨音に注意を向けるが，しばらくすると雨音が気にならなくなり，勉強を再開する場合などである。馴化が生じてもこれまでの刺激と異なる他の刺激が与えられると，新たな刺激に対する注視反応などの行動が再び喚起される。このような現象を脱馴化と呼ぶ。先程の例でいえば，雨音が気にならなくなり，勉強を再開した後で，雷が鳴る場合などである。よって，感覚刺激が継続して呈示される場合，感度は変化するため，本選択肢は不適切である。

③**適　切。** 選択肢の「1つの物理的刺激によって複数の感覚知覚が生じる」現象は共感覚と呼ばれる。例えば，「ド」という音を聞いたときに，同時に「ド」と赤色が見えるなどである。この例のような聴覚から色覚が同時に生じる色聴共感覚や，文字を見たときに色覚が同時に生じる色字共感覚が共感覚者の多数を占めている。また，共感覚は女性にみられやすく，成人よりも児童に生じやすいことが知られている。ある仮説では，成人へと成長していくにしたがって，本来人間が持っていた共感覚の能力が

他の能力によって抑制されていくためと考えられている。よって，ヒトの知覚の特徴として，本選択肢が最も適切である。

④**不適切。**　対象の特性を保持して知覚する現象は，知覚の恒常性が挙げられる。これは，観察者や刺激対象の移動によって，感覚受容器に与えられる刺激の強度や特性が変化しても，その刺激に対して生じる知覚があまり変化せず，比較的安定を保つことである。知覚の恒常性には，大きさの恒常性，形の恒常性，色の恒常性，明るさの恒常性などが挙げられる。例えば，大きさの恒常性では，自分の 20cm 前方に立てた指を 40cm まで伸ばした場合，物理学的には指の長さは半分になるはずであるが，人には指の長さが同じに見えるように知覚される。よって，対象からの感覚器官に与えられる刺激作用が変化したとしても，対象の特性を保持して知覚できるため，本選択肢は不適切である。

【文献情報】
・子安増生・丹野義彦・箱田裕司監（2021）有斐閣 現代心理学辞典 p.358-361, 510, 511 有斐閣
・下山晴彦編（2014）誠信 心理学辞典［新版］p.162, 163, 178, 179 誠信書房
・服部雅史・小島治幸・北神慎司編（2018）基礎から学ぶ認知心理学 人間の認識の不思議 p.24, 25 有斐閣
・萱村俊哉・郷式徹編著（2021）公認心理師の基本を学ぶテキスト⑦知覚・認知心理学 p.23-25 ミネルヴァ書房

問 125 （配点：1）　　【心理学研究法系】　　月　日 ／ 月　日

　人を対象とした心理学研究の倫理に関する説明として，最も適切なものを1つ選べ。

① 　効率的に研究を進めるために，協力が得られやすい知人を研究対象にする。

② 　自発性が保証された状況下で，対象者からインフォームド・コンセントを取得することが求められる。

③ 　研究計画の立案や研究費の獲得，研究の実行など，個人で複数の役割を担う多重関係は回避すべきである。

④ 　研究過程で収集した対象者の情報は，データのねつ造ではないことの証明として，研究終了後にすべて公表する。

問 125	【心理学研究法／心理学実験】 心理学における研究倫理		肢別解答率			正答率 76.6%	
			①	②	③	④	
難易度 1	正解：②	全体	0.6%	76.6%	20.3%	2.1%	

①**不適切**。　知人を研究対象にすることで，対象者が研究者の利益につながるような反応をしてしまい，研究の客観性が損なわれる恐れがある。研究の客観性を担保するためには，こうした事態は避ける必要である。

②**適　切**。　インフォームド・コンセントは，クライエント（対象者）の「知る権利」「決定する権利」，支援者（研究者）の「説明する義務」から成り立つ。心理療法やカウンセリング，心理検査，研究等の実施に当たり，実施目的・対象者への負担（料金や時間）・心理専門職の技法や資格等について十分に説明を行い，対象者の自己決定のもとに契約を行うことを指す。選択肢の内容の通り，対象者からインフォームド・コンセントを取得する際には対象者の自発性が十分に保証されることが必要である。

③**不適切**。　多重関係とは，例えば，公認心理師が心理支援を行っているクライエントと，学生時代の友人関係でもある，職場の上司と部下・同僚関係でもある，相談室以外の場で会う，食事をする，旅行に行く，性的関係にあるなどが該当する。この問題のように人を対象とした心理学研究の場合の多重関係は，「研究者と対象者が複数の役割を担う」ことであり，選択肢①のような研究者と対象者が知人の関係であるなど研究の場以外で関係を持つ場合が該当する。一見すると，正しそうな選択肢であるが，よくよく見ると，この選択肢は，「個人で複数の役割を担う」とある。「個人」で「複数の役割を担う」ことは多重関係ではないため，不適切である。

④**不適切**。　対象者の特定につながるような個人情報の公表は倫理的でないため，「情報をすべて公表」は不適切である。

【文献情報】
・下山晴彦編（2014）誠信 心理学辞典［新版］p.359 誠信書房
・金沢吉展（2006）臨床心理学の倫理をまなぶ p.107 東京大学出版会

アルコール依存症について，最も適切なものを1つ選べ。

① 不安症とアルコール依存症の合併は少ない。

② アルコール依存症の生涯自殺率は，約1％である。

③ アルコール早期離脱症候群では，意識障害は起こらない。

④ 脳機能障害の予防に，ビタミンB1の投与が有効である。

問 126	【健康・医療心理学】 依存症（アルコール）	肢別解答率			正答率 73.0%	
			①	②	③	④
難易度 2	正解：④	全体	2.6%	8.8%	14.5%	73.0%

①**不適切。**　アルコール依存症は，精神障害との併存の割合が高いことが指摘されている。特に**不安症やうつ病，双極性障害との合併は高い割合**で報告されており，合併した場合に病態が複雑化・重症化したり，自殺の可能性が高くなるといったことが示されている。

②**不適切。**　アルコール依存症の自殺率は 7 〜15％という調査結果が報告されている。また，自殺者のうちの 25〜35％にアルコールの使用が見られたという報告もある。うつ病を合併している場合には，25〜30％で自殺行動が見られており，男性より女性に多いことが指摘されている。

③**不適切。**　アルコールの早期離脱症候群は，飲酒停止後の 48 時間以内に多く見られる症状である。イライラ感，不安，抑うつ気分，心悸亢進や発汗といった自律神経症状，手指・眼瞼・体幹の振戦，てんかん様の発作，幻視・幻聴など一過性の幻覚，軽い見当識障害が生じる。

④**適　切。**　長期間のアルコール摂取によって，Korsakoff 症候群などの脳機能の障害が生じる場合がある。Korsakoff 症候群や Wernicke 脳症は，ビタミン B1 の欠乏によって生じるものであり，予防のためにビタミン B1 を中心としたビタミン剤の補給を行う。

【文献情報】
・下山晴彦ら編（2016）公認心理師必携 精神医療・臨床心理の知識と技法 p.103 医学書院
・尾崎紀夫他編（2021）標準精神医学第 8 版 p.431，433，434 医学書院

問 127 (配点：1)　　　　　【教育／障害者】

　学生相談で語られることの多い，学生生活サイクル上の課題の説明として，最も適切なものを1つ選べ。

① 　入学期は，対人関係をめぐる問題が相談として語られ，学生生活の展開が課題となる。

② 　中間期は，無力感やスランプなどが相談として語られ，自分らしさの探求が課題となる。

③ 　卒業期は，研究生活への違和感や能力への疑問が相談として語られ，専門職としての自己形成が課題となる。

④ 　大学院学生期は，修了を前に未解決な問題に取り組むことが相談として語られ，青年期後期の節目が課題となる。

394

問 127	【教育・学校心理学】学生相談		肢別解答率		正答率 46.8%	
			①	②	③	④
難易度2	正解：②	全体	41.2%	46.8%	7.3%	4.3%

①**不適切。**　入学期（入学後約1年間）は，新たな生活へと移行する時期であり，入学したことを肯定し，新たな生活を始めようとすることがテーマとなる。この時期には新たな生活への不安や戸惑いなどが語られたり，慣れ親しんだ環境や人間関係からの別離についての気持ちが語られたりする。また入学前から抱えていた問題が持ち込まれることもある。この選択肢の内容は中間期の課題である。

②**適　切。**　中間期（2～3年次）では，生活を管理することと，学生生活を展開することがテーマとなり，対人関係の構築や自分らしさの探求が課題となる。また中間期は中だるみの時期でもあり，無気力やスランプに陥ることもある。

③**不適切。**　卒業期（卒業前約1年間）は，進路の決定と学生生活をまとめることがテーマとなる。卒業するための卒業論文や単位取得，進路決定といった現実的な問題が課題となり，また，学生生活を振り返り未解決の問題に取り組んだり，社会人生活への移行についての不安が語られたりする。この選択肢の内容は，大学院学生期の課題である。

④**不適切。**　大学院学生期は研究が生活の中心となり，研究者や技術者としての自己を形成していくことが課題となる。単に学業の問題としてだけでなく，対人関係や進路，生き方そのものに関する問題として語られることもある。学生生活の終了，社会人としての着地がテーマとなる。この選択肢の内容は，卒業期の課題である。

【文献情報】
・日本学生相談学会編（2020）学生相談ハンドブック新訂版 p.46-50 学苑社

問 128 (配点：1) 　　　　【教育／障害者】

A. Bandura の理論において，自己効力感〈self-efficacy〉を高める方法として，最も適切なものを1つ選べ。

① モデリング

② タイムアウト

③ ホームワーク

④ トークン・エコノミー

396

問 128	【教育・学校心理学】 自己効力感		肢別解答率		正答率 56.7%	
			①	②	③	④
難易度 1	正解：①	全体	56.7%	2.5%	12.0%	27.5%

①**適　切。**　モデリングとは，A. Bandura（バンデューラ）の社会的学習理論に基づく
ものであり，モデルを観察することで，新たな行動が学習されたり既存の行動の修正
を行動療法の一技法である。このモデリングによって，不適切な行動を消去するとと
もに適応的な行動を獲得させ，問題行動の改善を行う。

②**不適切。**　タイムアウトとは，オペラント条件づけに基づく行動療法の一技法である。
この技法は，問題行動を行った際に，快をもたらす機会を一定期間制限することで行
動の出現頻度を低下させる方法である。例えば，子どもが危険な行為をした際に，何
もない静かな部屋で数分間など一定の時間，椅子に座らせる方法である。

③**不適切。**　ホームワークとは，いわゆる宿題のことである。認知行動療法などの心理
療法においては，面接場面における介入も重要であるが，面接と次回の面接までの間
の生活場面で，クライエントがどのように過ごせるかも重要になる。面接場面で具体
的にホームワークの内容を話し合い，生活場面でホームワークがどうであったか，次
の面接で振り返りをし，また，次のホームワークを考える。この繰り返しのプロセス
も重要である。

④**不適切。**　トークン・エコノミー法とは，オペラント条件づけに基づく行動療法の一
技法である。望ましい行動（適応行動）を示したクライエントに対して，トークン（代
理貨幣）を与えることによって，適応行動の形成，強化を行う方法である。トークンを
一定量集めることで，クライエントが望む報酬（強化子）を得ることができる。

【文献情報】
・下山晴彦編・監修（2017）臨床心理フロンティアシリーズ　認知行動療法入門　p.63, 86　講談社

問 129 (配点：1)　　　【心理査定】

心理検査結果を報告する際の対応として，<u>不適切なもの</u>を1つ選べ。

① クライエントが得意とする分野も記載する。

② 報告する相手によって，伝え方を工夫する。

③ クライエントが検査を受ける態度から推察できることを記載する。

④ 検査の記録用紙をコピーしたものを，そのままクライエントに渡す。

問 129	【心理的アセスメント】 アセスメント結果のフィードバック	肢別解答率			正答率 96.3%	
			①	②	③	④
難易度1	正解：④	全体	0.6%	0.6%	1.5%	96.3%

①**適　切。**　心理検査結果を報告する際は，検査結果から明らかになった問題点や課題をただ並べるのではなく，クライエントが得意とする分野に関する情報を記載することが望ましい。これは，問題点や課題に対して対応していくことを考える際に，苦手とすることのみを考えるよりも，得意とすることを生かしながら対応していくことで，クライエントが問題に対して意欲的に取り組むことが期待できるからである。

②**適　切。**　心理検査結果を報告する際には，検査結果に関する理解において誤解が生じることのないように努める必要がある。そのため，公認心理師がクライエントやクライエントの保護者，他の専門職の関係者に心理検査結果を伝えるときは，相手が適切に理解できるように伝え方を工夫することが求められる。具体的には，専門的な用語を使用しないこと，分かりやすい言葉で説明すること，主訴や困りごとにつながる伝え方にすることなどが挙げられる。

③**適　切。**　心理検査結果の多くは，数値化されるなど客観的なデータで算出される。これらの量的な情報とともに，クライエントの検査中の態度など観察によって得られる情報は質的な情報と呼ばれ，クライエントのアセスメントにとっては，両方の情報が重要になる。観察によって得られる情報として，例えば，学齢期のクライエントに対して知能検査を行う場合，着席の様子や，注意の様子，検査者からの教示の理解などが挙げられ，これらの観察を行うことで，学習への向き合い方などのアセスメントにつながる。

④**不適切。**　検査の記録用紙をコピーしたものを，そのままクライエントに渡すことは厳禁である。一例としては，日本文化科学社 HP「日本版 wisc-Ⅳテクニカルレポート#２」において，「実施・報告の使用者責任と所見の書き方」として「１　テスト・スタンダードに則って，検査は作られ，使われなくてはならない」「２　心理検査は十分な専門的研修を積んだ有資格者によって実施されなければならない」「３　保護者に検査結果のプロフィールをコピーして渡すことは原則として認められない」とされている。プロフィールのコピーを渡してはいけない理由としては，検査内容の妥当性や価値を損ないかねないからである。つまり，コピーを渡してしまうことで，検査内容が一般に開示されてしまう可能性がある。その結果，例えば，日常生活において検査課題や

それに類似する課題を練習してしまった場合，検査場面において課題を通して出される結果の妥当性が損なわれるといった危険性が考えられる。

【文献情報】

・下山晴彦ら編（2016）公認心理師必携精神医療・臨床心理の知識と技法 p.193，194，203，204 医学書院

問 130 (配点：1) 　　　【福祉／司法／産業】　　月　日／月　日

仕事と生活の調和推進のための行動指針で設けられた，「多様な働き方・生き方が選択できる社会」に必要とされる条件や取組として，<u>不適切なもの</u>を1つ選べ。

① パートタイム労働者を正規雇用へ移行する制度づくりをすること

② 就業形態にかかわらず，公正な処遇や能力開発の機会が確保されること

③ 育児，介護，地域活動，職業能力の形成を支える社会基盤が整備されていること

④ 子育て中の親が人生の各段階に応じて柔軟に働ける制度があり，実際に利用できること

問 130	【産業・組織心理学】 ワーク・ライフ・バランス		肢別解答率			正答率 84.7%	
				①	②	③	④
難易度 2	正解：①		全体	84.7%	5.9%	4.0%	5.2%

　内閣府 仕事と生活の調和推進のための行動指針 2 「仕事と生活の調和が実現した社会」に必要とされる諸条件 - 3）多様な働き方・生き方が選択できる社会 において，「・子育て中の親，働く意欲のある女性や高齢者などが，子育て期，中高年期といった人生の各段階に応じて多様で柔軟な働き方が可能となる制度があり，実際に利用できること。」（選択肢④に該当），「・多様な働き方に対応した育児，介護，地域活動，職業能力の形成等を支える社会的基盤が整備されていること。」（選択肢③に該当），「・就業形態に関わらず，公正な処遇や能力開発機会が確保されること（再掲）。」（選択肢②に該当）と記載されている。ここに選択肢①は含まれていない。よって，**正答は①である。**

　なお，選択肢①の内容は，同文書内「3 各主体の取組 - (1)企業，働く者の取組」に記載されている。

問 131 (配点：1)　　　│　【公認心理師法系】　　月　日 / 月　日

学校教育に関する法規等の説明として，誤っているものを1つ選べ。

① 学校教育法は，認定こども園での教育目標や教育課程等について示している。

② 学習指導要領は，各学校段階における教育内容の詳細についての標準を示している。

③ 教育基本法は，憲法の精神を体現する国民を育てていくための基本理念等について示している。

④ 学校保健安全法は，学校に在籍する児童生徒・教職員の健康及び学校の保健に関して示している。

問 131	【関係行政論】 教育分野に関する法律，制度	肢別解答率			正答率 74.1%	
			①	②	③	④
難易度 1	正解：①	全体	74.1%	5.4%	14.3%	6.0%

①**誤　り。**　学校教育法第 1 条において，「この法律で，学校とは，幼稚園，小学校，中学校，義務教育学校，高等学校，中等教育学校，特別支援学校，大学及び高等専門学校とする。」とされており，認定こども園は規定されていない。認定こども園が規定されているのは，「就学前の子どもに関する教育，保育等の総合的な提供の推進に関する法律（通称：認定こども園法）」である。

②**正しい。**　学校教育法施行規則第 52 条において，「小学校の教育課程については，この節に定めるもののほか，教育課程の基準として文部科学大臣が別に公示する小学校学習指導要領によるものとする。」と規定されている。中学校に関しては同規則第 74 条，義務教育学校に関しては同規則第 79 条の 6，高等学校に関しては同規則第 84 条，中等教育学校に関しては同規則第 108 条，特別支援学校については同規則第 129 条に同様の規定がある。

③**正しい。**　教育基本法の前文において，「ここに，我々は，日本国憲法の精神にのっとり，我が国の未来を切り拓く教育の基本を確立し，その振興を図るため，この法律を制定する。」とある。また，同法第 1 条では，「教育は，人格の完成を目指し，平和で民主的な国家及び社会の形成者として必要な資質を備えた心身ともに健康な国民の育成を期して行われなければならない。」とされている。

④**正しい。**　学校保健安全法第 1 条において，「この法律は，学校における児童生徒等及び職員の健康の保持増進を図るため，学校における保健管理に関し必要な事項を定めるとともに，学校における教育活動が安全な環境において実施され，児童生徒等の安全の確保が図られるよう，学校における安全管理に関し必要な事項を定め，もつて学校教育の円滑な実施とその成果の確保に資することを目的とする。」とある。

問 132 (配点：1)　　　【心理査定】

ケース・フォーミュレーションについて，適切なものを2つ選べ。

① クライエントの意見は反映されない。

② 個々のクライエントによって異なる。

③ 精神力動的心理療法では用いられない。

④ クライエントの問題に関する仮説である。

⑤ 支援のプロセスの中で修正せずに用いられる。

問 132	【心理的アセスメント】ケース・フォーミュレーション	肢別解答率					正答率82.4%	
		[No.1]	①	②	③	④	⑤	
		全体	1.0%	96.7%	1.5%	0.6%	0.1%	
難易度1	正解： [No.1] ②， [No.2] ④	[No.2]	①	②	③	④	⑤	
		全体	0.2%	0.7%	13.9%	83.6%	1.4%	

　ケース・フォーミュレーションとは，クライエントが抱える問題が生じたのはなぜか，問題が発生してからどのように変化しているか，問題が今も続いているのはなぜか，問題を改善・解消するために適切な介入はどのような介入かといったことについて仮説を立て，クライエントの支援に反映させることである。

　ケース・フォーミュレーションで重要視するのは，「個別性」と「仮説の生成・検証」の２点である。ケース・フォーミュレーションでは，クライエント一人ひとりの問題を個別に捉え，個別の介入計画を作成する。また，援助過程において，問題の維持要因，介入の仮説の妥当性を検証しつつ，クライエントの問題改善が見られないようであれば，再度ケース・フォーミュレーションを行い，より適切な仮説を生成する。

①**不適切**。　ケース・フォーミュレーションにおいては，クライエントと目標について話し合い，クライエントにケース・フォーミュレーションの内容が妥当かどうかの確認を行いながら進める。

②**適　切**。　ケース・フォーミュレーションでは，「個別性」を重視するため，クライエント個々によって異なる。服のサイズのS，M，Lサイズのように定型のサイズを作成するのではなく，一人ひとりの体型を寸法して，その人の体型にぴったり合ったオーダーメイドスーツを作成するようなイメージである。

③**不適切**。　ケース・フォーミュレーションは，主に認知行動療法で使用されることが多いが，認知行動療法に限らず，様々な心理療法においても用いられる。よって，精神力動的心理療法でも用いられる。また，心理療法に限らず，医療分野において用いられることもある。そのため，ケース・フォーミュレーションの最も共通した定義は，介入の対象となる問題の成り立ちを説明する仮説となる。

④**適　切**。　クライエントの問題の発生要因，維持要因などクライエントの問題に関する仮説である。

⑤**不適切**。　ケース・フォーミュレーションでは,「仮説の生成・検証」が重視されるため,立てた仮説が妥当でなければ,より妥当な仮説に修正することを行う。

【文献情報】
- ・下山晴彦編（2009）よくわかる臨床心理学改訂新版　p.42　ミネルヴァ書房
- ・下山晴彦編・監修（2017）臨床心理フロンティアシリーズ　認知行動療法入門　p.135　講談社

問 133 (配点：1) 　　　　【公認心理師法系】　　月　日 / 月　日

　感染症の標準予防策について，適切なものを2つ選べ。

① 全ての患者との接触において適用される。

② 個人防護具を脱ぐときは，手袋を最後に外す。

③ 手袋を外した後の手洗いや手指の消毒は，省略してもよい。

④ 電子カルテ端末を用いて情報を入力するときは，手袋を外す。

⑤ 個人防護具は，ナースステーション内の清潔な場所で着脱する。

410

問 133	【関係行政論】 院内感染対策	肢別解答率					正答率 12.2%	
		[No.1]	①	②	③	④	⑤	
		全体	77.6%	21.5%	0.1%	0.6%	0.1%	
難易度 1	正解： [No.1] ①， [No.2] ④	[No.2]	①	②	③	④	⑤	
		全体	0.9%	61.9%	0.5%	26.0%	10.5%	

①**適　切**。感染症の標準予防策とは，「感染対策の基本として，すべての血液，体液，分泌液（喀痰等），嘔吐物，排泄物，創傷皮膚，粘膜等は感染源となり，感染する可能性があるものとして取り扱うという考え方」を指す（厚生労働省「感染対策の基礎知識2」）。そして，標準予防策は「すべての患者に対して適用される」（厚生労働省「Ⅳ 医療施設等における感染対策ガイドライン」）ため，適切である。

②**不適切**。　手袋は特に汚染されているため，手袋はガウンと一緒に裏返して脱ぐことが重要である（2020年5月7日一般社団法人日本環境感染学会「医療機関における新型コロナウイルス感染症への対応ガイド第3版」p.11）。よって，不適切である。

③**不適切**。　厚生労働省「標準的な感染予防策」2 手指衛生によると，「手袋を外した後は手指消毒をする」（p.11）ことが規定されている。よって，不適切である。

④**適　切**。選択肢②の解説参照。特に汚染されている可能性が高い手袋を着用したまま多くの人が使用する電子カルテ端末を操作すると，感染をより広げてしまうことになる。したがって，電子カルテ端末に情報入力する際に手袋を外すことは適切である。

⑤**不適切**。　2021年6月〜2022年3月厚生労働省「院内感染対策講習会事業」に係る講習会 ④新型コロナウイルスについて 国立感染症研究所薬剤耐性研究センター第四室「COVID-19の感染対策」によると，汚染区域に入る際に必要な個人防護具を着用し，汚染区域から出る際に個人防護具を脱衣する（着用と脱衣は別の場所で実施）と指示されている。個人防護具は汚染区域で着脱せねばならないため，ナースステーションという清潔な場所で着脱することはあり得ない。よって，不適切である。

問 134 (配点：1)　　　【福祉／司法／産業】

社会的養護における永続性（パーマネンシー）について，正しいものを2つ選べ。

① 里親委託によって最も有効に保障される。

② 選択最適化補償理論に含まれる概念である。

③ 対象がたとえ見えなくなっても，存在し続けるという認識である。

④ 国際連合の「児童の代替的養護に関する指針」における目標である。

⑤ 子どもの出自を知る権利を保障できる記録の永年保存が求められる。

412

問 134	【福祉心理学】社会的養護	肢別解答率					正答率30.1%
		〔No.1〕	①	②	③	④	⑤
		全体	26.2%	23.4%	19.5%	30.1%	0.4%
難易度2	正解： 〔No.1〕 ④， 〔No.2〕 ⑤	〔No.2〕	①	②	③	④	⑤
		全体	0.2%	0.9%	5.2%	54.7%	38.2%

　平成 28（2016）年児童福祉法改正で，全ての子どもの育ちを保障するため，社会的養育の充実を目指し，家庭養育優先の理念を定め，実親による養育が難しければ，特別養子縁組による永続的解決（パーマネンシー保障）や里親による養育を推進することを明確にした。厚生労働省 新たな社会的養育の在り方に関する検討会 平成 29 年 8 月 2 日 新しい社会的養育ビジョン 参照。

①誤　り。　上記資料の＜要約編＞ 3．新しい社会的養育ビジョンの実現に向けた工程 (4)永続的解決（パーマネンシー保障）としての特別養子縁組の推進 において，「実家庭で養育ができない子どもや，家庭復帰に努力をしても実家庭に戻ることが困難な代替養育を受けている子どもの場合，児童福祉法第 3 条の 2 における家庭養育原則に基づき，永続的解決としての特別養子縁組は有力，有効な選択肢として考えるべきである。」とある。よって，選択肢の「里親委託によって」が誤りである。また，厚生労働省 HP 子どもを育てたいと願う人へ（特別養子縁組制度特設サイト） において，「養子縁組制度には，『特別養子縁組』と『普通養子縁組』があります。『特別養子縁組』は，実親（生みの親）との法的な親子関係が解消され，戸籍の表記は実の親子とほとんど変わりません。『普通養子縁組』は，実親（生みの親）との法的な親子関係は残り，戸籍上に生みの親の名前も併記され，実親と養子との間で法律上の関係が残ります。『里親』は，生みの親に代わり，一定期間子どもを育てる制度です。子どもとの間に法的な親子関係はありません。『特別養子縁組』は，子どもが生涯にわたり安定した家庭生活を送るための制度です。」とある。里親委託の制度は児童福祉法第 27 条第 1 項第 3 号の規定に基づいたものであり，養子縁組をしない場合は，児童福祉法の対象となる 18 歳に至るまでの子どもを対象としている（必要がある場合は 20 歳に達するまでの措置延長をとることができる）。

②誤　り。　社会的養護における永続性（パーマネンシー）とは，児童福祉における考え方である。選択肢②の選択最適化補償理論とは，P. B. Baltes が提唱した高齢者のエイジング・パラドックスを説明する理論の 1 つである。選択最適化補償理論では，加齢によっていろいろなものを失わざるを得ない高齢期は，資源をいかに選択的に有効

活用するか，または，無くなっていく資源をいかにして補償するかによって適応が決まり，幸福度に影響を与えると考える。

③誤　り。　選択肢③の内容は，Piaget 理論における「対象の永続性」の説明である。概ね２歳頃までに獲得できるとされている。

④正しい。　厚生労働省 国連総会採択決議 64/142. 児童の代替的養護に関する指針 II. 一般原則及び展望 B. 代替的養護 において，「12. 非公式の養護を含め，代替的養護を受けている児童に関する決定は，安定した家庭を児童に保障すること，及び養護者に対する安全かつ継続的な愛着心という児童の基本的なニーズを満たすことの重要性を十分に尊重すべきであり，一般的に永続性が主要な目標となる。」とあり，永続性が目標となっている。

⑤正しい。　厚生労働省 新しい社会的養育ビジョン III. 新しい社会的養育ビジョンの詳細 2．子どもの権利保障のための児童相談所の在り方 10）記録の保存 において，「児童相談所に係った子どもが自分の過去を知りたいときに知ることができるのは子どもの権利である。従って，少なくとも代替養育（一時保護を含む）が行われた子どもに関しては，永年保存を行うべきである。」とある。

【文献情報】
・佐藤眞一ら編著（2016）よくわかる高齢者心理学 p.34-35 ミネルヴァ書房
・下山晴彦ら監修（2019）公認心理師スタンダードテキストシリーズ⑫ 発達心理学 p.54-58 ミネルヴァ書房

問 135 （配点：1）　　【健康・医療／精神疾患】　月　日／月　日

　パニック発作の症状として，適切なものを<u>2つ</u>選べ。

① 幻覚

② 半盲

③ 現実感消失

④ 前向性健忘

⑤ 心拍数の増加

問135	【精神疾患とその治療】 神経症性障害，ストレス関連障害及び 身体表現性障害（F4）	肢別解答率					正答率70.4%
		〔No.1〕	①	②	③	④	⑤
		全体	7.0%	8.8%	71.0%	12.3%	0.5%
難易度1	正解：〔No.1〕③，〔No.2〕⑤	〔No.2〕	①	②	③	④	⑤
		全体	0.2%	0.2%	0.4%	0.6%	98.3%

　パニック発作とは，予期しない状況あるいは予期される状況で急激に起こる強烈な不安発作である。症状のピークは数分以内に達し，動悸，窒息感などの強い身体症状により，死に対する強い恐怖を抱くことが多い。

　DSM-5において，パニック発作の症状は「⑴動機，心悸亢進，または心拍数の増加（選択肢⑤），⑵発汗，⑶身震いまたは震え，⑷息切れ感または息苦しさ，⑸窒息感，⑹胸痛または胸部の不快感，⑺嘔気または腹部の不快感，⑻めまい感，ふらつく感じ，頭が軽くなる感じ，または気が遠くなる感じ，⑼寒気または熱感，⑽異常感覚（感覚麻痺またはうずき感），⑾現実感消失（選択肢③）（現実ではない感じ）または離人感（自分自身から離脱している），⑿抑制力を失うまたは"どうにかなってしまう"ことに対する恐怖，⒀死ぬことに対する恐怖」が挙げられている。

　したがって，パニック発作の症状として適切なものは，選択肢③現実感消失と選択肢⑤心拍数の増加である。なお，パニック発作は，その名称からパニック障害に特有の症状と捉えてしまいやすいが，分離不安症や限局性恐怖症，賦活症候群など様々な場面でみられる。パニック障害におけるパニック発作は，繰り返される予期しないパニック発作であることに注意が必要である。

　よって，正答は③・⑤である。

【文献情報】
・高橋三郎・大野裕監訳（2014）DSM-5　精神疾患の分類と診断の手引き　p.115, 116 医学書院
・松崎朝樹（2020）精神診療プラチナマニュアル第2版　p.68, 69 メディカル・サイエンス・インターナショナル
・尾崎紀夫ら編（2021）標準精神医学　第8版　p.347-352 医学書院

問 136 (配点：3)	【事例－医療領域】	月 日 月 日

　20歳の女性A。Aは，無謀な運転による交通事故や自傷行為及び自殺未遂でたびたび救急外来に搬送されている。また，Aは交際相手の男性と連絡が取れないと携帯電話を壁に叩きつけたり，不特定多数の異性と性的関係を持ったりすることもある。現在，救急外来の精神科医の勧めで，公認心理師Bによる心理面接を受けている。初回面接時には，「Bさんに会えてよかった」と褒めていたが，最近では，「最低な心理師」と罵ることもある。Aは，礼節を保ち，にこやかに来院する日もあれば，乱れた着衣で泣きながら来院することもある。心理的に不安定なときは，「みんな死んじゃえ」と叫ぶことがあるが，後日になるとそのときの記憶がないこともある。

　DSM-5の診断基準に該当するAの病態として，最も適切なものを1つ選べ。

① 双極Ⅰ型障害
② 素行症／素行障害
③ 境界性パーソナリティ障害
④ 反抗挑発症／反抗挑戦性障害
⑤ 解離性同一症／解離性同一性障害

問136	【精神疾患とその治療】成人のパーソナリティ及び行動の障害（F6）		肢別解答率				正答率69.1%	
			①	②	③	④	⑤	
難易度1	正解：③	全体	4.3%	0.1%	69.1%	0.6%	25.7%	

　本事例において，「無謀な運転による交通事故や自傷行為及び自殺未遂でたびたび救急外来に搬送されている。また，Aは交際相手の男性と連絡が取れないと携帯電話を壁に叩きつけたり，不特定多数の異性と性的関係を持ったりすることもある」との記述がある。

　ここに挙げられている無謀な運転および不特定多数の異性との性的関係は DSM-5 における境界性パーソナリティ障害の診断基準「(4)自己を傷つける可能性のある衝動性で，少なくとも2つの領域にわたるもの（例：浪費，性行為，物質乱用，無謀な運転，過食）」に該当し，度重なる自傷行為や自殺未遂は「(5)自殺の行動，そぶり，脅し，または自傷行為の繰り返し」，交際相手と連絡が取れないことによる怒りは「(8)不適切で激しい怒り，または怒りの制御の困難」に該当する。

　また，公認心理師Bとの面接に関して「初回面接時には，『Bさんに会えてよかった』と褒めていたが，最近では，『最低な心理師』と罵ることもある」という記述は，同基準「(2)理想化とこき下ろしとの両極端を揺れ動くことによって特徴づけられる，不安定で激しい対人関係の様式」に該当する。

　加えて，「Aは，礼節を保ち，にこやかに来院する日もあれば，乱れた着衣で泣きながら来院することもある」は同基準「(6)顕著な気分反応性による感情の不安定性」に該当し，「心理的に不安定なときは，『みんな死んじゃえ』と叫ぶこともあるが，後日になるとそのときの記憶がないこともある」は同基準「(9)一過性のストレス関連性の妄想様観念または重篤な解離症状」に該当する。

　同基準において，境界性パーソナリティ障害は「対人関係，自己像，感情などの不安定性および著しい衝動性の広範な様式で，成人期早期までに始まり，種々の状況で明らかになる，以下のうち5つ（またはそれ以上）によって示される」とあり，本事例においては(4)(5)(8)(2)(6)(9)の6つに該当している。したがって，DSM-5 の診断基準に該当するAの病態として，最も適切なものは選択肢③境界性パーソナリティ障害である。

　よって，**正答は③である。**

【文献情報】
・高橋三郎・大野裕監訳（2014）DSM-5 精神疾患の分類と診断の手引き p.305, 306 医学書院

問 137 (配点：3)　　　【事例－産業領域】

30歳の男性A，会社員。喫煙をやめたいが，なかなかやめられないため，会社の健康管理室を訪れ，公認心理師Bに相談した。Bは，Aが自らの行動を観察した結果を踏まえ，Aの喫煙行動を標的行動とし，標的行動の先行事象と結果事象について検討した。

先行事象が，「喫煙所の横を通ったら，同僚がタバコを吸っている」であるとき，結果事象として，最も適切なものを1つ選べ。

① 喫煙所に入る。
② タバコを吸う。
③ 同僚と話をする。
④ 自動販売機で飲み物を買う。
⑤ コンビニエンス・ストアでタバコを買う。

420

問 137	【障害者（児）心理学】 応用行動分析		肢別解答率				正答率9.4%	
			①	②	③	④	⑤	
難易度2	正解：③	全体	29.9%	28.0%	9.4%	30.4%	2.2%	

　事例中の「先行事象」「標的行動」「結果事象」という用語は，応用行動分析（Applied Behavior Analysis；ABA）における概念である。このABAとは，オペラント条件づけの原理を用いることで，対象となるヒトの行動変容を目指す方法論である。

　ABAでは，三項随伴性といった視点からアセスメントをしていく。三項随伴性とは，簡単に言えば，「ある場面」（弁別刺激）で，「こうしたら」（オペラント行動），「こうなった」（報酬，強化刺激）ということである。この弁別刺激は，はじめはオペラント行動の生起に影響力を持つことはない。まず，たまたま起こった弁別刺激のもとで，特定の行動に強化刺激が与えられることによって，行動する者は学習する。そのため，その後は，弁別刺激が，オペラント行動が生じる確率を高める働きを持つようになる。つまり，「先行事象」は弁別刺激，「標的行動」はオペラント行動，「結果事象」は強化刺激に対応している。事例の場合，「先行事象」は「喫煙所の横を通ったら，同僚がタバコを吸っている」であり，「標的行動」は「喫煙行動」である。このときの「結果事象」は何かということを考えていく。

①不適切。　「結果事象」として「喫煙所に入る」は，三項随伴性において考えると時系列が正しくない。

②不適切。　「タバコを吸う」は，「喫煙行動」であるため「標的行動」である。

③適　切。　「同僚と話をする」ことは，「結果事象」として考えることができる。つまり，最初，喫煙所にタバコを吸いに行ったときに，喫煙所で同僚がタバコを吸っていた，そして同僚と話ができたという事象は，その後の行動への強化子となり，「標的行動」とされる喫煙行動の増加につながると考えることができる。

④不適切。　「自動販売機で飲み物を買う」ことと喫煙行動の間に何らかの関係があるといった記述は事例からは確認できない。飲み物を買うこと自体が強化子になっているといった内容は確認できず，直接的な関係があることを判断できないため，結果事象として断定することはできない。

⑤**不適切。** 「コンビニエンス・ストアでタバコを買う」ことと喫煙行動の間に何らかの
関係があるといった記述は事例からは確認できない。タバコを買うことは，事例内容
における三項随伴性を成り立たせる行為であると考えることはできるが，タバコを買
うこと自体が強化子になっていると考えることができないため，結果事象として断定
することはできない。

【文献情報】
・小林重雄監修（1997）障害児・者のコミュニケーション行動の実現を目指す応用行動分析 p.26-
39 学苑社

問 138 (配点：3)

【事例－医療領域】

月　日
月　日

　28歳の男性A，会社員。Aは，最近，会社に出勤できなくなり，産業医から紹介されて公認心理師Bのもとを訪れた。Aは，人前に出ることはもともと苦手であったが，1年前に営業部署に異動してからは特に苦手意識が強くなり，部署内の会議への参加や，上司から評価されるような場面を避けがちになった。Bが実施した心理検査の結果，BDI-Ⅱの得点は32点，MASのA得点は32点，L得点は5点，LSAS-Jの総得点は97点であった。

　Aのアセスメントとして，最も適切なものを1つ選べ。

① 顕在性不安が強い。

② 抑うつ状態は軽度である。

③ 軽度の社交不安が疑われる。

④ 重度の強迫症状がみられる。

⑤ 好ましく見せようとする傾向が強い。

問 138	【心理的アセスメント】心理検査の結果等の統合と包括的な解釈		肢別解答率				正答率 63.8%	
			①	②	③	④	⑤	
難易度 2	正解：①	全体	63.8%	5.7%	21.1%	4.8%	4.4%	

①**適　切。**　MAS（Manifest Anxiety Scale）は顕在性不安尺度である。MMPI の 550項目から J. A. Taylor によって抽出された。MAS の得点解釈に関しては，20 歳から 60歳の一般男性の場合，23 点以上を Ⅰ段階，19 から 22 点を Ⅱ段階，10 から 18 点を Ⅲ段階，6 から 9 点を Ⅳ段階，5 点以下を Ⅴ段階と分類する。Ⅰ段階の方が顕在性不安が強いと解釈し，Ⅲ段階からⅤ段階では通常域であると解釈する。事例の男性Aの得点はA得点が 32 点で顕在性不安が強いと解釈することができる。また，L 得点は虚構点と呼び，11 点以上ある場合，回答内容の妥当性に疑いがあると扱う。事例の男性AのL 得点は 5 点であるため，少なくとも MAS の得点結果の妥当性に疑いはないものと考えられる。

②**不適切。**　BDI-Ⅱ（Beck Depression Inventory）は，A. T. Beck らが考案したうつや気分障害を対象とした検査である。この検査における得点分布は，14〜19 点を軽症，20〜28 点中等症，29 点以上を重症と解釈する。事例の男性Aの得点は BDI-Ⅱの得点は 32 点であるため，うつ状態としては重症であると判断することができる。そのため，選択肢の内容である「抑うつ状態は軽度」は不適切である。

③**不適切。**　LSAS-J（Liebowitz Social Anxiety Scale）とは，M. R. Liebowitz によって考案された社会不安症を対象とした検査である。LSAS-J の得点分布に関しては，総得点は 0〜144 という範囲になるため，全般性の社交不安症の者が 60 以上となることが多い。また，95〜100 以上では労働や通学などの社会的機能を果たせず活動能力が著しく低下していると判断できる。事例の男性Aの得点は LSAS-J の総得点は97 点であるため，活動能力に著しい低下が生じるほど重い社交不安の状態であることが考えられる。よって，「軽度の社交不安」が不適切である。

④**不適切。**　事例中の記述からは，強迫症状に関する情報や，強迫症状の評価につながる検査結果は確認できない。そのため，強迫症状に関してアセスメントすることはできない。

⑤**不適切。**　事例中の記述からは，好ましく見せようとする傾向に関する評価につながる臨床像や検査結果は確認できない。例えば，MMPI（ミネソタ多面的人格目録）の妥当性尺度の1つにL尺度が存在する。この尺度は虚構尺度と呼ばれ，高得点の場合，好ましく見せかけようとする態度があると評価することができる。事例中の男性Aの検査結果の中では，MASのL得点は5点であるため，本来は11点以上ある場合回答内容の妥当性に疑いがあると扱うが，事例の男性Aは少なくともMASの得点結果の妥当性に疑いはないと考えられる。

【文献情報】
- A. T. Beck ら著　小嶋雅代ら訳著（2003）日本版 BDI-Ⅱ手引 p.9-11　日本文化科学社
- J. A. Taylor ら構成（2013）MAS 使用手引 p.1-6　三京房
- 山内俊雄ら編（2015）精神・心理機能評価ハンドブック p.245, 246 中山書店

問 139 (配点：3)　　　【事例－教育領域】

27歳の男性A，中学校教師。Aは，スクールカウンセラーBに，担任をしているクラスの生徒Cのことで相談を持ちかけた。Aによると，Cは，授業中にAに対してあからさまに反抗的な態度をとるという。それにより，授業を中断しなければならない場面が何度もあった。他の生徒の不満も高まってきており，学級運営に支障を来し始めている。Aによると，Cの行動の原因については全く見当がつかず，疲弊感ばかりが増している状態であるとのこと。

BのAへのコンサルテーションにおける対応として，最も適切なものを1つ選べ。

① 具体的な行動は提案しない。

② 具体的かつ詳細な質問を行う。

③ 心理学用語を用いて説明する。

④ なるべく早く解決策を提案する。

⑤ Aの気持ちを長期間繰り返し傾聴する。

問 139	【教育・学校心理学】 教育関係者へのコンサルテーション		肢別解答率				正答率 86.8%	
			①	②	③	④	⑤	
難易度 1	正解：②	全体	2.7%	86.8%	0.1%	5.2%	5.0%	

　この問題は，選択肢から容易に判断できる問題である。この問題はコンサルテーションについて知っている云々ではなく，日本語表現から確実に３点を獲得して欲しい。

①不適切。　学校・教育場面におけるコンサルテーションとは，心理学の専門家であるスクールカウンセラー（コンサルタント）が，教育学の専門家である教師（コンサルティ）からの相談に対し，教師が児童生徒にどう対応したらいいかについて助言や援助を行うことである。この事例の場合，Ａはクラスの生徒Ｃへの対応や他の生徒への対応について困っているため，できる限りＡが具体的にどう対応した方がよいのかについて提案できた方がよい。

②適　切。　事例中に「ＡはＣの行動の原因については全く見当がつかず」とあり，なぜＣがＡに対して反抗的な態度をとっているか分からない状態である。そのため，授業中のＡのどのような発言や態度のときにＣが反抗的な態度をとっているか，また，Ｃは四六時中反抗的な態度をとっているわけではないはずであるため，Ｃが反抗的な態度をとっていないときがどのようなときなのかといったことについて具体的かつ詳細な質問を行うことで，Ｃの行動のアセスメントをすることが必要である。

③不適切。　心理学用語を用いて説明をすることによって，ＡがスクールカウンセラーＢの質問や説明を理解できない可能性がある。それではコンサルテーションを行う意味がないため，不適切である。これは，コンサルテーションに限らず，心理検査の説明や結果のフィードバック，心理療法の内容をクライエントに説明する際も同様である。

④不適切。　「なるべく早く」が不適切である。なるべく早く解決策を提案することができた方がいいかもしれないが，それでは十分なアセスメントをせずに解決策を提案することになりかねず，誤った解決策を提案してしまう可能性がある。そうすると，現状よりも学級運営がもっと難しくなってしまう可能性もあるため，不適切である。

⑤不適切。　これはカウンセリングの対応である。コンサルテーションにおいては，コンサルティであるＡがＣやクラスの他の生徒にどう対応したらいいかについて，Ｂが助言や援助を行うことが中心となる。

問 140 (配点：3) 　【事例－医療領域】　月　日／月　日

65歳の女性A，夫Bと二人暮らし。Aは，半年前から動作が緩慢となり呂律が回らないなどの様子がみられるようになった。症状は徐々に悪化し，睡眠中に大声を上げ，暴れるなどの行動がみられる。「家の中に知らない子どもがいる」と訴えることもある。Bに付き添われ，Aは総合病院を受診し，認知症の診断を受けた。

Aに今後起こり得る症状として，最も適切なものを1つ選べ。

① 反響言語
② 歩行障害
③ けいれん発作
④ 食行動の異常
⑤ 反社会的な行動

問140	【福祉心理学】認知症		肢別解答率				正答率 60.0%	
			①	②	③	④	⑤	
難易度2	正解：②	全体	5.3%	60.0%	6.9%	12.0%	15.7%	

　事例中の女性Aは，症状として「緩慢となり呂律が回らない」という様子があり，これはパーキンソン症状の可能性が考えられる。また，「睡眠中に大声を上げ，暴れる」という行動はレム睡眠行動障害の可能性が考えられる。さらに，「家の中に知らない子どもがいる」という訴えは幻視の可能性が考えられる。以上のパーキンソン症状，レム睡眠行動障害，幻視といった症状が特徴付けられるものとして，女性AはLewy小体型認知症の可能性が考えられる。

①**不適切。**　反響言語は，前頭側頭型認知症の中期に見られる特徴の1つである。反響言語という症状は，いわゆるオウム返しという状態である。相手が言ったことをそのまま繰り返し発語する。前頭側頭型認知症における保続症状の1つである。

②**適　切。**　Lewy小体型認知症が進行していくと，病中期や後期ではパーキンソン症状が進行し小刻み歩行やすくみ足などの歩行障害がみられるようになる。また，パーキンソン症状として，筋固縮，寡動，姿勢反射障害，仮面様顔貌，嚥下障害などの症状が見られるようになる。

③**不適切。**　けいれん発作は認知症高齢者における身体兆候の1つである。脳機能の異常興奮によって生じるものであると考えられ，認知症に合併するてんかんや脳血管疾患だけでなく，発熱などの二次的に脳に影響する疾患や状態に伴って生じることが多い。認知症高齢者において起こり得る症状としては当てはまるが，事例のようにLewy小体型認知症が進行していくことで今後起こり得る症状としては，選択肢の中で最適ではない。

④**不適切。**　食行動の異常，いわゆる異食は前頭側頭型認知症の後期に見られる特徴の1つである。Lewy小体型認知症が進行していく中で起こり得る症状としては当てはまらない。

⑤**不適切。**　反社会的な行動は，前頭側頭型認知症の病初期から見られる特徴の1つである。Lewy小体型認知症が進行していく中で起こり得る症状としては当てはまらない。

【文献情報】

・一般社団法人日本認知症ケア学会（2016）認知症ケア標準テキスト改訂4版・認知症ケアの基礎 p.61-67 ワールドプランニング
・一般社団法人日本認知症ケア学会（2016）認知症ケア標準テキスト改訂5版・認知症ケアの実際Ⅱ：各論 p.73，74 ワールドプランニング
・黒川由紀子ら編（2018）認知症の心理アセスメントはじめの一歩 p.86-91，97-101 医学書院

月 日
月 日

　7歳の男児A，小学1年生。入院治療中。Aは，気管支喘息と診断され通院治療を受けていた。喘息発作で救急外来を受診したとき，強引に押さえられて吸入処置を受けた。それを機に，吸入器を見ると大泣きするようになり，自宅での治療が一切できなくなった。そのため，発作により，救急外来を頻回に受診するようになり，最終的に入院となった。医師や看護師が吸入させようとしても大泣きして手がつけられず，治療スタッフが近づくだけで泣くようになったため，主治医から公認心理師に心理的支援の依頼があった。

　Aに対して行う行動療法的な支援の技法として，適切なものを1つ選べ。

① 嫌悪療法
② 自律訓練法
③ エクスポージャー
④ バイオフィードバック
⑤ アサーション・トレーニング

434

問 141	【心理学的支援法】認知行動理論		肢別解答率			正答率 72.1%	
			①	②	③	④	⑤
難易度 1	正解：③	全体	11.0%	5.9%	72.1%	4.5%	6.3%

　本事例の男児Aは，気管支喘息の治療に必要な吸入処置に対して，恐怖心を覚え，さらには吸入処置を行う治療スタッフにも恐怖心を感じるようになったと推察される。Aの吸入処置への恐怖心を軽減し，治療を受けられるようにするための技法として，選択肢③のエクスポージャーが適切である。

①**不適切。**　嫌悪療法とは，不適応行動に対して，嫌悪的刺激を呈示し，それによって不適応行動を抑制しようとする，行動療法の一技法である。アルコール依存症や性的逸脱行動への治療として用いられることが多く，適切な行動の形成を同時に図ることでより効果的となる。

②**不適切。**　自律訓練法とは，J. H. Schultz によって開発された，心身の機能を自律的に調整するためのトレーニング法である。基本となる標準練習は，安静練習，四肢重感練習，四肢温感練習，心臓調整練習，呼吸調整練習，腹部温感練習，額部涼感練習で構成される。心身をリラックスさせた状態で自然に心身の変化が生じるのを待つ「受動的注意」を保つことが重要である。

③**適　切。**　エクスポージャーとは，患者が不適応的な行動や情緒的反応を起こす状況や刺激に，患者自身を直面させる行動療法の技法である。不安や恐怖，怒り，悲嘆といった行動や反応への治療法として用いられる。長時間繰り返し刺激に曝されることによって，誘発される反応が減少・消失するという馴化や，条件づけられた反応の消去，などが治療のメカニズムとして考えられる他，予想しているものと現実との矛盾に気づくことで反応が消失するといったメカニズムについても指摘されている。

④**不適切。**　バイオフィードバックは行動療法の一技法で，患者の心拍数や体温，血圧，筋緊張などの自律神経系の反応や脳波などを計測し，それを映像や音などに変換して患者にフィードバックすることで，患者自身が望ましい状態にコントロールすることができるようにする方法である。オペラント条件づけの原理を応用したものである。

⑤**不適切。**　アサーション・トレーニングは，自己主張訓練とも呼ばれるもので，自分の権利も相手の権利も尊重しながら，建設的な自己主張ができるようになるためのトレーニング法である。元々は，対人関係場面における不安反応を軽減するための行動療法の技法として開発されたが，現在では，相手の権利を尊重しつつ自身の権利を適切に表現するためのコミュニケーショントレーニングとして発展している。

【文献情報】
・中島義明ら編（1999）心理学辞典　p.226　有斐閣
・子安増生ら監修（2021）現代心理学辞典　p.7，57，381，610　有斐閣

問 142 (配点：3)

【事例－産業領域】

　54歳の男性A，会社員。仕事への興味の減退を主訴に心理相談室に来室した。Aは，大学卒業後，技術系の仕事に就き，40歳代で管理職になった。4か月前にゴルフ友達が亡くなったのを機に不眠傾向となり，かかりつけ医から睡眠薬を処方された。しかし，症状は改善せず，体調不良を自覚して検査を受けたが異常は指摘されなかった。清潔な身なりで礼容は保たれているが，張りのない声で，「楽しい感情が湧かない」，「ゴルフが大好きだったのに行く気がしない」，「ふさぎ込んでいるので家庭の空気を悪くして申し訳ない」と述べた。飲酒習慣は晩酌程度という。

　最も優先して確認するべきAの症状を1つ選べ。

① 易疲労感

② 希死念慮

③ 自信喪失

④ 早朝覚醒

⑤ 体重減少

438

問 142	【精神疾患とその治療】 気分（感情）障害（F3）	肢別解答率					正答率 87.7%	
			①	②	③	④	⑤	
難易度 1	正解：②	全体	5.7%	87.7%	1.6%	1.7%	3.2%	

本問はうつ病／大うつ病性障害が疑われる事例である。

事例中にAの情報として、「仕事への興味の減退」「『楽しい感情が湧かない』、『ゴルフが大好きだったのに行く気がしない』」との記述がある。これは，DSM-5におけるうつ病／大うつ病性障害の診断基準A「(2)ほとんど一日中，ほとんど毎日の，すべて，またはほとんどすべての活動における興味または喜びの著しい減退」に該当する可能性がある。

また，事例中の「ゴルフ友達が亡くなったのを機に不眠傾向になり，かかりつけ医から睡眠薬を処方された。しかし，症状は改善せず」との記述は，同基準A「(4)ほとんど毎日の不眠または過眠」に該当し，「『ふさぎ込んでいるので家庭の空気を悪くして申し訳ない』」との記述は，同基準A「(7)ほとんど毎日の無価値感，または過剰であるか不適切な罪責感」に該当する可能性がある。

さらに，検査では異常が見られず，飲酒習慣は晩酌程度であることから，同基準C「そのエピソードは物質の生理学的作用，または他の医学的疾患によるものではない」を満たす。

以上より，本問は，うつ病／大うつ病性障害が疑われるAに対して，最も優先して確認するべき症状はなにかを問うものである。

①優先して確認するべき症状ではない。　易疲労感は，DSM-5におけるうつ病／大うつ病性障害の診断基準(6)に該当する。これは，今後のアセスメントのために確認した方がいい情報ではあるが，優先的に確認するべき症状ではない。

②優先して確認するべき症状である。　希死念慮は，DSM-5におけるうつ病／大うつ病性障害の診断基準(9)に該当し，なおかつ自殺の危険因子の1つとして挙げられている。うつ病のおよそ半数は希死念慮を抱くとされているため，本事例においても希死念慮を抱いているか確認することによって，Aの自殺の危険性を評価するための一助となりうる。自殺の危険性が高い場合には，Aを守るに当たり，その後の対応は大きく変わる。よって，本事例において，優先して確認するべきAの症状は希死念慮である。

③優先して確認するべき症状ではない。　自信喪失は，DSM-5におけるうつ病／大うつ病性障害の診断基準(7)に関連する可能性があるが，優先的に確認するべき症状ではない。

④**優先して確認するべき症状ではない。**　早朝覚醒は，DSM-5におけるうつ病／大うつ病性障害の診断基準(4)に関連する可能性があるが，優先的に確認するべき症状ではない。

⑤**優先して確認するべき症状ではない。**　体重減少は，DSM-5におけるうつ病／大うつ病性障害の診断基準(3)に該当する。これは，今後のアセスメントのために確認した方がいい情報ではあるが，優先的に確認するべき症状ではない。

【文献情報】
・高橋三郎・大野裕監訳（2014）DSM-5　精神疾患の分類と診断の手引き　p.90，91　医学書院
・下山晴彦ら編（2016）公認心理師必携　精神医療・臨床心理の知識と技法　p.117，118　医学書院

問 143 (配点：3)	【事例－医療領域】	月　日
		月　日

　25歳の男性A，消防士。妻と二人暮らし。台風による大雨で川が大規模に氾濫したため，Aは救出活動に従事した。当初は被災住民を救出できたが，3日目以降は遺体の収容作業が多くなった。5日目を過ぎた頃から，同僚に，「自分は何の役にも立たない。何のために仕事をしているのか分からない。家ではいらいらして，妻に対してちょっとしたことで怒り，夜は何度も目を覚ましている」と話した。心配した同僚の勧めで，Aは医療支援チームの一員である公認心理師Bに相談した。

　この段階でのBのAへの対応として，最も適切なものを1つ選べ。

① もう少し働き続ければ慣れると伝える。

② 職業の適性に関する評価が必要であることを伝える。

③ 家庭では仕事のつらさについて話をしないよう勧める。

④ 他の消防士も参加できるデブリーフィングの場を設ける。

⑤ 急なストレス状況でしばしばみられる症状であることを伝える。

問 143	【健康・医療心理学】 支援者のケア		肢別解答率				正答率 65.2%
			①	②	③	④	⑤
難易度 1	正解：⑤	全体	0.1%	1.8%	0.5%	32.3%	65.2%

①**不適切**。　国立精神・神経医療研究センター　ストレス災害時こころの情報支援センターHP　災害救援者メンタルヘルス・マニュアル　⑷支援者のストレス対策（セルフケア）　3．自分の心身の反応に気づくこと　において，「心身の反応が出ている場合は，休憩・気分転換を心がける」とある。事例のAの状態で，公認心理師Bの対応として「もう少し続ければ慣れる」と伝えることは，「休憩・気分転換」に反する対応であり，不適切である。

②**不適切**。　同資料 ⑴はじめに　において，「惨事ストレスは『異常事態に対する正常な反応』で，誰にでも起こりうる。」とある。つまり，事例のAの状態は，Aの職業の適性の問題ではなく，災害支援者には誰にでも起こりうる自然な反応である。

③**不適切**。　同資料 ⑷支援者のストレス対策（セルフケア）　5．一人でためこまないこと　には，「家族・友人などに積極的に連絡する」とあり，「自分の体験，気持ちを話したい場合，我慢する必要はない」とある。

④**不適切**。　心理的デブリーフィングは，危機的な出来事を体験した直後に，個々の体験を語りあい，それを吟味し，トラウマ反応や対処法に関する心理教育を行うグループ介入の手法である。元々は消防士に対する心的外傷後ストレス障害〈PTSD〉の予防法としてアメリカで開発された早期介入技法だが，阪神・淡路大震災をきっかけに日本にも紹介された。しかし，2000 年代以降，デブリーフィングが PTSD の予防に有効ではない，かえって悪化させることがあるという研究が相次いで発表されるようになった。デブリーフィングの欠点は，タイミングの問題があると考えられている。被災直後の安全が確保されていない時期に言語化すること，あるいは他の人の語りを耳にすることにより，トラウマ反応がかえって強化されてしまう可能性が指摘されている。この事例では，「5日目を過ぎた頃から」とあり，非常に早期の段階である。そのため，この段階でのデブリーフィングの導入は危険を伴う可能性があるため，不適切である。

⑤**適　切。**　選択肢②の解説参照。また，アメリカ国立子どもトラウマティックストレス・ネットワーク　アメリカ国立 PTSD センター　サイコロジカル・ファーストエイド実施の手引き第 2 版　兵庫県こころのケアセンター訳　2009 年 3 月　付録C：サイコロジカル・ファーストエイドを提供する人のケア　においても，「PFA 提供者は，様々なストレス反応を体験します。そうした反応は，被災者に関わることによって一般的に起こるものです。」とある。よって，A の状態は，災害支援者にとっては自然な反応でありそれを自覚することが大切であるため適切である。

問 144 (配点：3)   【事例－教育領域】

12歳の女児A，小学6年生。Aに既往歴はなく，対人関係，学業成績，生活態度などに問題はみられなかった。しかし，ある日授業中に救急車のサイレンが聞こえてきたときに，突然頭を抱え震えだした。その後，Aはかかりつけの病院を受診したが，身体的異常はみられなかった。Aはそれ以降，登校しぶりが目立っている。保護者によると，1年前に，家族旅行先で交通死亡事故を目撃したとのことであった。AやAの家族は事故に巻き込まれてはいない。スクールカウンセラーであるBは，教師の校内研修会でAへの対応に役立つような話をすることになった。

Bが提示する内容として，最も適切なものを1つ選べ。

① 発達障害への対応

② 曖昧な喪失へのケア

③ 心理的リアクタンスの理解

④ トラウマ・インフォームド・ケア

⑤ 反応性アタッチメント障害の理解

問 144	【福祉心理学】 心的外傷後ストレス障害〈PTSD〉	肢別解答率					正答率91.4%
			①	②	③	④	⑤
難易度 1	正解：④	全体	0.1%	1.6%	6.5%	91.4%	0.3%

①**不適切。**　事例中には，Aが発達障害である可能性が推測されるような記述はみられない。

②**不適切。**　災害グリーフサポートプロジェクト　「あいまいな喪失」情報サイト において，「『あいまいな喪失（ambiguous loss）』は，その喪失自体があいまいで不確実な状況のことをいいます。Pauline Boss 博士は，この『あいまいな喪失（ambiguous loss）』を『はっきりしないまま残り，解決することも，決着を見ることも不可能な喪失体験』と定義しました。そして，通常の喪失と異なり，あいまいな喪失の中にある人は，終わりのない悲しみのために，『前に進むことができなくなってしまう』と述べました。」とある。事例中には，Aが曖昧な喪失を抱えていることが推測されるような記述はみられないため，不適切である。

③**不適切。**　心理的リアクタンスとは，個人が自由を制限される場合に，自由の回復を望む方向へ動機づけが喚起されるというものである。心理的リアクタンスの大きさは，制限される自由の重要度，割合，脅威の程度によって決まると考えられている。例えば，親から「早く宿題をやりなさい」と言われると，しなければならないと分かっていてもやる気が失われるような場合である。事例中には，心理的リアクタンスの理解の説明の研修の必要性が推測される記述は見当たらない。

④**適　切。**　厚生労働省　8　調査4　トラウマインフォームド・ケアに関する心理教育教材の評価と開発 において，「トラウマインフォームド・ケア（以下，TIC とする）は，家庭での虐待やネグレクト，養育環境の機能不全，その他の暴力被害等による深刻なストレス経験やトラウマを負った子どもが示す不穏行動，心身の不調による社会的・対人的適応障害への職員の気づき，問題の効果的な発見と適切な対応のアプローチである。」（p.79）とある。さらに，「TIC の手法は，対象となる問題・症状を示す子どもへのケアにとどまらず，そうした子どもを支援する支援者の安全の確保や，支援を展開する組織の治療的なアプローチ全体のマネジメントを重視している。そのため，子どもと支援者の関係をはじめ，子どもへの支援にあたる組織全体が，安全な治療的関係性と環境を維持・運営していくことがめざされる。」（p.79）とあり，Aの状態の背景には，一年前の交通死亡事故の目撃がトラウマになっている可能性が推測され，Aの

不適応行動の理解と対応に限らず，それを支援する職員や組織についてのアプローチの内容であるため，適切である。

⑤**不適切。**　事例中には，Aが反応性アタッチメント障害の可能性が推測されるような記述はみられない。

問145 (配点：3)

【事例－福祉領域】

月　日
月　日

　14歳の男子Ａ，中学2年生。Ａは，生後間もない頃から乳児院で育ち，3歳で児童養護施設に入所した。保護者は所在不明でＡとの交流はない。Ａはおとなしい性格で，これまで施設や学校でも特に問題はみられなかったが，中学2年生の冬休み明けからふさぎ込むことが増えた。ある日，児童指導員Ｂに対して，「どうせ仕事なんだろう」，「なぜこんなところにいなくてはいけないんだ」と言いながら暴れた。また，「生きている意味がない」とメモを書き残して外出し，Ａが育った乳児院の近くで発見された。Ａの態度の変わりように困ったＢは，施設内の公認心理師ＣにＡへの対応を相談した。

　ＣのＢへの助言・提案として，最も適切なものを1つ選べ。

① 　Ａの自立支援計画の策定を始めるよう助言する。

② 　児童相談所に里親委託の検討を依頼するよう提案する。

③ 　Ａが自分を理解してもらえないと感じるような，Ｂの対応を改善するよう助言する。

④ 　Ａには注意欠如多動症／注意欠如多動性障害〈AD/HD〉の疑いがあるため，医療機関の受診を提案する。

⑤ 　信頼できる大人との日常生活の中で，Ａが自分の人生を自然に振り返ることができるような機会が大切になると助言する。

問145	【福祉心理学】 環境調整	肢別解答率					正答率 94.6%
			①	②	③	④	⑤
難易度 1	**正解：⑤**	全体	2.8%	0.9%	1.3%	0.3%	94.6%

　事例によると，Aの生い立ちについて，生後間もなく乳児院での生活に始まり，児童養護施設に生活の場を移した後も，保護者は所在不明で交流もなく，家族とのつながりを感じる機会が無いまま中学2年生になっている。

　Aはこれまで特に問題は見られなかったが，その経過の中で周囲とは異なる状況に自分自身がいることを目の当たりにする機会が多々あったことは容易に想像がつく。特に家族の存在の有無については，学校行事をはじめとする活動から，そういった疑問を抱くことも不思議ではない。

　自分がなぜ施設で生活しなければいけないのか，なぜ親ではない者が自分に関わるのか，様々な疑念が自身の存在価値さえも否定してしまい，自暴自棄に至り，児童指導員のBに対して自分の気持ちや思いを分かって欲しいことへの裏返しから，自他に対してこのような行動に及んだ可能性がある。

　したがって，選択肢⑤のようにA自身が自分の人生を振り返ることができるよう，Bをはじめ施設，関係機関・者と行えるような機会を助言することが，支援につながると考えられる。よって，**正答は⑤である。**

①**不適切。**　厚生労働省雇用均等・児童家庭局総務課　子ども虐待対応の手引き（平成25年8月　改正版）において，「子どもが児童福祉施設に委ねられた場合には，児童相談所が策定した援助方針は，施設の作成する自立支援計画に引き継がれていく。**自立支援計画は，施設が，子どもの入所時あるいは子どもの入所後数か月間，児童相談所の援助方針を活用した後，アセスメントに基づき作成し，以後定期的に児童相談所等との協議のなかで見直していく子どもの自立支援のための計画である。**」(p.135)とあり，自立支援計画は児童養護施設入所時に策定しているため，「策定を始めるよう助言」することは不適切である。

②**不適切。**　児童養護施設での対応に困ったからといって，この段階で里親委託を検討するよう児童相談所に依頼することは，Aにとって児童指導員Bや児童養護施設の職員に見捨てられたという経験につながる可能性がある。よって，不適切である。

③**不適切。**　Bの対応については，事例中には何も記述はなく，どのような関わりのどの点を改善すればAが理解してもらえると感じることができるのか不明瞭である。よって，不適切である。

④**不適切。** 事例中の記述に「Aはおとなしい性格で，これまで施設や学校でも特に問題はみられなかった」とあり，注意欠如多動症／注意欠如多動性障害〈AD/HD〉を疑うようなエピソードはみられない。また，不注意や多動性・衝動性のエピソードはDSM-5の診断基準では，12歳までにみられることになっているため，14歳のAが暴れたりしている背景として，AD/HDを疑うことも妥当ではない。

問 146 (配点：3) 　　　【事例－教育領域】

　30 歳の女性A，小学4年生の担任教師。Aは，2学期開始から 10 日後，同じ小学校のスクールカウンセラーである公認心理師Bに次のように相談した。Aが担任をしている学級では，1学期の終わり頃から児童Cが悪口を言われており，休むこともあったという。2学期になっても，Cへの悪口が続いており，登校しづらくなっている。

　いじめ対応の基本を踏まえて，Bが最初に確認することとして，最も適切なものを1つ選べ。

① 　学級経営の方針

② 　Cの合計欠席日数

③ 　小学校周辺の地域の状況

④ 　Aの児童全般への関わり方

⑤ 　学級における児童全体の様子

問146	【教育・学校心理学】いじめ		肢別解答率				正答率20.8%	
			①	②	③	④	⑤	
難易度3	正解：②	全体	1.6%	20.8%	0.1%	6.9%	70.5%	

　この事例問題は、正答から結論づけると、いじめの重大事態の把握に関する問題であったと思われる。まずは、いじめ防止対策推進法第28条を引用する。

いじめ防止対策推進法
（学校の設置者又はその設置する学校による対処）
第28条
1　学校の設置者又はその設置する学校は、次に掲げる場合には、その事態（以下「重大事態」という。）に対処し、及び当該重大事態と同種の事態の発生の防止に資するため、速やかに、当該学校の設置者又はその設置する学校の下に組織を設け、質問票の使用その他の適切な方法により当該重大事態に係る事実関係を明確にするための調査を行うものとする。
　一　いじめにより当該学校に在籍する児童等の生命、心身又は財産に重大な被害が生じた疑いがあると認めるとき。
　二　いじめにより当該学校に在籍する児童等が相当の期間学校を欠席することを余儀なくされている疑いがあると認めるとき。
2　学校の設置者又はその設置する学校は、前項の規定による調査を行ったときは、当該調査に係るいじめを受けた児童等及びその保護者に対し、当該調査に係る重大事態の事実関係等その他の必要な情報を適切に提供するものとする。
3　第1項の規定により学校が調査を行う場合においては、当該学校の設置者は、同項の規定による調査及び前項の規定による情報の提供について必要な指導及び支援を行うものとする。

　また、いじめの防止等のための基本的な方針　平成25年10月11日　文部科学大臣決定（最終改定　平成29年3月14日）において、「法第2号の『相当の期間』については、不登校の定義を踏まえ、年間30日を目安とする。ただし、児童生徒が一定期間、連続して欠席しているような場合には、上記目安にかかわらず、学校の設置者又は学校の判断により、迅速に調査に着手することが必要である。」（p.32）とある。つまり、いじめによる重大事態の判断の1つに、いじめによって当該児童等が30日以上の欠席をしているか、が挙げられている。
　そのため、この事例においても、選択肢②の「Cの合計欠席日数」を確認することが正答になっているのであると思われる。しかし、疑問も残る。その疑問について、事例中の記述から見ていきたい。

事例中の記述には,「Aが担任をしている学級では,1学期の終わり頃から児童Cが悪口を言われており,休むこともあった」とあり,「2学期になってもCへの悪口が続いており,登校しづらくなっている」とある。また,もう1つの情報として,「Aは,2学期開始から10日後,同じ小学校のスクールカウンセラーである公認心理師Bに次のように相談した」とあるため,2学期が始まってから10日が経過していることもわかる。

ただし,事例からは,「1学期の終わり頃」がどれくらい「終わり頃」なのか,「休むこともあった」とは,どの程度「休んでいるのか」,2学期になってからも「登校しづらくなっている」とは「休んでいるのか」それとも「登校しているのか」,といったことが不透明である。だからこそ,Cの合計欠席日数を確認する必要があるのかもしれないが,文部科学省 平成29年3月 いじめの重大事態の調査に関するガイドライン には,次のような記述も確認できる。

「不登校重大事態の定義は,欠席日数が年間30日であることを目安としている。しかしながら,基本方針においては『ただし,児童生徒が一定期間,連続して欠席しているような場合には,上記目安にもかかわらず,学校の設置者又は学校の判断により,迅速に調査に着手することが必要である。』としている。それにもかかわらず,欠席日数が厳密に30日に至らないとして重大事態として取り扱わず,対応を開始しない例があった。このような学校の消極的な対応の結果,早期に対処すれば当該児童生徒の回復が見込めたものが,被害が深刻化して児童生徒の学校への復帰が困難となってしまった。」(p. 4)

この記述は,合計欠席日数にこだわりすぎず,早期に対応することが,当該児童生徒の学校復帰や回復を見込めることを可能にすると読みとることができる。

また,文部科学省 初等中等教育局児童生徒課 令和2年11月10日(火) いじめ問題の対応について にも次のような表がある。

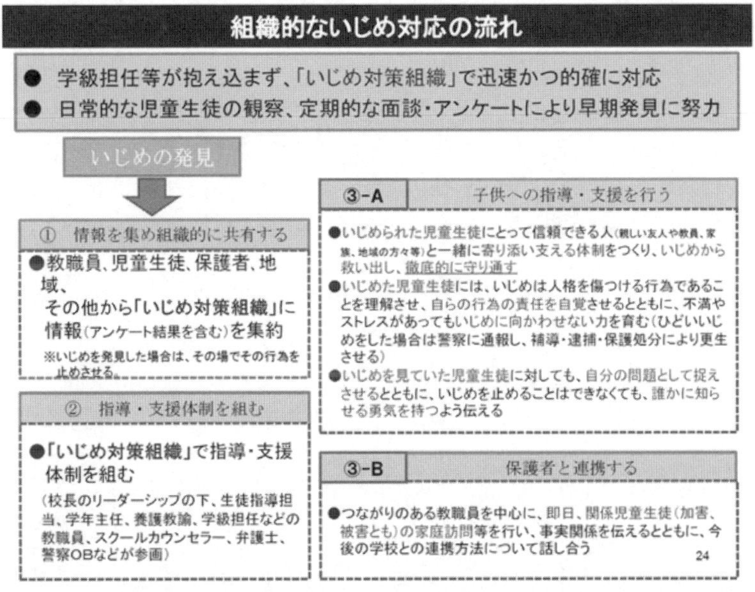

456

　以上をふまえ，改めてこの事例に戻ると，担任教師Ａがスクールカウンセラーである公認心理師Ｂに何を相談したかったのかも不透明であり，先述したようにＣの登校状況も含め，情報が不十分である。このような問題の場合，まずは，アセスメントを中心に行っていくことが妥当であるが，選択肢①や③に関しては，問題文にある「いじめ対応の基本」をふまえたとしても，Ｂが最初に確認することとしては，重要度が低い。

　一方，選択肢④の「Ａの児童全般への関わり方」や選択肢⑤の「学級における児童全体の様子」に関しては，Ａのクラスで発生しているいじめ事案について，どの程度クラス全体の状況を把握しているのか，どのような対応をしているのかをアセスメントする上では，確認しておいた方がよい情報ともいえる。それは，上記の表の「組織的ないじめ対応の流れ」を具体的に検討していく上でも重要な情報である。

　そのため，選択肢②を確認することがあってもいいのかもしれないが，「合計欠席日数にこだわりすぎない」ことも念頭に加えると，選択肢④や⑤よりも選択肢②の「Ｃの合計欠席日数」を「最初に確認しておかなければならない」といえるのであろうか。

　さらに，問題の設定としても，スクールカウンセラーである公認心理師が教師へのコンサルテーションでできる質問は「１回だけ」というルールがあるわけでもないので，選択肢⑤を最初に確認してから，次に選択肢②を確認しても構わないはずである。

　事例の設定だけでなく，問題文の設定も併せて，この事例問題が「選択肢②しか正答にならない」といえるだけの根拠を見出すことが難しく，疑問が残る問題といえる。

問 147 (配点：3) 【事例－教育領域】

40歳の男性A，小学4年生の担任教師。Aは，スクールカウンセラーである公認心理師Bに学級の状況について相談した。Aの学級では，児童同士が罵り合ったり，授業中の児童の間違いを笑ったりすることがたびたび起きている。学級の児童の多くが，自分の感情を直接，他の児童にぶつけてしまうため，トラブルに発展している。Aは，児童の保護者数名からこの件について対応するよう要望されており，A自身も悩んでいるという。

BのAへの提案として，最も適切なものを1つ選べ。

① WISC-Ⅳ

② 道徳教育

③ スタートカリキュラム

④ メゾシステムレベルの介入

⑤ ソーシャル・スキルズ・トレーニング〈SST〉

問147	【障害者（児）心理学】 ソーシャル・スキルズ・トレーニング 〈SST〉		肢別解答率				正答率64.2%
			①	②	③	④	⑤
難易度1	正解：⑤	全体	0.4%	15.4%	2.4%	17.5%	64.2%

①**不適切。** この事例では集団への介入が必要であるために，WISC-Ⅳのような個別の知能検査の実施の提案は適切とはいえない。

②**不適切。** 文部科学省 平成27年7月 小学校学習指導要領解説 特別の教科 道徳編において，「道徳教育は，人が一生を通じて追求すべき人格形成の根幹に関わるものであり，同時に，民主的な国家・社会の持続的発展を根底で支えるものでもある。また，道徳教育を通じて育成される道徳性，とりわけ，内省しつつ物事の本質を考える力や何事にも主体性をもって誠実に向き合う意志や態度，豊かな情操などは，「豊かな心」だけでなく，「確かな学力」や「健やかな体」の基盤ともなり，「生きる力」を育むために極めて重要なものである。」（p.1）とある。また，道徳教育の内容について，同資料には，「『A 主として自分自身に関すること』『B 主として人との関わりに関すること』『C 主として集団や社会との関わりに関すること』『D 主として生命や自然，崇高なものとの関わりに関すること』」（p.4）ともある。このように，道徳教育の内容は幅広く，この事例のようなトラブルに限らないため，不適切である。

③**不適切。** 文部科学省 国立教育政策研究所 教育課程研究センター 平成27年1月 スタートカリキュラムの編成の仕方・進め方が分かる スタートカリキュラム スタートブック 必携! ～学びの芽生えから自覚的な学びへ～ において，スタートカリキュラムとは，「小学校へ入学した子供が，幼稚園・保育所・認定こども園などの遊びや生活を通した学びと育ちを基礎として，主体的に自己を発揮し，新しい学校生活を創り出していくためのカリキュラムです。」とある。

④**不適切。** 生態学的システム理論は，U. Bronfenbrennerによって提唱された理論である。人間の発達過程を個人と環境との相互作用によって形成されるものとして捉え，児童は多層的なシステムの中で生活しており，児童の発達と各システムは相互的に作用している。これは，マイクロシステム，メゾシステム，エクソシステム，マクロシステムで構成されており，入れ子構造となっている。マイクロシステムは，家庭，学校，地域など子どもが直接的な経験をする生活場面が想定されている。メゾシステムは家庭と学校の関係のようなマイクロシステム同士の関係，エクソシステムは子どもの直接的な環境と間接的な社会状況との関係，マクロシステムはより大きな文化や民族，

国家といったものを想定している。この事例では児童集団への介入を行うため，マイクロシステムレベルでの介入といえる。

⑤**適　切。**　ソーシャル・スキルズ・トレーニング〈SST〉は，対人不適応の解消や予防を目的として，ソーシャル・スキルの向上や不適切な行動の修正を図るトレーニング方法である。この事例の学級では，感情のコントロール方法や他者との適応的なやり取り等についてのスキルについて学習が必要と考えられるため，学級へのソーシャル・スキルズ・トレーニング〈SST〉の導入が最も適切である。

【文献情報】
・下山晴彦編（2014）誠信 心理学辞典［新版］p.640，641 誠信書房

問 148 (配点：3)　　　【事例－産業領域】

　35歳の男性A，会社員。Aは，不眠を主訴として勤務する会社の相談室を訪れ，相談室の公認心理師Bが対応した。Aによると，最近，Aはある殺人事件の裁判員となった。裁判は8日間のうちに4回実施される。裁判開始前からAは守秘義務の遵守が負担となっていたが，1回目，2回目の裁判の後はほとんど眠れなかったという。BはAの気持ちを受け止め，不眠に対する助言をしたが，Aは，「裁判は残り2回あるが，どうすればよいか」と，Bにさらに助言を求めた。

　BのAへの助言として，適切なものを1つ選べ。

① 裁判所に連絡するよう伝える。

② 理由や詳細を述べることなく辞任ができることを伝える。

③ 具合の悪い日は，補充裁判員に代理を務めてもらうよう伝える。

④ 評議を含め裁判内容については，親しい友人か家族に話を聞いてもらうよう伝える。

⑤ 評議を含め裁判内容についてのカウンセリングは，裁判終了後に可能になると伝える。

問148	【司法・犯罪心理学】裁判員裁判	肢別解答率				正答率67.3%	
			①	②	③	④	⑤
難易度2	正解：①	全体	67.3%	12.9%	16.8%	0.1%	2.8%

最高裁判所 HP 裁判員制度 Q&A 参照。

①**適　切。**　事例中の記述より，Aは裁判員として守秘義務の遵守が負担となり，眠れなくなっている。Aは残り2回の裁判に出た方がいいか，辞任できるのかどうか，どうしたらいいかわからず，公認心理師Bに助言を求めている。選択肢②の解説にあるように，Aの状態は辞任する理由に該当するかもしれないが，その判断は裁判所に委ねることになるため，裁判所に連絡するというこの選択肢が適切である。

②**不適切。**　理由や詳細を述べることなく，裁判員になることは辞任できないため，不適切である。

Q　裁判員になることは辞退できないのですか。

A　裁判員制度は，特定の職業や立場の人に偏らず，広く国民の皆さんに参加してもらう制度ですので，原則として辞退できません。ただし，国民の皆さんの負担が過重なものとならないようにとの配慮などから，法律や政令で次のような辞退事由を定めており，裁判所からそのような事情にあたると認められれば辞退することができます。
　　・70歳以上の人
　　・地方公共団体の議会の議員（ただし会期中に限ります。）
　　・学生，生徒
　　・5年以内に裁判員や検察審査員などの職務に従事した人，3年以内に選任予定裁判員（「同じ被告人がたくさんの事件を起こしたとして起訴された場合も，すべて同じ裁判員が担当するのですか。」のQ&Aを参照してください。）に選ばれた人及び1年以内に裁判員候補者として裁判員選任手続の期日に出席した人（辞退が認められた人を除きます。）
　　・一定のやむを得ない理由があって，裁判員の職務を行うことや裁判所に行くことが困難な人
　　・やむを得ない理由としては，例えば，以下のようなものがあります。
　　・重い病気又はケガ
　　・親族・同居人の介護・養育
　　・事業上の重要な用務を自分で処理しないと著しい損害が生じるおそれがある。
　　・重大な災害で被害を受け，生活再建のための用務がある。
　　・妊娠中又は出産の日から8週間を経過していない。

・重い病気又はケガの治療を受ける親族・同居人の通院・入退院に付き添う必要がある。

・妻・娘の出産に立ち会い，又はこれに伴う入退院に付き添う必要がある。

・住所・居所が裁判所の管轄区域外の遠隔地にあり，裁判所に行くことが困難である。

③**不適切。**　補充裁判員の職務について，選択肢のように，裁判員の「具合の悪い日」だけ補充裁判員に代わってもらうものではない。

Q　補充裁判員は裁判にどのように関わるのですか（補充裁判員は何をするのですか。）。

A　補充裁判員は，裁判員と同様に，最初から審理に立ち会い，裁判の途中で裁判員の人数に不足が生じた場合に，裁判員に選ばれます（補充裁判員は１つの事件につき，最大６人まで選任されます。）。補充裁判員は，訴訟に関する書類や証拠を見ることや，評議を傍聴することなどができ，裁判官から意見を聴かれることもあります。ただし，裁判員とは異なり，審理で証人や被告人などに直接質問することや，評議で意見を述べることはできませんし（裁判官から意見を求められた場合は可能），評決に加わることもできません。また，審理や評議の進行状況やスケジュールなどを考慮した上で，これ以上職務を行っていただく必要がないと認められる場合には，裁判の途中で解任されることがあります。これは，補充裁判員の方のご負担をできるだけ早い段階で解消するために行うものです。

④**不適切。**　評議については守秘義務の対象になっているため，裁判員が親しい友人や家族に評議について話すことは守秘義務違反となる。

Q　具体的にはどのような秘密をもらしてはいけないのですか（守秘義務の対象）。

A　法廷で見聞きしたことであれば基本的に話しても大丈夫です。漏らしてはいけない秘密には，１．評議の秘密と２．評議以外の裁判員としての職務を行うに際して知った秘密とがあります。

　　１．評議の秘密には，例えば，どのような過程を経て結論に達したのかということ（評議の経過），裁判員や裁判官がどのような意見を述べたかということ，その意見を支持した意見の数や反対した意見の数，評決の際の多数決の人数が含まれていると考えられています。

　　２．評議以外の職務上知った秘密には，例えば，記録から知った被害者など事件関係者のプライバシーに関する事項，裁判員の名前などが該当します。このような事項は，当事者が他人に知られたくないものが含まれている可能性が高く，不必要に明らかにされないようにしなければならないことから守秘義務の対象とされています。

⑤**不適切。** 選択肢④の解説参照。また，上記資料において，裁判員は，裁判終了後も守秘義務を遵守しなくてはならない。したがって，裁判終了後に評議を含む裁判内容を公認心理師に話すことは守秘義務違反となる。よって，不適切である。

Q　裁判員にはどのような義務があるのですか。

A　審理や評議に出席し，評議では意見を述べてもらいます。また，公平誠実に職務を行わなければなりません。このほか，評議の秘密や裁判員の職務上知り得た秘密を漏らしてはいけません（守秘義務）。裁判員の守秘義務は，裁判員として裁判に参加している間だけではなく，裁判員としての役目が終わった後も守らなくてはならず，この義務に違反した場合，刑罰が科せられることがあります。

問 149 （配点：3）　　【事例－医療領域】　月　日／月　日

　73歳の男性A，大学の非常勤講師。指導していた学生に新型コロナウイルスの感染者が出たため，PCR検査を受けたところ，陽性と判定され，感染症病棟に入院した。入院時は，38℃台の発熱以外の症状は認められなかった。入院翌日に不眠を訴え，睡眠薬が処方された。入院3日目の夜になり突然，ぶつぶつ言いながら廊下をうろうろ歩き回る，病棟からいきなり飛び出そうとする，などの異常行動が出現した。翌日，明らかな身体所見がないことを確認した主治医から依頼を受けた公認心理師Bが病室を訪問し，Aに昨夜のことを尋ねると，「覚えていません」と活気のない表情で返事をした。

　BのAへのアセスメントとして，最も適切なものを1つ選べ。

① うつ病
② せん妄
③ 認知症
④ 脳出血
⑤ 統合失調症

466

問149	【精神疾患とその治療】症状性を含む器質性精神障害（FO）	肢別解答率					正答率96.4%
			①	②	③	④	⑤
難易度1	正解：②	全体	0.5%	96.4%	2.0%	0.2%	0.7%

　本事例において，Aは「73歳」と高齢であること，「新型コロナウイルスの感染者が出たため，PCR検査を受けたところ，陽性と判定され」という記述から，Aは感染症である新型コロナウイルスに罹患していること，「入院翌日に不眠を訴え，睡眠薬が処方された」という記述より，入院していること，睡眠障害があること，睡眠薬であるベンゾジアゼピン系薬剤が投与されていることが情報として読み取れる。

　さらに，Aのその後の症状として，「入院3日目の夜になり突然，ぶつぶつ言いながら廊下をうろうろ歩き回る，病棟からいきなり飛び出そうとする」という落ち着きのなさや錯乱，「翌日，（中略）公認心理師BがAに昨夜のことを尋ねると，『覚えていません』と活気のない表情で返事をした」という意識障害や活動量の低下が起こっている。加えて，「明らかな身体所見がないこと」も確認されている。

　これらの情報をふまえると，Aはせん妄の準備因子となる高齢であり，そこに直接因子である感染症への罹患やベンゾジアゼピン系薬剤の服用，誘発因子である睡眠障害，入院等が重なったことにより，せん妄を発症している可能性が高いと考えられる。そのため，過活動型せん妄の症状である落ち着きのなさや錯乱，低活動型せん妄の症状である活動量の低下などを併せ持った，混合型せん妄が生じていると疑われる。

　したがって，BのAへのアセスメントとして，最も適切なものは選択肢②せん妄である。よって，**正答は②である**。

　なお，せん妄は，注意の障害と意識の障害，認知の障害が存在し，その障害が通常数時間～数日間で生じ，その障害の程度が1日の中でも変動するものである。せん妄の発症要因には，(1)直接因子，(2)誘発因子，(3)準備因子の3つが考えられている。

　(1)直接因子は，単一でせん妄を起こしうる要因であり，ベンゾジアゼピン系薬剤，アルコール，覚せい剤，等の中枢神経系への活性をもつ物質摂取，依存性薬物からの離脱，脳腫瘍や感染症，頭部外傷等の中枢神経疾患，代謝性疾患，内分泌疾患，循環器疾患等の全身性疾患が挙げられる。

　(2)誘発因子は，単独ではせん妄を起こさないが，他の要因と重なることでせん妄を惹起しうる要因であり，疼痛，身体拘束，便秘等の身体的要因，不安や抑うつ等の精神的要因，騒音や入院等の環境変化，睡眠障害が挙げられる。

　(3)準備因子〈背景因子〉は，せん妄の準備状態となる要因であり，高齢，認知症，せん妄の既往等が挙げられる。

①直接因子	②誘発因子	③準備因子 （背景因子）
中枢神経疾患 （感染症や内分泌疾患など）	疼 痛	高 齢
代謝性疾患	睡眠障害	認知症
循環器疾患	身体拘束・騒音・入院	せん妄の既往
薬 剤 （アルコールや覚醒剤， ベンゾジアゼピン系薬剤など）	不安・抑うつ	脳血管障害の既往

　また，せん妄はうろうろ歩き回る，点滴を抜いてしまうなど，落ち着きのなさや錯乱を特徴とする過活動型せん妄がイメージされやすいが，活動量の低下や会話量の低下などを特徴とする低活動型せん妄，これらを併せ持つ混合型せん妄があることも押さえておきたい。

過活動型せん妄	低活動型せん妄
興奮・過活動が主体	活動量の低下
不穏や徘徊	状況認識の低下
点滴抜去	会話量の低下
時に抑制が必要となる	見逃されやすい
	うつ病や不眠症と誤診しやすい

混合型せん妄
上記2つの特徴が混在する
せん妄＝興奮と考えていると混乱しやすい

表．せん妄の分類

（畑中聡仁・衛藤暢明・川嵜弘詔：軽い意識障害を見わける，臨床心理学 108 p.672 金剛出版
2018 を参考に著者作成）

【文献情報】
・高橋三郎・大野裕監訳（2014）DSM-5　精神疾患の分類と診断の手引き p.276 医学書院
・松崎朝樹（2020）精神診療プラチナマニュアル第2版 p.133-136 メディカル・サイエンス・インターナショナル
・下山晴彦ら編（2016）公認心理師必携 精神医療・臨床心理の知識と技法 p.38-40 医学書院
・畑中聡仁・衛藤暢明・川嵜弘詔（2018）軽い意識障害を見わける 臨床心理学 108 p.671-673 金剛出版

問 150 (配点：3)	【事例－福祉領域】	月　日
		月　日

　20歳の男性A，大学1年生。Aは，大学入学時に大学の雰囲気になじめずひきこもりとなった。大学の学生相談室への来室を拒否したため，Aの両親が地域の精神保健福祉センターにAのひきこもりについて相談し，両親が公認心理師Bと定期的な面接を行うことになった。面接開始後，1年が経過したが，Aはひきこもりのままであった。Aは，暴力や自傷行為はないが，不安や抑うつ，退行現象がみられている。留年や学業継続の問題については，両親が大学の事務窓口などに相談している。最近になり，両親が精神的な辛さを訴える場面が多くなってきている。

　BのAやAの両親への支援として，不適切なものを1つ選べ。

① 自宅訪問を行う場合，緊急時以外は，家族を介して本人の了解を得る。

② ひきこもりの原因である子育ての問題を指摘し，親子関係の改善を図る。

③ 家族自身による解決力を引き出せるよう，家族のエンパワメントを目指す。

④ 家族の話から，精神障害が背景にないかを評価する視点を忘れないようにする。

⑤ 精神保健福祉センターや大学等，多機関間でのケース・マネジメント会議を行う。

470

問 150	【健康・医療心理学】ひきこもり		肢別解答率					正答率 96.7%	
				①	②	③	④	⑤	
難易度 1	正解：②		全体	1.0%	96.7%	0.7%	0.4%	1.0%	

①**適　切。**　厚生労働省 ひきこもり状態にある方やその家族に対する支援のヒント集によると、「自宅訪問の際は家族から本人へ支援者が訪問する旨を伝えて拒否が無いことを確認する必要がある。一回の訪問であきらめずに電話連絡や定期的訪問など家族との繋がりを継続し続ける必要がある。」とある。事前に家族等から本人の情報を収集・分析し、丁寧な働きかけをすることで本人の同意を得られるようにすることが、訪問支援の開始においては重要である。

②**不適切。**　厚生労働省 ひきこもり評価・支援に関するガイドライン によれば、家族への支援を行う際、「養育をめぐる親の失敗や責任を探索し暴くことではなく、何が起きているのか、そして今どうすべきかを中立的に考えることのできる落着きと心の余裕を得ることができるよう支援すること」が重要であるとしている。したがって、ひきこもりの原因を子育ての問題と断定して指摘することは、両親への支援として適切とはいえない。

③**適　切。**　選択肢②のガイドラインによれば、家族の気持ちに寄り添い、共感し受容するといった対応によって、親のエンパワメントが進むと、「親は当事者の養育過程での苦い体験や、それに関わる自らの特性について率直に話題にでき」るのであり、「めざすべきは、親が支援スタッフとしての誇りと自信を持って当事者のひきこもりに伴走でき、支援できる心境になること」であるとしている。

④**適　切。**　選択肢②のガイドラインのひきこもりの定義には、「原則として統合失調症の陽性あるいは陰性症状に基づくひきこもり状態とは一線を画した非精神病性の現象とするが、実際には確定診断がなされる前の統合失調症が含まれている可能性は低くないことに留意すべきである」という但書が含まれている。実際、183 人のひきこもりの相談者に対して精神医学的調査を行い、そのうち 147 人で診断が確定したという調査結果もある。したがって、支援者は常に精神障害がある可能性を考慮しつつ支援を行う必要がある。

⑤**適　切**。　選択肢②のガイドラインにおいて，ひきこもり支援には抱えている問題やプロセスに応じて医療・教育・福祉・就労等様々な専門機関が関わる必要があり，そのために地域の各機関の連携が必要であると指摘されている。さらに，その連携ネットワークを維持していくための方策として，定期的にケース・マネジメント会議を開催することが推奨されている。

【文献情報】
・厚生労働省（2021）ひきこもり状態にある方やその家族に対する支援のヒント集 p.9
・厚生労働省（2010）ひきこもりの評価・支援に関するガイドライン p.6，28-32，38
・一般社団法人 日本臨床心理士会監修（2017）ひきこもりの心理支援 心理職のための支援・介入ガイドライン p.39，91，92

問151 (配点：3) 　　　【事例－教育領域】　　月　日／月　日

20歳の男性A，大学2年生。Aは，最近授業を欠席することが多くなり，学生課から促され，学生相談室の公認心理師Bのもとを訪れた。Aは大学2年生になってから，携帯端末を使用して，夜遅くまで動画を視聴したり，友人とやりとりをしたりすることが多くなった。それにより，しばしば午前の授業を欠席するようになっている。どうしても出席しなければならない授業があるときは，早く起きるために寝酒を使うこともある。Aの表情は明るく，大学生活や友人のことを楽しそうに話す。

BのAへの助言として，不適切なものを1つ選べ。

① 昼休みなどに軽い運動をしてみましょう。
② 寝酒は睡眠の質を下げるのでやめましょう。
③ 毎朝，決まった時間に起きるようにしましょう。
④ 寝る前は携帯端末の光などの刺激を避けましょう。
⑤ 休みの日は十分な昼寝をして睡眠不足を補いましょう。

問 151	【精神疾患とその治療】生理的障害及び身体的要因に関連した行動症候群（F5）	肢別解答率					正答率 97.0%
		全体	①	②	③	④	⑤
難易度 1	正解：⑤		1.0%	1.1%	0.5%	0.3%	97.0%

　本事例において、「Aは大学2年生になってから、携帯端末を使用して、夜遅くまで動画を視聴したり、友人とやりとりをしたりすることが多くなった。それにより、しばしば午前の授業を欠席するようになっている」との記述から、Aは寝る時間が遅くなっていること、朝、起きることが難しくなっていることが判断できる。つまり、本設問はAが朝起きるためにどのような助言をしたらいいか、睡眠に関して問うている問題である。このような睡眠の問題を考える上で、厚生労働省 HP e-ヘルスネット 不眠症や、同じく厚生労働省の「健康づくりのための睡眠指針 2014」は大変参考となる資料である。

①**適 切。**　「健康づくりのための睡眠指針 2014」の第2条2-①定期的な運動や規則正しい食生活は良い睡眠をもたらす において、「米国の成人を対象にした横断研究では、運動と睡眠時無呼吸との関係についての検討が行われており、BMI の影響を調整した上でも、運動時間が短いほど睡眠時無呼吸の重症度が高いことが示されている。以上のことから、運動が禁止されるような身体状況でなければ、よい睡眠のためには定期的な運動を行うことが効果的であるといえる。ただし、激しい運動はかえって睡眠を妨げる可能性があるので、注意が必要である。」と記載されている。本事例は 20 歳の男性であるため、「昼休みなどに軽い運動をしてみましょう」というAへの助言は無理がなく、適切である。

②**適 切。**　厚生労働省 HP e-ヘルスネット 不眠症 において、不眠への対処法の記載がある。そこには「寝酒はダメ」とはっきり書かれている。「お酒は睡眠にとって百害あって一利なし。特に深酒は禁物です。寝酒をすると寝付きが良くなるように思えますが、効果は短時間しか続きません。飲酒後は深い睡眠が減り、早朝覚醒が増えてきます。お酒は楽しむもの。不眠対処に使ってはなりません。」と記載されている。本事例では、「どうしても出席しなければならない授業があるときは、早く起きるために寝酒を使うこともある」と記載があるが、これは上述したように一時的な効果しかもたらさないため、「寝酒は睡眠の質を下げるのでやめましょう」というAへの助言は適切である。

③**適 切。**　「健康づくりのための睡眠指針 2014」の第 10 条 眠くなってから寝床に入り、起きる時刻は遅らせない において、「寝床に入る時刻が遅れても、朝起きる時刻は遅らせず、できるだけ一定に保ちましょう。朝の一定時刻に起床し、太陽光を取り

入れることで，入眠時刻は徐々に安定していきます」と記載されている。よって，「毎朝，決まった時刻に起きるようにしましょう」というAへの助言は適切である。

④**適　切**。　「健康づくりのための睡眠指針2014」の第6条6-②自分の睡眠に適した環境づくり において，「寝室の温度，湿度，騒音，光，寝具，寝衣などの環境は睡眠の質と関連することが示されている（中略）ある程度以上の明るさの光のもとで一定時間以上過ごすと，目からの光情報が脳内の体内時計や自律神経の中枢に伝達され，交感神経活動を高め，覚醒度を上昇させる。(中略) 一方で，入眠前に普通の室内よりも明るい光の下で数十分過ごすだけでも，光の覚醒作用や体内時計を介したリズムを遅らせる作用のために，入眠が妨げられる。普通の室内の明るさで光の質について検討した研究では，明るさが同じでも，青白い光や白っぽい光のように相関色温度の高い光は，白熱電球のような暖色系の光と比べて，覚醒作用が強いことが指摘されている。」と記載されている。本事例においてAは「携帯端末を使用して，夜遅くまで動画を視聴したり，友人とやりとりをしたりすることが多くなった」とあり，携帯端末は相関色温度の高い光であるため，夜に覚醒作用が生じていると考えられる。よって，「寝る前は携帯端末の光などの刺激を避けましょう」というAへの助言は適切である。

⑤**不適切**。　「健康づくりのための睡眠指針2014」の第8条8-③睡眠不足が蓄積すると回復に時間がかかる において，「日本では，平日の睡眠不足を補うために，週末に睡眠をまとめてとる『寝だめ』をする人が存在する。『寝だめ』は作業効率の改善のためには，ある程度有効であることがいくつかの介入研究で示されてはいるが，これらの結果は，睡眠不足が続いて蓄積されると，『寝だめ』だけでは睡眠不足に伴う作業能率の回復には不十分であることを示している。また，週末の過度の寝すぎは，逆に夜間の睡眠を妨げて，月曜日や火曜日の日中の眠気や疲労につながる可能性があることにも注意が必要である。」と記載されている。よって，「休みの日は十分な昼寝をして睡眠不足を補いましょう」というAへの助言は，平日の朝の起床に効果的とはいえないため，不適切である。

問 152 (配点:3) 【事例－教育領域】

月 日
月 日

　10歳の女児A，小学4年生。Aは，自己主張の強い姉と弟に挟まれて育ち，家では話すが学校では話さない。医療機関では言語機能に異常はないと診断を受けている。Aは，幼なじみのクラスメイトに対しては仕草や筆談で意思を伝えることができる。しかし，学級には，「嫌なら嫌と言えばいいのに」などと責めたり，話さないことをからかったりする児童もいる。Aへの対応について，担任教師BがスクールカウンセラーCにコンサルテーションを依頼した。

　CのBへの助言として，不適切なものを1つ選べ。

① 　Aの発言を促す指導は，焦らなくてよいと伝える。

② 　できるだけAを叱責したり非難したりしないように伝える。

③ 　Aが話せるのはどのような状況かを理解するように伝える。

④ 　Aの保護者と連絡を密にし，協力して対応していくように伝える。

⑤ 　交流機会を増やすため，Aを幼なじみとは別の班にするように伝える。

問 152	【教育・学校心理学】 教育関係者へのコンサルテーション	肢別解答率				正答率98.6%
			①	②	③	④	⑤
難易度1	正解：⑤	全体	0.7%	0.2%	0.2%	0.3%	98.6%

　事例中の記述にAは，「家では話すが学校では話さない。医療機関では言語機能に異常はないと診断を受けている」とあり，選択性緘黙の可能性がうかがえる。**選択性緘黙とは，言語障害がなく，特定の場面（例えば学校や会社など）で話をしないことが主な症状**であり，それによって，学業上，対人的コミュニケーションが阻害される障害である。**DSM-5では不安症群／不安障害群に分類される。**

①**適　切。**　選択性緘黙の子どもに対して周囲の関係者は何とか話せるようにできないかと考えて対応をしようとすることがあるが，それが当事者にとって大きな負担になることもあり，場合によっては，不登校といった二次的な問題を生じさせる可能性もある。そのため，この選択肢の内容はAに安心感を持たせるための対応として，適切といえる。

②**適　切。**　この選択肢の「叱責したり非難したり」という対応はAが「話せないこと」や「できないこと」に対して行われる対応になると考えられる。選択性緘黙がDSM-5で「不安症群／不安障害群」に分類されていることからもAは不安が高い状態であることがうかがえる。そのため，叱責や非難が多くなると不安を強める可能性があるため，この選択肢の内容はAに安心感を持たせるための対応として，適切といえる。

③**適　切。**　事例中の記述からAは「家では話す」ことができている。しかし，家庭においても「自己主張の強い姉と弟に挟まれて育ち」とあり，A自身，話したり主張したりすることが周囲に適切に受け取ってもらえるかといった不安を抱えている可能性が考えられる。つまり，公認心理師Cが担任教師Bに対して行う助言として，まず，Aが安心して話せる状況がどのような状況かを理解するように伝えることは適切である。

④**適　切。**　Aと保護者と学校での様子や家庭での様子について連絡を密にすることで，BがAへの対応で，学校で気をつけることなどを検討していくことも可能になる。

⑤**不適切。**　事例中に「Aは，幼なじみのクラスメイトに対しては仕草や筆談で意思を伝えることができる」とあり，幼なじみとは言葉でのやりとりではないものの，コミュニケーションを取ることは可能である。幼なじみ以外のクラスメイトとの交流の機会

を増やすためにその幼なじみと別の班にする対応は，今のAの不安をより強くする恐れがあるため，適切とは言い難い。

【文献情報】

・下山晴彦ら編（2016）公認心理師必携 精神医療・臨床心理の知識と技法 p.255-257 医学書院

問 153 （配点：3）　　【事例－産業領域】　　月　日／月　日

　40 歳の男性A，会社員。Aは，まじめで責任感が強く，人望も厚い。最近，大きなプロジェクトを任された。それにより，Aは仕事を持ち帰ることが増え，仕事が気になり眠れない日もあった。納期直前のある日，他部署から大幅な作業の遅れが報告された。その翌日，Aは連絡なく出勤せず，行方不明になったため，捜索願が出された。3日後，職場から数十 km 離れたAの実家近くの駅から身分照会があり発見された。Aはこの数日の記憶がなく，「気がついたら駅にいた。会社に迷惑をかけたので死にたい」と言っているという。

　会社の健康管理部門のAへの対応として，誤っているものを1つ選べ。

① 安全の確保を優先する。

② できるだけ早期に健忘の解消を図る。

③ 専門医に器質的疾患の鑑別を依頼する。

④ 内的な葛藤を伴っていることに留意する。

問153	【公認心理師の職責】自殺予防		肢別解答率				正答率 97.2%	
			①	②	③	④	⑤
難易度 1	正解：②	全体	0.3%	97.2%	2.0%	0.2%	0.2%

この事例の男性Aは,「まじめで責任感が強く」,「最近, 大きなプロジェクトを任された」と仕事で大きな責任を感じている状態であった上で,「納期直前のある日, 他部署から大幅な作業の遅れが報告された。その翌日, Aは連絡なく出勤せず, 行方不明になった」とある。さらに,「Aはこの数日の記憶がなく,『気がついたら駅にいた。会社に迷惑をかけたので死にたい』と言っている」とある。以上から, Aは非常に強いストレスを感じている状態であること, 健忘の状態がみられることがうかがえる。その上で, Aへの対応を検討する必要がある。

①**正しい。** 事例中, Aは「会社に迷惑をかけたので死にたい」と発言している。このような自傷他害の危険性や自殺の危険性がある場合, まずは安全の確保を行う必要がある。

②**誤 り。** Aはこの数日の記憶がないと話している。この状態の1つの可能性として,「解離」が考えられる。解離とは, 意味・記憶・同一性・情動・知覚・身体表象・運動制御・行動の正常な統合が破綻し不連続となる状態である。これらは虐待や犯罪被害, 心的外傷など強いストレスから意識を遠ざけたり変化させたりすることによって, 自分を守るための防衛反応と考えられている。DSM-5の解離症群／解離性障害群に解離性健忘がある。解離性健忘は, 心的外傷的な出来事やストレス性の強い場面についての記憶を想起できず, そのために社会的・職業的に支障をきたす状態を指し, 突然, 家族または日常生活を行ういつもの場所から離れて放浪し, 過去の一部または全部を追想することができない状態である解離性遁走を伴うものもある。この事例のAの場合, 現時点ではその可能性も疑われる。しかし, もしAの状態が解離による健忘であったとしても, この解離性健忘を含む解離症群／解離性障害群の治療に関しては, 第一に患者が安全感をもてるようになることが重要である。健忘の解消を図るために, 早期に外傷的な記憶に踏み込んで治療することは, 患者に対して侵襲性が高くなるため, 慎重に関わる必要がある。よって, 本選択肢の内容は誤りである。

③**適 切。** 選択肢②の解離による健忘の可能性はあくまで1つの可能性であり, Aの症状については, ストレスによるもの以外の器質的な疾患が影響を及ぼしている可能性も考えられる。よって, まずは, 器質的疾患の鑑別が必要である。

④**適　切**。　状況に由来するストレス要因（プロジェクトのために多忙になった事や納期直前に他部署の大幅な遅れが報告されたこと）以外にも，心理的な側面（真面目で責任感が強い性格）が症状に影響を及ぼしていると考えられるため，内的な葛藤にも留意しながら介入を行う必要がある。

【文献情報】
・下山晴彦・中嶋義文編（2016）公認心理師必携 精神医療・臨床心理の知識と技法 p.84, 85 医学書院

| 問 154 (配点：3) | 【事例－福祉領域】 | 月　日
月　日 |

　0歳の男児A。18歳の母親Bは，医療機関に受診のないまま緊急の分娩によりAを出産した。分娩自体は正常で，Aの健康状態に問題はなかったが，母子の状態が安定するまで医療機関に入院となった。医療機関から連絡を受けた児童相談所がBとの面談を実施したところ，Bは精神的に安定しているものの，Aを養育する意思がなかった。また，経済的な問題もみられ，Aの父親も不明であった。Aを養育することが可能な親族も見当たらない。

　この時点で考えられる主な措置先を2つ選べ。

① 乳児院
② 里親委託
③ 一時保護所
④ 児童自立支援施設
⑤ 母子生活支援施設

問154	【福祉心理学】 社会的養護	肢別解答率					正答率35.1%	
		〔No.1〕	①	②	③	④	⑤	
		全体	94.0%	1.2%	4.1%	0.0%	0.4%	
難易度3	正解：〔No.1〕①，〔No.2〕②	〔No.2〕	①	②	③	④	⑤	
		全体	0.5%	35.2%	14.6%	1.0%	48.3%	

　本事例において，母親Bは男児Aを養育する意思がなく，経済的な問題があり，父親が不明であるなどの状況があるため，Aは要保護児童に該当する。要保護児童の疑いがある児童を発見した場合は，児童福祉法（以下，法）第25条第1項に基づき，都道府県の設置する福祉事務所か児童相談所に通告しなければならず，事例中では児童相談所が連絡を受けて対応に当たっている。本問は，通告を受けた児童相談所が行う措置について，制度の理解が問われている。

　法第25条第1項に基づいて通告を受けた児童相談所は，当該児童について，法第26条第1項第2号から第8号に定められた特別な事情がなければ，法第26条第1項第1号に基づき，法第27条の措置が必要であると都道府県に報告しなければならない。事例のAは第2号から第8号には該当しないので，第1号に基づいて都道府県に報告されることとなる。

　法第27条では，報告を受けた都道府県が以下のいずれかの措置をとらなければならないとされている。

児童福祉法第27条
（中略）
　一　児童又はその保護者に訓戒を加え，又は誓約書を提出させること。
　二　児童又はその保護者を児童相談所その他の関係機関若しくは関係団体の事業所若しくは事務所に通わせ当該事業所若しくは事務所において，又は当該児童若しくはその保護者の住所若しくは居所において，児童福祉司，知的障害者福祉司，社会福祉主事，児童委員若しくは当該都道府県の設置する児童家庭支援センター若しくは当該都道府県が行う障害者等相談支援事業に係る職員に指導させ，又は市町村，当該都道府県以外の者の設置する児童家庭支援センター，当該都道府県以外の障害者等相談支援事業を行う者若しくは前条第1項第2号に規定する厚生労働省令で定める者に委託して指導させること。
　三　児童を小規模住居型児童養育事業を行う者若しくは里親に委託し，又は乳児院，児童養護施設，障害児入所施設，児童心理治療施設若しくは児童自立支援施設に入所させること。
　四　家庭裁判所の審判に付することが適当であると認める児童は，これを家庭裁判所に送致すること。

　選択肢①〜⑤のうち，法第27条で規定されているのは①乳児院，②里親委託，④児童自立支援施設（上記第3号中の下線部）だが，生活指導を行う児童自立支援施設は0歳児のAには不適切なので，この時点で考えられる措置先は選択肢①と②となる。

　選択肢③の一時保護が必要な場合について，厚生労働省「児童相談所運営指針」の第5章「一時保護」では，(1)緊急保護（子どもに適当な保護者または宿所がない，虐待等の理由で子どもを家庭から引き離す必要がある，子どもの行動が自己または他人の生命，身体，財産に危機を及ぼしうる），(2)行動観察，(3)短期入所指導，の3つの場合が挙げられているが，健康状態に問題がなく，しばらく医療機関に入院することがすでに決まっているAは上記に当てはまらないので，この時点で想定される措置先としては不適切である。

　選択肢⑤の母子生活支援施設は，母親による養育を支援する施設であり，入所には保護者（事例ではB）からの申込みが必要で，入所を強制することはできない（法第23条）。Aを養育する意思のないBが母子生活支援施設への入所を希望する可能性は低いと考えられるので，この時点で想定される措置先としては不適切である。

　よって，**正答は①・②である。**

辰巳法律研究所（たつみ・ほうりつけんきゅうじょ）

1973 年創立。司法試験・予備試験・司法書士試験・行政書士試験・社会保険労務士試験など法律系の国家試験の予備校として長年の実績があるが，公認心理師制度のスタートにあたって，公認心理師試験分野へ進出している。2018 年から京都コムニタスと提携して Web 講座を行うほか，公認心理師試験対策全国模擬試験を実施している。2022 年対策講座も展開中。　URL　https://sinri-store.com/

京都コムニタス（きょうと・こむにたす）

京都コムニタスは従来，臨床心理士指定大学院やその他の心理系，医療系，看護大学院，医学部や看護大学，大学編入などへの受験指導，臨床心理士試験対策を行ってきた。17 年間にわたっての合格実績は，京都コムニタスの誇りである。第 1 回公認心理師試験が行われた 2018 年にどこよりも早く講座を立ち上げ，GW と 7 月末に全国模試を行い，1 万人以上の申込みを受けた。引き続き第 2 回以降の公認心理師試験についても合格に資する講座・模試を提供。辰巳法律研究所と提携し，全国の公認心理師試験受験生に京都コムニタスのコンテンツを広く届け，また，辰巳法律研究所との共著である「最後の肢別ドリル」も非常に多くの受験生の方に好評である。　URL　https://www.sinri-com.com/

公認心理師過去問詳解 2021 年 9 月 19 日 第 4 回試験 完全解説版

令和 4 年 3 月 20 日　　　　　　初版　　第 1 刷発行

著　者　京都コムニタス
　　　　辰巳法律研究所
発行者　後藤　守男
発行所　辰巳法律研究所
〒169-0075
東京都新宿区高田馬場 4-3-6
TEL.　03-3360-3371　（代表）
印刷・製本　壮光舎印刷（株）

2018年 36,103名受験	28,574名合格	合格率79.1%	合格基準138点
2019年 16,949名受験	7,864名合格	合格率46.4%	合格基準138点
2020年 13,629名受験	7,282名合格	合格率53.4%	合格基準138点
2021年 21,055名受験	12,329名合格	合格率58.6%	合格基準143点

第4回公認心理師試験では、これまでの合格基準点であった138点(230点満点の6割)が143点に変更されました。何か割り切れない思いを抱かれた受験生の方もいらっしゃったと思います。そして、第5回試験に向けて、不安を抱かれた方も。

しかし、第5回試験に向けて、やるべきことは変わりません。

「合格基準は、総得点の60%程度以上を基準とし、問題の難易度で補正するという考え方を基に決定することとしている。」(日本心理研修センターホームページより)とされている試験で、確実に60%"程度"以上の得点を取るためには、勉強する段階で「7割を取れる実力」を目指すはずだからです。

恐れることはありません。いたずらに焦る必要もありません。必要な範囲の知識を・必要なレベルで且つ実践で使えるように着実に獲得していけば、60%"程度"の壁は、必ず、超えられます。

京都コムニタスでは公認心理師試験元年の2018年から、本試験で7割を超えるためのプログラムを提供し続けてきました(https://sinri-store.com/kouza/kouza100/kouza_dvd/kouza_all/)

当パンフレットが紹介しているのは、【あなた自身が60%"程度"の壁を超えるためのプログラム】です。どうぞ有効にご利用いただき、断固 60%"程度"の壁を超えて下さい。

頑張れGルート受験生！

2022年試験は、Gルート(現認者講習会ルート)受験者にとっては、公認心理師試験の最後のチャンスになります。Gルートの方は、このラストチャンスを・必ず・ものにしましょう！

頑張れC・D・E・Fルート受験生！

2022年試験こそ必勝を期する試験です。必死のGルート受験生に負けずに頑張りましょう！

令和4年版最新ブループリント＜ここが変わった・ここが危ない＞をもれなくPresent！

公認心理師試験出題基準・ブループリントは、本試験のいわば羅針盤。令和4年版はまだ発表されていませんが、その重要性は言を俟ちません。特に重要なのは、ブループリントが＜変わったところ＞です。ブループリントの変わったところが危ない！例年そこからの出題が多数あります。しかし、それを自分で整理するのは大変。

そこで、あなたに代わって、辰已法律研究所がこれを試験に出題されるという視点から整理して、ご希望の方にはもれなく情報提供します。下記からアクセスしてスグに簡単登録して下さい。

※情報提供は、令和4年版ブループリント発表がありその分析が終了した後となります。

https://bit.ly/3BS9kN7

Gルート・ラストチャンス

絶対合格 Gルートケアパック を設けました！

もちろんGルート以外の方でも、どなたでも当パックをご利用になれます。

Gルートケアパック❶ 100時間講義と全模試6回の完璧パック

試験対策講座
講義
全一括
100h

＋

模試6回
全一括
608問

2022試験対策講座
全講義100時間フル

※対策講義の詳細はP.4-6

2022試験対策
模試6回フル
全608問

※模擬試験の詳細はP.8-9

ブループリント科目フル対応！

聴きまくり・解きまくる
圧倒的な対策を

Gルート [ケアパック]❶❷の申込み特典

有益な模試問題＆解説を無料で進呈

特典❶過去2年分の全国模試の問題＆解説
特典❷過去2年分の事例模試の問題＆解説
をpdfダウンロード方式でプレゼントします。

詳細はお申込み者に、後日お知らせします。

講義 全100時間		模試 全6回608問		各講座定価の合計価格	パック割引価格	講座コード
			基本問題模試の「解説講義」にパターンが3通りあり、価格が異なります。			
試験対策講座100h を Web受講	プ ラ ス	❶プレ模試1回＆❷基本問題模試2回＆❸事例模試1回＆❹全国模試2回	❷-1 解説講義DVD視聴の場合	¥236,500	¥224,700	E2057E
			❷-2 解説講義Web視聴の場合	¥234,600	¥222,900	E2056E
			❷-3 解説講義無しの場合	¥231,700	¥220,100	E2055E
試験対策講座100h を DVD受講	プ ラ ス	❶プレ模試1回＆❷基本問題模試2回＆❸事例模試1回＆❹全国模試2回	❷-1 解説講義DVD視聴の場合	¥261,500	¥248,400	E2060R
			❷-2 解説講義Web視聴の場合	¥259,600	¥246,600	E2059E
			❷-3 解説講義無しの場合	¥256,700	¥243,900	E2058R

※注 Gルート ケアパックには全国模試が含まれており、定員管理のため辰已法律研究所のWEBのみでのお申込みとなり、代理店の取扱いはありません。
※注 2022年版のプレ模試、基本問題模試と2020・2021年試験対策版は同一内容です。

Gルートケアパック❷ 100時間講義と全国模試2回のミドルパック

試験対策講座
講義
全一括
100h

＋

全国模試
2回
308問

2022試験対策講座
全講義100時間フル

2022試験対策
全国2回フル
全308問

試験対策講座100時間一括	全国模試2回	定価の合計金額	パック割引価格	講座コード
WEB受講	通学部又は通信部通学部の日程はp12をご参照下さい。	¥212,000	¥201,400	E2063E
DVD受講		¥237,000	¥225,200	E2063R

※注 Gルート ケアパックには全国模試が含まれており、定員管理のため辰已法律研究所のWEBのみでのお申込みとなり、代理店の取扱いはありません。

こちらもお勧め 試験対策講座100時間

試験対策講座
講義
全一括
100h

試験対策講義の詳細はp4-6

100時間一括	科目別合計金額	一括割引価格		講座コード
		辰已価格	代理店価格	
WEB受講	¥295,000	¥197,500		E2013E
DVD受講	¥320,000	¥222,500	¥211,375	E2013R

※注 WEB受講については、配信管理の都合上、代理店での取扱いはありません。辰已法律研究所でのお申込みとなります（申込方法はP13）

2022年試験・早期スタートで制覇！
京都コムニタス
2022公認心理師試験合格戦略

このプログラムの効果は、過去4回の試験で多くの合格者が実証しています。
INPUTと**OUTPUT**をガッチリ組み合わせた構成がきわめて効率的・効果的です。

INPUT

試験範囲全24分野
完全網羅

知識インプット講義
2時間
＋
講義範囲の**演習問題25問**
を素材とした講義2時間
これを
25コマ＝100時間

全**100**時間

×

Output

試験範囲全24分野
完全網羅

あらゆる角度から
万全の

全**608**問

解き切る

2022年 公認心理師試験対策講座 100時間

国試出題範囲24分野に完全対応しています。

心理査定 8h	心理的 アセスメント ①②	福祉/司法 /産業 12h	福祉心理学 /司法・犯罪心理学 /産業・組織心理学
心理学的 支援法8h	心理学的支援法 ①②	概論4h	心理学・臨床心理学概論
教育 /障害者8h	障害者(児)心理学 教育・学校心理学	心理学 研究法系4h	心理学研究法 /心理学実験 /心理学統計法
公認心理 師法系 12h	公認心理師の職責 関係行政論 (医療)(福祉)(教育) (司法)(産業)	心理学基礎 ・応用領域系 28h	神経・生理心理学 /人体の構造と機能及び疾病 /知覚・認知心理学 /学習・言語心理学 /感情・人格心理学 /社会・集団・家族心理学 /発達心理学①②
健康・医療 /精神疾患 12h	健康・医療心理学 精神疾患と その治療①②	事例対策編 4h	事例対策

※詳細はP4

2022年試験対策 Output体系

↑スマホで申込

● **プレ模試 1回** 90分50問 **11/1**発送開始
（会場受験無し・通信Web受験のみ）

送付されてくる問題冊子に指定時間通り解答し、Webで解答を入力→その時点での全
国受験者中の個人成績をWeb上直ちに閲覧可能です。

● **基本問題模試100問×2回** 第1回**11/1** 発送開始
第2回**11/22** 発送開始
（会場受験無し・通信Web受験のみ）

送付されてくる問題冊子に指定時間通り解答し、Webで解答を入力するとその時点で
の全国受験者中の個人成績をWeb上直ちに閲覧可能です。解説講義付き有り。

● **事例模試1回** 100分50問 **2022/5/11**発送開始
（会場受験無し・通信Web受験のみ）

送付されてくる問題冊子に指定時間通り解答し、Webで解答を入力するとその時点
での全国受験者中の個人成績をWeb上直ちに閲覧可能です。

● **全国公開模試2回** ❶2022年4月中旬～5/上旬実施
❷2022年5月下旬～6月中旬実施

●会場受験：東京・大阪・京都・名古屋・福岡の各都市／本試験仕様の会場運営
●通信受験：Web上で解答する方式 or マークシート郵送方式

※注 プレ模試、基本問題模試は基礎問題という性質上2020・2021年試験対策版と同一内容です。

試験対策講座100時間

初回動画配信開始
＆DVD発送開始日
2021.11.1～順次配信・発送

[知識インプット講義2h＋演習問題25問解説講義2h]×25コマ
合計講義100時間＆演習650問

なお、当講座においてはお手許に印刷物をお届けします。
（Pdfダウンロード方式では学習に不便なので印刷物をお手許にお届けする方式をとっています。）

❶知識インプット講義レジュメ
❷演習問題冊子＆解説書

※当講座の演習は、全て自己採点方式であり、採点の集計・個人成績表はありません。

プレ模試
通信受験のみ
好評受付中
2021 11/1 発送開始

基本問題模試
通信受験のみ
好評受付中
第1回 **2021/11/1** 発送開始
第2回 **2021/11/22** 発送開始

事例模試
通信受験のみ
好評受付中
2022 5/11 発送開始

2022公認心理師試験説明会
❶第4回公認心理師試験の総括 0.5h
❷第4回公認心理師試験の傾向と今後の対策 1h
京都コムニタス主任講師 吉山宜秀他

YouTube
11/15配信開始！
http://bit.ly/3qBZmKp

全国模試 第1回 4月／5月
◆会場受験：❶東京❷大阪❸名古屋❹福岡
※京都の会場受験は2回目のみです。1回目は通信受験か大阪会場でご受験下さい。
◆通信受験

全国模試 第2回 5月／6月
◆会場受験：❶東京❷大阪❸京都❹名古屋❺福岡
◆通信受験

公認心理師本試験 **7月**に実施

もちろんGルート以外の方でも、どなたでもご受講いただけます。

Gルート ケアパック❶ 講義100時間＆模試6回608問の完璧パック

講義 全100時間		模試 全6回608問			
		基本問題模試の「解説講義」にパターンが3通りあり、価格が異なります。	各講座定価の合計価格	パック割引価格	講座コード
試験対策講100h をWeb受講	プラス ❶プレ模試1回＆❷基本問題模試2回＆❸事例模試1回＆❹全国模試2回	❷-1 解説講義DVD視聴の場合	¥236,500	¥224,700	E2057E
		❷-2 解説講義Web視聴の場合	¥234,600	¥222,900	E2056E
		❷-3 解説講義無しの場合	¥231,700	¥220,100	E2055E
試験対策講100h をDVD受講	プラス ❶プレ模試1回＆❷基本問題模試2回＆❸事例模試1回＆❹全国模試2回	❷-1 解説講義DVD視聴の場合	¥261,500	¥248,400	E2060R
		❷-2 解説講義Web視聴の場合	¥259,600	¥246,600	E2059E
		❷-3 解説講義無しの場合	¥256,700	¥243,900	E2058R

※注 Gルート ケアパックには全国模試が含まれており、定員管理のため辰已法律研究所のWEBのみでのお申込みとなり、代理店の取扱いはありません。
※注 2022年版のプレ模試、基本問題模試と2020・2021年試験対策版は同一内容です。

Gルートケアパック❷ 講義100時間＆全国模試2回308問

試験対策講座100時間一括	全国模試2回	定価の合計金額	パック割引価格	講座コード
WEB受講	通学部又は通信部 通学部の日程はp12をご参照下さい。	¥212,000	¥201,400	E2063E
DVD受講		¥237,000	¥225,200	E2063R

※注 Gルート ケアパックには全国模試が含まれており、定員管理のため辰已法律研究所のWEBのみでのお申込みとなり、代理店の取扱いはありません。

試験対策講義100時間一括

試験範囲 全24分野

100時間一括	科目別合計金額	一括割引価格	
		辰已価格	代理店価格
WEB受講 講座コード E2013E	¥295,000	¥197,500	
DVD受講 講座コード E2013R	¥320,000	¥222,500	¥211,375

※試験対策講座のSet申込＆科目別申込はP5-6

模擬試験全6回パック全608問

❶プレ模試1回 ＆ ❷基本問題模試2回 ＆
❸事例模試1回 ＆ ❹全国模試2回

基本問題模試の「解説講義」にパターンが3通りあり、価格が異なります。	定価の合計価格	パックの割引価格	講座コード
❷-1 解説講義DVD視聴	¥41,000	¥39,000	E2061R
❷-2 解説講義Web視聴	¥39,000	¥37,100	E2061E
❷-3 解説講義無しの場合	¥36,000	¥34,200	E2061T

※模試ごとの詳細は、プレ模試／事例模試 P.8、基本問題模試 P.9、全国模試 P.10 をご覧ください。

※Web受講は動画配信システムの都合上Web上での申込に限らせて頂き代理店扱いなし

※注 プレ模試、基本問題模試は基礎の性質上2020・2021年試験対策版と同一内容です。

京都コムニタス
2022公認心理師試験対策講座
Web受講又はDVD受講

試験対策講座/講義構成

講義1コマの構成です

❶知識インプット講義 2時間

過去の本試験問題を徹底分析。さらにブループリントのキーワードを中心に、その周辺知識も押さえ、分かりやすく解説します。

[講義受講]→[課題の演習]という効果的システム

まず知識をインプットする[体系講義]をじっくりと聴いて下さい。その上で、[課題の演習問題(全650問)]を指定時間内に各自で解いてみて下さい。そして演習の解説講義を聴く一これによりご自分の理解の正確性をチェックし実戦的理解を深めることができます。このユニークなシステムが「とてもよく分かるようになった」と受講生に好評です。

※課題の演習は自己採点方式です。

❷演習問題解説講義 2時間

❶の知識が本試験でどう出題されるのかを講義し、ここで知識を実戦化します。

❶+❷ ×25コマ = 合計100時間

京都コムニタスOutput体系の説明はp8

当講座コーディネーター
京都コムニタス主任講師　**吉山宜秀**

公認心理師・臨床心理士

臨床心理士資格試験の受験指導及び心理系大学院入試指導の経験が豊富なベテラン講師が、2018年第1回公認心理師試験対策から公認心理師試験合格支援に情熱を傾けている。

2021年合格者MOさんからのメール

　試験対策講座が非常にわかりやすく、実際に試験に出題されたので、受けてよかったと感じた。
　特に事例の解き方がわかりやすく、お陰で事例問題は8割以上取ることができた。

Web受講

Web受講はストリーミング配信による受講であり、本試験前日まで<いつでも何度でも>受講することができます。
プレイヤーの機能で早聞きも可能です。

なお、Web動画のダウンロード保存は出来ませんので、お手許に動画を残したい方は、DVD受講をお選び下さい。

DVD受講

対策講義のレジュメ見本

2. 心理的アセスメントの方法
2-1. 心理的アセスメントの方
　心理的アセスメントの方法と
検査法の3つが挙げられる。
化面接、③非構造化面接が
説明する。
①構造化面接とは、被面接
るために、あらかじめ
面接法である。話し
科や心療内科で
診断基準に定め
②半構造化面接とは
接者の回答に
面接の途中で
的研究などで
　インテーク面接
③非構造化面接は
　一切行わず
に応じて、
ンセリング
おり、イン

また、面接で
師の理論的立場や才能や技
異なり、心理的アセスメン

対策講義の演習問題見本

1)
心理検査の結果に関する記述のうち、正しいものを1つ選びなさい。
①　検査結果を伝える時、検査項目の内容や検査の仕組みを具体的に伝える。
②　検査結果を正確に伝えるため、記入さ
して渡す。
③　被検者や

演習解説書見本

1)
正答(　⑤　)
【解説】
①と②の選択肢について、検査結果を伝える際には、気を付けなければならないことがある。例えば検査の仕組みや項目の内容は、被検者やその家族に対して結果と一緒に伝えることはしてはいけない。なぜなら、検査内容の露出につながるからである。また、記入された検査用紙もコピーして渡すことも、していけないことである。③と④の選択肢について、検査内容の露出につながることは回避であるが、検査者が説明責任を果たすためには、検査が検査結果を報告書としてまとめ、その報告書

苦手分野克服SET 弱点は絶対に残さない・徹底的にやる

人気セット

心理学未修者用セット

- ●心理学未修者
- ●他学部から臨床心理士指定大学院に進学された方などにお薦めの

【基礎・応用心理学ひとまとめ】Set

心理的アセスメント ①4h ②4h	
心理学概論／臨床心理学概論 4h	
知覚・認知心理学 4h	
感情・人格心理学 4h	
心理学的支援法 ①4h ②4h	
心理学研究法／心理学実験／心理学統計法 4h	
学習・言語心理学 4h	
社会・集団・家族心理学 4h	
発達心理学 ①4h ②4h	
講義48h 演習問題300問	

医療系科目セット

健康・医療心理学 4h
精神疾患とその治療①4h ②4h
神経・生理心理学／人体の構造と機能及び疾病 4h
講義16h 演習問題100問

- ●出題比率の高い、健康・医療心理学／精神疾患とその治療及び、
- ●苦手な方の多い、神経生理心理学／人体の構造と機能及び疾病を組み合わせた効率重視セット

苦手を潰す

法律系科目セット

心理系大学院修了後間もない等、心理学に自信のある方にお薦め

公認心理師の職責 4h
関係行政論①医療・福祉 4h
関係行政論②教育/司法/産業 4h
講義12h 演習問題85問

点を稼ぐ

事例系科目セット

これは便利！高配点の事例問題に出題されやすい科目を集めました。事例対策の決定版Setです。

教育・学校心理学 4h
健康・医療心理学 4h
福祉心理学 4h
司法・犯罪心理学 4h
産業・組織心理学 4h
精神疾患とその治療①4h ②4h
事例対策 4h
講義32h 演習問題200問

※事例系科目セットと医療系科目セットの[精神疾患とその治療①4h ②4h]は同一内容です。

苦手分野克服セット	Web受講			DVD受講			
	受講料(税込)		講座コード	受講料(税込)			講座コード
	科目別合計価格	セット割引価格		科目別合計価格	セット割引価格	代理店価格	
❶心理学未修者用セット 48時間	¥141,600	¥118,600	E2014E	¥153,600	¥130,600	¥124,070	E2014R
❷医療系科目セット 16時間	¥47,200	¥39,500	E2015E	¥51,200	¥43,500	¥41,325	E2015R
❸法律系科目セット 12時間	¥35,400	¥29,600	E2016E	¥38,400	¥32,600	¥30,970	E2016R
❹事例系科目セット 32時間	¥94,400	¥79,100	E2017E	¥102,400	¥87,100	¥82,745	E2017R

Input 試験対策講座100時間 全一括申込み

100時間一括	科目別合計金額	一括割引価格		講座コード
		辰已価格	代理店価格	
WEB受講	¥295,000	¥197,500		E2013E
DVD受講	¥320,000	¥222,500	¥211,375	E2013R

試験範囲全24分野を完全制覇
「聴いて・解いて・聴く」

※試験対策講座のSet申込＆科目別申込は P5/P6

※Web受講は動画配信システムの都合上Web上での申込に限らせて頂き代理店での販売はありません。

●科目別の申込も可能です。科目別受講料はp6の表をご覧下さい。

科目別の受講料は次ページをご覧ください。

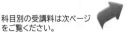

※お申込は発送日の前後を問わず、随時受け付けます。　※Webでの講義受講は動画配信システム管理の都合上辰已法律研究所のWEBサイトでの申込に限らせて頂きますので代理店での販売はありません。ご注意ください。

2022公認心理師試験対策講座 科目別申込		コマ数	講義時間	演習問題数	収録	WEB受講 受講料(税込) 辰已価格	WEB受講 申込講座 コード	DVD受講 受講料(税込) 辰已価格	DVD受講 受講料(税込) 代理店価格	DVD受講 申込講座 コード	DVD発送/Web配信開始日
1 心理査定	心理的アセスメント①	1	8	25	★	23,600	E2018E	25,600	24,320	E2018R	12/15(水)
2	心理的アセスメント②	1		25							
3 心理学的支援法	心理学的支援法①	2	8	50	★	23,600	E2019E	25,600	24,320	E2019R	2/15(火)
4	心理学的支援法②										
5 教育／障害者	障害者(児)心理学	1	4	25		11,800	E2020E	12,800	12,160	E2020R	11/1(月)
6	教育・学校心理学	1	4	25	★	11,800	E2021E	12,800	12,160	E2021R	1/20(木)
7 公認心理師法系	公認心理師の職責	1	4	25		11,800	E2022E	12,800	12,160	E2022R	11/1(月)
8	関係行政論①(医療・福祉)	2	8	30		23,600	E2023E	25,600	24,320	E2023R	2/15(火)
9	関係行政論②(教育・司法・産業)			30	★						
10 健康・医療／精神疾患	健康・医療心理学	1	4	25		11,800	E2024E	12,800	12,160	E2024R	11/1(月)
11	精神疾患とその治療①	2	8	50		23,600	E2025E	25,600	24,320	E2025R	2/15(火)
12	精神疾患とその治療②				★						
13 福祉／司法／産業	福祉心理学	1	4	25	★	11,800	E2026E	12,800	12,160	E2026R	2/15(火)
14	司法・犯罪心理学	1	4	25		11,800	E2027E	12,800	12,160	E2027R	11/1(月)
15	産業・組織心理学	1	4	25		11,800	E2028E	12,800	12,160	E2028R	11/1(月)
16 事例対策	事例対策	1	4	40	★	11,800	E2029E	12,800	12,160	E2029R	2/15(火)
17 心理学／臨床心理学概論	心理学概論／臨床心理学概論	1	4	25	★	11,800	E2030E	12,800	12,160	E2030R	2/15(火)
18 心理学研究法系	心理学研究法／心理学実験 心理学統計法	1	4	25		11,800	E2031E	12,800	12,160	E2031R	11/1(月)
19 心理学基礎／応用領域系	神経・生理心理学／人体の構造と機能及び疾病	1	4	25	★	11,800	E2032E	12,800	12,160	E2032R	2/15(火)
20	知覚・認知心理学	1	4	25		11,800	E2033E	12,800	12,160	E2033R	11/1(月)
21	学習・言語心理学	1	4	25	★	11,800	E2034E	12,800	12,160	E2034R	12/15(水)
22	感情・人格心理学	1	4	25		11,800	E2035E	12,800	12,160	E2035R	11/1(月)
23	社会・集団・家族心理学	1	4	25	★	11,800	E2036E	12,800	12,160	E2036R	12/15(水)
24	発達心理学①	2	8	50	★	23,600	E2037E	25,600	24,320	E2037R	1/20(木)
25	発達心理学②										

※お申込は発送日の前後を問わず、随時受け付けます。

★印は2022年版の新規収録です。それ以外は、2021年版と同一内容ですので、既に2021年版をご購入の方はご注意下さい。

2021年合格者CIさんからのメール

講座はわかりやすく、何度も繰り返して、ギリギリまで見られるのが良かったです。
模試はしっかり理解して覚えていないと点数がとりにくいので、勉強方法を見直すきっかけとなりました。解説が丁寧でわかりやすかったです。
模試や直前チェックから試験に出ていたので、当日はおかげでより多くとれました！さすが、分析力がすごい、コムニタスさんにしてよかったと思いました。

公認心理師試験断固突破の書籍

NEW

2018年12月試験版	2019年試験版	2020年試験版	2021年試験版
A5判約373頁価格￥3,080(税込)	A5判457頁価格￥3,465(税込)	A5判456頁価格￥3,500(税込)	A5判487頁価格￥3,700(税込)

公認心理師本試験の完全再現&完全解説版
●解説は公認心理師試験対策のフロントランナー京都コムニタスが責任執筆・受験生本位の解説
【本書の類書にない特色】
1.これは便利！ユニークな問題・解説の表裏一体構成！表に問題・裏に解説(表裏一体)という製本になっていますので、先ず集中して問題を解き、直ちにその問題の解説と解き方を学ぶことができます。
2.全問題に辰已法律研究所が収集した2,000名近い受験生の肢別の解答率を添付してあります。みんながどこに引っ掛けられたかが歴然。その肢が、またその問い方がまた狙われます。

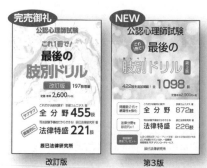

完売御礼 / **NEW**

改訂版	第3版

◆Concept1 心理系予備校と法律系予備校の強力タッグ
本書は2部構成です。第1部は試験分野別の肢別チェックです。心理系の知識をよくチェックしてください。
第2部は「法律問題の特盛」と称し、辰已法律研究所が責任編集。公認心理法や関係行政法令に関する知識のまとめと肢別チェックを並べました。取っ付きにくい法律の知識が整理して得られるようになっています。

◆Concept2 1問1答形式
公認心理師試験では多肢選択式により細部についても問われ、受験者には正確な知識が要求されます。そこで、本書では1つ1つの肢を○×でチェックしてもらいます。

Webで購入↑

ユニークな事例問題プロパーの対策書籍

2018年試験版	2019年試験版	2020年試験版		2021年試験版 **NEW**
A5判272ページ価格￥2,530(税込)	A5判227ページ価格￥2,530(税込)	A5判336ページ価格￥2,970(税込)		A5判275ページ価格￥2,750(税込)

講義もあります。

著者である
山口勝己先生による
事例問題の解き方本
PartIII 解説講義

詳細は右URLをご覧下さい。

一般社団法人東京メディカルアンビシャス企画・責任　元創価大学教授　山口勝己 著

◆事例問題は得点源！
本試験の事例問題の解説書であると同時に事例問題の読み方・解き方を伝授。合格者が絶賛。
2018年版と2019年版を合わせると123問の事例問題を解くことができ、事例問題を解く発想法がよく理解できます。

◆正答率&肢別解答率Data
掲載各問に辰已法律研究所が実施した出口調査に基づく正答率と肢別解答率データを掲載しています。

◆冒頭に、分野・問題番号・項目の一覧表を掲載しています。
出題領域がわかり効率的に学習することができます。

※本誌巻末もご覧ください。

2022試験対策
京都コムニタスOutput体系

❶プレ模試1回 ❷事例模試1回 ❸基本問題模試2回 ❹全国模試2回

試験対策講座100時間の説明はp4

●プレ模試 WEB受験　11/1Start～7月　通信受験 会場受験なし

全50問90分試験をいつでも自宅で

本試験の傾向を徹底分析して50問にギュッと凝縮しました。
本格的な勉強のスタートにあたって、先ずこのプレ模試で
ざっくりとご自分の弱点科目や苦手分野をつかんでくださ
い！知識問題40問・事例問題10問
ご自身の傾向分析後、2022 公認心理師試験対策講座の受
講パターン(全科目一括、セット受講、科目別受講)をご検討
ください。

●出題数
知識問題：40問
事例問題：10問

●WEBでの解答方式です。
解答入力後すぐにあなたの得点、全体平均点、順位、偏差値を
閲覧できます。さらに・・・
全国の受験生の肢別解答率が閲覧できます。
そのデータは解答入力者が増えるに従ってリアルタイムに変化
していきます。

※プレ模試は、2022年版と2020・2021年版はほぼ同一内容となりますので、2020・2021
年版を既にご購入の方は、2022年版を購入される必要はありません。

肢別解答率

解答No	あなた	正答	配点	正解率	肢1	肢2	肢3	肢4	肢5
問1	2	2	3	72.2	15.2	72.2	5.0	3.6	3.1
問2	3	3	3	85.3	4.8	0.7	85.3	6.7	1.7
問3	4	4	3	72.9	2.4	2.4	6.9	72.9	14.5
問4	3	3	3	87.4	5.0	1.4	87.4	4.8	0.2
問5	3	3	3	73.6	16.4	1.4	73.6	5.2	2.4
問6		3	3	73.2	13.2	1.4	73.2	5.8	2.4

画像イメージです

※肢別解答率からは色々な事がわかります。正解率が高ければ簡単な問題、低ければ難しい
問題です。正解率の高い問題を間違えると致命傷になります。逆に、正解率の低い問題な
らば、間違っても大きな痛手にはなりません。要は、いつも多数派に属しているかどうかが
重要です。復習する際も、優先順位としては自分が間違えた問題のうち、正解率の高いも
のから知識を正確にしていきましょう。

◆申込締切：第5回本試験の11日前
◆Web解答／成績閲覧期間
2021/11/10～第5回本試験前日

スマホなら下の
QRコードから申込可能

受験料(税込)		講座コード
辰已価格	代理店価格	
¥3,600	¥3,420	E2001T

※お得な全模試6回608問一括割引(¥34,200～)はp12

●事例模試 WEB受験　5月Start～7月　通信受験 会場受験なし

事例問題だけ攻める
全50問100分試験をいつでも自宅で

教材作成責任者　京都コムニタス主任講師
吉山宜秀からメッセージ

事例問題は、事例を読み取る力だけでなく、検査や支援、
精神疾患、初期対応や緊急対応など、幅広い知識が問わ
れる総合問題になっています。
配点が高く、重要度の高い事例問題だけを集中的に解
答し、試験の実践力を修得してください。

公認心理師本試験は全154問で構成され、そのうち単純知
識問題が116問、事例問題が38問あります。
単純知識問題は116問解いて116点満点のところ、事例問
題は38問解いて114点と高配点です。
事例問題は1問3点のため、得点できるかどうかで合格を大
きく左右します。
この模試で事例問題に慣れ、得点源にしてください。

●出題数
事例問題：50問

●WEBでの解答方式です。
解答入力後すぐにあなたの得点、全体平均点、順位、偏差値
を閲覧できます。さらに・・・
全国の受験生の肢別解答率が閲覧できます。
そのデータは解答入力者が増えるに従ってリアルタイムに変
化していきます。

注意：解答の提出はWebでのみ行っていただきますので、
解答を提出し自分の成績を閲覧するには、Webとの接続環
境があることが前提となります。紙のマークシートの提出は
ありませんので、ご注意ください。

◆申込締切：第5回本試験の11日前

◆発送期間：2022年5月11日(水)～第5回試験9日前

◆Web解答／成績閲覧期間：
2022/5/12～第5回本試験前日

スマホなら下の
QRコードから申込可能

受験料(税込)		講座コード
辰已価格	代理店価格	
¥4,900	¥4,655	E2038T

※お得な全模試6回608問一括割引(¥34,200～)はp12

第4回本試験での合格率を比較すると、
全体では58.6%ですが、心理系大学院を出ているDルート受験者は、67.3%(D1)、68.6%(D2)、大学&大学院のEルート受験者は85.5%でした。
一方、現任者(Gルート)受験者の合格率は55.7%という結果で、かなり差がついています。

ここからわかることは、やはり心理学の勉強がこの試験の合格に有利に働くということです。
だからといって、既に仕事をお持ちの方が、大学・大学院に入り直すというのは無理な話です。
そこで、心理系の基本的な知識をいかに効率的に習得するかということが公認心理師対策として最大のポイントとなります。

膨大な試験範囲のどこから手をつけるか、重要度の高いキーワードは何か、心理学を勉強してきた方なら迷わない基本的／基礎的な理解・知識とは何か、これらが合格のために重要であることは多くの方が感じていると思われます。

当<基本問題模試>は、
心理学の基本／基礎知識を
解きながら身に付ける
というの実戦的なコンセプトで
作成されています。

重要なキーワードがどのような形で問われるのかを実際の問題で確認しながら、答えられないところを重点的にチェックしていただきます。
これで短期間で急速に[基本的な得点力]をアップできます。

100問×2回＝200問で
試験範囲をALLカバー！
出題順が[分野別]なのでgood！

出題の順番は科目ごとに配列してありますから科目毎に知識を得やすく、勉強しやすくなっています。

当基本問題模試の出題の仕方	分野A	分野B	分野C	分野D	分野E
一般の模試出題	分野B	分野D	分野A	分野E	分野C

※200問の問題配列は図の上のようにしているので、1回分だけでも全範囲を学習できます。

※基本問題模試は、基本的問題という問題の性質上、2022年版と2021・2020年版はほぼ同一内容となりますので、2021年版以前のものを既にご購入の方は、2022年版を購入される必要はありません。

解く 問題を解くことを通して知識を身に付けていただきます。わからないところは△などのマークをつけて進めてください。

読む 解き終わって解説書を読むときは、間違ったところ、記憶があいまいだったところを先にチェックし、その後できるだけ全ての解説に目を通してください。

聴く オプション Point解説講義

京都コムニタス主任講師 吉山宜秀先生によるPoint解説講義付コースも設定しました。100問×2回の中で特に重要な問題や知識にスポットをあて、スピード解説していきます。自分だけで100問を解き、読み込んでいくには相当な時間がかかると思いますが、このPoint解説講義を先に聞いてから学習すれば、メリハリのきいた学習も可能となります。

・Point解説講義①(120分):基本問題模試100第1回に対応
・Point解説講義②(120分):基本問題模試100第2回に対応

学習方法は自在に
❶まとめて時間どおり(1回100分)解いてから復習する方法
❷1問解く毎にその問題の解説を見ながら復習する方法
あなたの学習スタイルにあわせてカスタマイズ下さい。
なお、間違った問題の間違った肢だけを読むのではなく全ての肢の解説に目を通し、周辺知識を増やしていただくとより効果的です。

基本問題模試2回		受験料(税込)		講座コード
		辰已価格	代理店価格	
2回一括	DVD解説有	¥18,000	¥17,100	E2004R
	WEB解説有	¥16,000		E2004W
	解説講義無	¥13,000	¥12,350	E2004T
1回目のみ	DVD解説有	¥9,800	¥9,310	E2002R
	WEB解説有	¥8,800		E2002E
	解説講義無	¥7,000	¥6,650	E2002T
2回目のみ	DVD解説有	¥9,800	¥9,310	E2003R
	WEB解説有	¥8,800		E2003E
	解説講義無	¥7,000	¥6,650	E2003T

※お得な**全模試6回608問一括割引**(¥34,200〜)はp12

※Webでの講義受講は動画配信システム管理の都合上辰已法律研究所のWEBサイトでの申込に限らせて頂きますので代理店での販売はありません。ご注意ください。

◆申込締切:第5回本試験の11日前
◆教材発送期間
・第1回:2021年11月1日〜第5回本試験9日前
・第2回:2021年11月22日〜第5回本試験9日前
◆Web解答／成績閲覧期間
・第1回:2021年11月10日〜第5回本試験前日
・第2回:2021年11月23日〜第5回本試験前日

スマホなら右記QRコードからも申込可能

全国模試

第1回 4月/5月
第2回 5月/6月

会場受験　通信受験

①ブループリント　②2018〜2021年本試験　③試験委員の研究履歴
④隣接資格の国家試験　その総合的分析を踏まえて、2022問題を徹底予想！

当全国模試は、毎年1回目と2回目でコンセプトを変えて出題し好評を得ています。

第1回 2022年3・4月実施は **基礎**
押さえておきたいキーワードを、各分野から満遍なく出題します。
苦手分野が一目瞭然になるように設計されています
→追い込みの学習目標が明確になります。

第2回 2022年5・6月実施は **実戦**
本試験を完全に想定した実戦問題をメリハリをつけて出題。
自分のレベルを全国規模で判定し、本試験合格に向けて直前の追い
込みに活用できます。

当模試の3つの評判

❶ 良く当たる

2021年本試験出題論点

2021全国公開模試
出題論点

2021事例模試
出題論点

2021プレ模試
出題論点

2021年も2020年に続き、
当全国模試はこれだけの的中を
出しています！2022年も！

◎=ズバリこの問題を解いていた人な
らば本試験のこの問題は解けたで
あろうというレベルの的中
〇=この問題を解いていた人ならば本試
験の問題を解くとき相当参考になっ
たであろうというレベルの的中

	2021本試験出題	出題内容	2021模試出題	的中度
1	1	公認心理師法	1-31	◎
2	8	幼児の行動学習	1-93	〇
3	13	DSM-5、神経発達症群	2-54	〇
4	14	DSM-5、PTSD群	1-12	◎
5	15	TEACCH	1-69	◎
6	19	産後うつ病	プレ-45	〇
7	20	職場復帰支援	1-21	◎
8	21	児童養護施設に関する知識	2-56	〇
9	32	成年後見制度	2-64	〇
10	33	労基法における時間外労働	2-133	◎

❷ 問題がよく練られている

	2021本試験出題	出題内容	2021模試出題	的中度
11	34	SV	1-129	◎
12	35	※ACP	1-150	◎
13	45	犯罪被害者等基本法	2-18	〇
14	46	インフォームド・コンセントを取得する際の留意点	2-34	〇
15	49	いじめ防止対策推進法	2-81	〇
16	52	セクハラの防止対策	1-120	〇
17	52		2-42	〇
18	52		2-73	〇
19	54	マインドフルネスに基づくCBT	1-131	◎
20	66	症状から状態像のアセスメント、うつ、Dem	1-46	◎
21	67	心理的効果、アンダーマイニング効果	基②-69	◎
22	68	アクティブ・ラーニング	2-41	〇
23	69	保護観察における初回面接	2-35	〇
24	78	秘密保持義務違反の是非	1-52	〇
25	83	剰余・交絡変数の統制方法	1-85	〇
26	83		2-12	〇
27	92	サクセスフルエイジングの促進要因	2-127	〇
28	93	ICF	2-38	〇
29	94	Batesonの二重拘束理論	2-109	〇
30	104	統合失調症の特徴的な症状	1-25	〇
31	104		2-142	〇
32	107	児童福祉法	2-7	〇
33	108	少年法	2-130	〇
34	109	個人情報開示以外	1-52	〇
35	113	インフォームド・コンセント	2-34	〇
36	114	アウトリーチ	2-104	〇

❸ 解説書が詳しく丁寧

	2021本試験出題	出題内容	2021模試出題	的中度
37	116	災害支援者のストレス対策	2-122	〇
38	120	医療観察法	1-113	〇
39	121	うつ病で減退するもの	2-92	〇
40	124	知覚の特徴	2-9	〇
41	125	心理学研究の倫理	1-29	◎
42	126	アルコール依存症	2-52	〇
43	129	心理検査結果報告での注意点	基①-54	〇
44	130	多様な働き方・生き方が選択できる社会	1-24	〇
45	131	学校教育	1-36	〇
46	132	ケースフォーミュレーション	1-53	〇
47	135	パニック発作の症状	1-70	〇
48	135		1-152	〇
49	137	応用行動分析、ABC理論	2-82	〇
50	138	心理検査からのアセスメント	1-130	〇
51	140	認知症が疑われる人の今後の見通し	1-56	〇
52	140		2-21	〇
53	143	災害護身的ストレスへの対応	1-158	〇
54	151	生活リズムの乱れがある大学生への助言	2-113	〇

※1=2021年全国模試1回目、プレ=プレ模試、
基①=基本問題模試1回目

2021年本試験的中一覧を
公開します。
http://bit.ly/3rMdZea

全国模試

2021本試験
問1 公認心理師法について、正しいものを1つ選べ。
① 公認心理師登録証は、厚生労働大臣及び総務大臣が交付する。
② 公認心理師が信用失墜行為を行った場合は、登録の取消しの対象となる。
③ 公認心理師登録証は、公認心理師試験に合格することで自動的に交付

2021全国模試[1回目]午前 問31
問31 公認心理師の取消しの事由に当てはまらないものを1つ選べ。
① 信用失墜行為を行った。
② 虚偽の事実によって登録を受けていた。
③ 成年被後見人になった。
④ 主治医の指示を受けなかった。
⑤ クライエントとカウンセリング関係以外の関係になった。

2021本試験
問14 DSM-5の心的外傷およびストレス因関連障害群に分類される障害として、正しいものを1つ選べ。
① 適応障害
② ためこみ症
③ 病気不安症
④ 強迫症／強迫性障害
⑤ 分離不安症／分離不安障害

2021全国模試[1回目]午前問12
問12 DSM-5について、正しいものを1つ選べ。
① 精神疾患と身体疾患の診断基準である。
② 広汎性発達障害は神経発達障害群に含まれる。
③ 分離不安障害は心的外傷及びストレス因関連障害群に含まれる。
④ 双極性障害とうつ病は気分障害群に含まれる。

2021本試験
問20 職場復帰支援について を1つ選べ。
① 産業医と主治医は、同一
② 模擬出勤や通勤訓練は、正式な職場復帰決定前に開始する。
③ 傷病手当金については、職場復帰の見通しが立つまで説明しない。
④ 職場復帰は、以前とは異なる部署に配置転換させることが原則である。
⑤ 産業保健スタッフと主治医の連携においては、当該労働者の同意は不要である。

全国模試 [1回目] 午前問21
問21 休業した労働者への職場復帰支援について、正しいものを1つ選べ。
① 省略　② 省略
③ 職場復帰とは原則的に元の職場ではなく、適切な部署へ配置転換させることが原則である。
④ 省略　⑤ 省略

2021年 ズバリ的中の一部

なった。症状は徐々に悪化し、睡眠中に大声を上げ、暴れるなどの行動がみられる。「家の中に知らない子どもがいる」と訴えることもある。Bに付き添われ、Aは総合病院を受診し、認知症の診断を受けた。
Aに今後起こ 切なものを1
① 反響言語
② 歩行障害
③ けいれん発作
④ 食行動の異常
⑤ 反社会的な

全国模試①午前 問56
問56 認知症について、適切な
① 血管性認知症は、歩行障害と 出現する。
② Creutzfeldt-Jakob病は、 年以内の死亡例が多い。
③ Lewy小体型認知症は、運動機能 ない。
④ Alzheimer型認知症は、巣症状はみられない。
⑤ 若年性認知症で最も多いのは、Lewy小体型認知症である。

問120
心神喪失等の状態で重大な他害行為を行った者の医療及び観察に関する法律〈医療観察法〉について、誤っているものを1つ選べ。
① 通院期間は、最長5年以内である。
② 社会復帰調整官は、保護観察所に置かれる。
③ 精神保健観察は、社会復帰調整官が担当する。
④ 入院施設からの退院は、入院施設の管理者が決定する。
⑤ 心神喪失等の状態で放火を行った者は、医療及び観察等の対象となる。

全国模試①午後 問113
問113 心神喪失等の状態で重大な他害行為を行った者の医療及び観察等に関する法律〈医療観察法〉に規定される内容として、正しいものを1つ選べ。
① 処遇事件に関する管轄は、対象者の住所や行為地の家庭裁判所の管轄に属する。
② 精神保健審判員に関する規定はあるが、精神保健参与員に関する規定はない。
③ 対象者の社会復帰を目的とする。
④ 重大な他害行為とは、殺人、放火、強盗、強制性交等、強制わいせつ、暴行である。

2021本試験
問131 学校教育に関する法規等の説明として、誤っているものを1つ選べ。
① 学校教育法は、認定こども園での教育目標や教育課程等について示している。
② 学習指導要領は、各学校段階における教育

全国模試①午前 問36
問36 学校教育法第1条に規定される学校として、誤っているものを1つ選べ。
① 義務教育学校
② 認定こども園
③ 幼稚園
④ 特別支援学校
⑤ 中等教育学校

2021.10.27(水) 受付開始

全国模試単体　受験料		解説講義	受験料（税込）		講座コード
			辰已価格	代理店価格	
通信受験のみ	2回一括	なし	¥14,500	※注1	E2043T
	1回目のみ		¥8,000		E2041T
	2回目のみ		¥8,000		E2042T
会場受験のみ	2回一括		¥14,500		E2046T
	1回目のみ		¥8,000		E2044T
	2回目のみ		¥8,000		E2045T
通信&会場受験	1回目 通信・2回目 会場		¥14,500		E2047T
	1回目 会場・2回目 通信		¥14,500		E2048T

※注1 全国模試については、定員管理等のため辰已法律研究所のWEBのみでのお申込みとなり、代理店の取扱いはありません。

※お得な全模試6回608問一括割引（¥34,200～）はp12

■全国模試 第1回4月/5月 第2回5月/6月 　会場受験　通信受験

※全国模試には当日申込はありません。定員管理の為事前にWebでのお申込が必ず必要です。

会場受験 東京・大阪・名古屋・京都・福岡

問題内容・運営すべて本試験仕様。
本試験感覚を体感して下さい。

● 試験時間
午前10:00〜12:00/午後13:30〜15:30

● 配布物
・本試験仕様の問題冊子
・詳細な解説冊子
・総合成績表閲覧画面URL

● 受講料はP11をご覧ください。

※全国模試の会場受験について

本試験を体感するために会場受験を希望される方が多く、ソーシャルディスタンスに十分留意する形にて、会場受験を実施することに致します。

但し、新型コロナウイルス感染拡大状況によっては、会場受験実施を取り止め、お申込みいただいた方は全員通信受験とさせていただく可能性もあります点、ご了承ください。会場受験をお考えの方は、その点をご承の上、お申込みいただきますようお願い申し上げます（会場受験と通信受験の受験料は同額のため、差額は発生致しません）。

通学受験		東京	大阪	京都	名古屋	福岡
1回目	1	4/16(土)	5/8(日)		5/1(日)	4/17(日)
	2	4/17(日)				
	3	5/8(日)				
2回目	1	5/28(土)	6/5(日)	6/11(土)	6/12(日)	6/4(土)
	2	5/29(日)				

● 東京会場
・第1回 全日程：【辰已法律研究所東京本校】JR・地下鉄東西線・西武新宿線「高田馬場駅」徒歩5分
　5/8(日)はもう1か所⇒【飯田橋レインボービル】各線「飯田橋駅」徒歩5分
・第2回【辰已法律研究所 東京本校】JR・地下鉄東西線・西武新宿線「高田馬場駅」徒歩5分
　【飯田橋レインボービル】各線「飯田橋駅」西口徒歩5分
● 大阪会場：【大阪私学会館】JR東西線「大阪城北詰駅」<3番出口>徒歩2分
● 京都会場：【京都経済センター】地下鉄烏丸線「四条駅」北改札出てすぐ
● 名古屋会場：【名古屋大原学園4号館】「名古屋駅」ユニモール地下街12番
　　　　　　　　　・14番 出口すぐ
● 福岡会場：【第三博多偕成ビル】「博多駅」<筑紫口>徒歩6分

会場詳細/MAP

通信受験

←当全国模試を含むWebでのお申込みはこちらから

● 申込期限
・第1回 一次〆切：2022年4月10日(日)
・第2回 一次〆切：2022年5月22日(日)
・第1〜2回最終申込み〆切：本試験日11日前

● 解答提出期限
・WEB入力方式
　第1〜2回：本試験日前日まで解答の入力及び成績判定可
・マークシート提出方式
　第1回：2022年5月6日(金) 辰已法律研究所必着
　第2回：2022年6月9日(木) 辰已法律研究所必着

● 教材発送
・第1回 一次発送：2022年4月15日(金)(※4/10(日)までお申込分)。以後、随時発送。
・第2回 一次発送：2022年5月27日(金)(※5/22(日)までお申込分)。以後、随時発送。
・第1〜2回最終発送：本試験日9日前

問題冊子・解説冊子を、当方から事前に発送します(Pdfダウンロード方式ではありません)

● 解答の方法は2つからいずれか選択 ※受験料金は同一です。
❶Web入力方式
❷マークシートを辰已法律研究所に郵送する方式

❶→試験終了後指定されたURLに自分の解答を入力すると、入力後直ちに自分の点数・正答率・受験生全体の正答率などのDataを閲覧できて便利な方式です。但し、Webへの環境が必要です。
❷→Webとの接続環境にない方や慣れていない方は、紙のマークシートにマークこれを辰已に郵送して頂きます。到着後採点の上辰已から成績表を郵送しますので、試験終了後若干の日数がかかることをご了承下さい(答案用紙の郵送料は各自でご負担下さい)。

● 成績表発送
・第1回マークシート提出者への個人成績表発送
　2022年5月16日(月)
・第2回マークシート提出者への個人成績表発送
　2022年6月20日(月)
※Web入力方式で解答提出の場合、そのままオンラインでご自分の成績をすぐにチェックできます。

受講料はP11をご覧ください。

京都コムニタスの模試一括 全6回 608問

2021.10.27(水) 受付開始

全国模試 2回308問 ＋ **プレ模試** 1回50問 ＋ **事例模試** 1回50問 ＋ **基本問題模試** 2回200問

模試全6回の一括申込 3パターンの受講料金	パック割引価格	講座コード
❶ 全国模試2回一括＋プレ模試1回＋事例模試1回＋基本問題模試2回一括WEB解説講義付	¥37,100	E2061E
❷ 全国模試2回一括＋プレ模試1回＋事例模試1回＋基本問題模試2回一括DVD解説講義付	¥39,000	E2061R
❸ 全国模試2回一括＋プレ模試1回＋事例模試1回＋基本問題模試2回一括解説講義無	¥34,200	E2061T

お申込方法

1. Webでのお申込　PC又はスマホ

❶クレジットカード決済　❷コンビニ決済

❸携帯電話キャリア決済　等

https://sinri-store.com/

心理ストア　検索

スマホの場合QRコードからも可能です

2. ☎でヤマト運輸デリバリーサービス（代金引換）のお申込

❶現金支払い　❷クレジットカード決済

❸デビットカード決済

ヤマト運輸のデリバリーサービスをご利用いただけます。
お支払いは、直接ヤマト便の配達員にして頂きます。
上限は30万円です。

※講座料金のほかに①別途ヤマト便所定の代引き手数料
及び②辰已事務手数料500円がかかります。

●ご注文はお電話で:辰已法律研究所デリバリーサービス係
0120-656-989
/平日・土曜(日・火・祝を除く)12:00-18:00

3.代理店(大手書店・大学生協)での申込

❶現金支払い　❷クレジットカード決済

❸デビットカード決済

※❷と❸は代理店によっては使用できない場合があります。

書店:紀伊国屋・ジュンク堂・有隣堂・くまざわ
等　各店舗に事前にお問合せ下さい。

大学生協:大学事業連合に加盟している大学
生協で取り扱われますが、事前に各生協にお
問合せ下さい。　全国代理店一覧QRコード→

https://bit.ly/383MAfB

4. 辰已法律研究所(東京本校・大阪本校)の窓口申込

❶現金支払い　❷クレジットカード決済

❸デビットカード決済　❹教育ローン(最大60回まで)

●東京本校　東京都新宿区高田馬場4-3-6

☎03-3360-3371(代表)
営業時間　12:00～18:00
毎週火曜定休

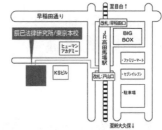

●大阪本校　大阪府大阪市北区堂山町1-5
三共梅田ビル8F

☎06-6311-0400(代表)
営業時間　平日13:00～18:00
　　　　　/土・日曜 9:00～17:00
毎週火曜定休

●お申込等についてのお願い

1 受講料には消費税が含まれています(辰已事務局受付価格。書店・生協によっては、消費税による端数の処理が異なり、価格が1円単位で異なる場合があります。尚、税率変更の際は、差額をご負担いただく場合がございます。予めご了承ください。

2 受講申込み後、解約の必要が生じた場合には、受付にお申し出下さい。講座開始前の返金金額は、パック料金、割引き料金、代理店(生協含む)での申込み金額から、解約手数料を差し引いた金額です。解約手数料は講座受講料の20%を原則とし、上限を50,000円とさせていただきます。講座開始後の返金金額は、受講料から受講済み部分に相当する受講料及び解約料を差し引いた金額です。受講済み部分に相当する受講料は、パック料金、割引き料金、代理店(生協含む)での申込み金額を基礎に、通学講座では当該の経過分、通信講座では発送終了分として算出させていただきます。解約手数料は講座受講料の20%を原則とし、上限を50,000円とさせていただきます。なお、教育ローンをご利用の場合には、返金金額より、ローン会社に当社が支払わなければならないキャンセル手数料相当額を控除させていただきます。

3 通学部講座について:コロナ感染症予防のためのソーシャルディスタンス確保の為、教室定員を設定させていただき定員管理は全てWEB上で行いますので、通学部のお申し込みは全て辰已法律研究所のWEB窓口からのみとなり、代理店での取扱いはありませんのでご注意下さい。また、満席になりますとお申し込みをお受けできませんので、お申込みはお早めにお願いいたします。

4 地震・火災・講師の急病等、やむをえず休講・代講をする場合があります。予めご了承ください。その際のご連絡はHP掲載及びご登録のメールに配信いたします。

5 郵便振替・銀行振込・現金書留の場合:通信部のお申込は申込締切日の1週間前、通学部は開講日の1週間前までの必着でお願いします。但し、通信講座についてご事情があれば随時ご相談に応じますのでお問い合わせ下さい。☎通信部フリーダイヤル0120-656-989
生協・提携書店での通信講座をお申込みの場合、申込書控えを辰已法律研究所迄ご郵送ください。

公認心理師試験
事例問題の
解き方本 PartI〜IV

元創価大学教授　山口　勝己 監著

NEW

公認心理師試験
1問3点！
事例問題の解き方本
PartIV
【2021年本試験】全38問&【2018〜2020本試験】25問で解き方を学ぶ本
定価 2,750円（税抜2,500円）

一般社団法人 東京メディカルアンビシャス 企画・責任
元創価大学教授　山口 勝己 監著

● 大好評のシリーズ第四弾
公認心理師試験のポイントゲッター事例問題は、問題文の
「ここに注目」して「こう解けば」正解！

● 今までに出題された事例問題の分析から【頻出の2領域】
をpick up! 2021全問＋2018〜2020の頻出領域25問で
効率よく学修できる！これで事例問題はもう怖くない。

◆ 各問題数に1,736件の2021.9.19受験生のリアルな選択肢別解答率を掲載

辰已法律研究所

PartI 定価 税込¥2,530（本体¥2,300）
PartII 定価 税込¥2,530（本体¥2,300）
PartIII 定価 税込¥2,970（本体¥2,700）
PartIV 定価 税込¥2,750（本体¥2,500）**NEW**

◆**事例問題は得点源！事例問題攻略に特化した本試験過去問の解説書！**
Part I〜 Part IVは、それぞれ、以下のような構成になっています。III、IVではセレクト解説の中でそれ以前に取り上げた問題を再度取り上げますが、解説内容を update しています。
Part I …2018 年 9 月 9 日の第1回試験の全事例問題 38 問と 2018 年 12 月 16 日の第1回追加試験から 27 問をセレクト
Part II …2019 年 8 月 4 日の第2回試験の全事例問題 38 問と著者による新作問題 20 問
Part III …2020 年 12 月 20 日の第3回試験の全事例問題 38 問と過去問の中から頻出領域（医療，福祉，教育）27 問，難問 10 問をセレクト
Part IV …2021 年 9 月 19 日の第4回試験の全事例問題 38 問と過去問の中から頻出領域（うつ病関連，発達障害・知的障害）25 問をセレクト

◆**これは便利！問題・解説の表裏一体構成！**
各試験の冒頭に，分野・問題番号・項目・キーワード等の一覧表を掲載しています。そして，各事例問題を分野別に配置し，問題・解説を表裏一体構成で掲載しました。問題を解いてすぐに解説で確かめることができ，知識・解き方の定着に役立ちます。

◆**出口調査に基づく正答率と肢別解答率データ掲載！**
各問毎に正答率と肢別解答率データを掲載しているので，問題の難易度がわかります。

A5 判並製

公認心理師試験
これ一冊で！最後の
肢別ドリル 第3版

全国有名書店
大学生協
辰已事務局にて
取扱中

公認心理師試験
これ1冊で！最後の
肢別ドリル 第3版

422肢を追加掲載！全 1098 肢

定価本体2,900円+税

	これだけは絶対に潰す！	京都コムニタス 著	
問題数2倍で網羅性を強化	全 分 野		872肢
法律分野を徹底的に！	司法試験予備校だからできる！ 法律特盛	辰已法律研究所 著	226肢

期間限定 読者プレゼント

公認心理師試験 ブループリント準拠・過去本試験出題分布表
どこが出題されているか、一目瞭然！
期間限定 PDF ダウンロードサービス

辰已法律研究所

定価 税込 ¥3,190（本体¥2,900）

◆ **Concept 1　1問1答形式の問題集** (本試験問題ではありません。独自問題です。)

公認心理師試験では多肢選択式により細部についても問われ、受験者には正確な知識が要求されます。そこで、本書では1つ1つの肢を○×でチェックすることによって、皆さんに正確な知識を蓄えてもらうことを企図しています。

※本書「第3版」は、前の版である「改訂版」と比較して、第1部は肢を倍増して充実させ、第2部は法改正に対応させて update させました。よって、改訂版をお持ちの方であっても本書は役に立つようになっています。

◆ **Concept 2　心理系予備校と法律系予備校の強力タッグ**

本書は2部構成です。　第1部は、主に心理系試験分野別の肢別チェック 872 肢。第2部は「法律問題の特盛」と称し、公認心理師法や関係行政法令に関する知識 226 肢です。手軽に知識をブラッシュアップできます。

公認心理師試験対策のフロントランナー【京都コムニタス】と法律系資格予備校【辰已法律研究所】の強力なコラボによる合作です。本試験を分析する予備校が作る書籍ですから、合格に役立つ肢が満載です！

全285ページ / B5判並製